U0057539

# 法律與社會

## ——西方法律文明與未明的韋伯

### *Law and Society: Legal Civilization in the West and the Shadow of Max Weber*

王崇名◎著

本書的執著
不能忘卻
東海大學東亞社會經濟研究中心
的老將新秀
那種眞誠的兄弟之愛

不，我不在你們窺視我的地方，
可我卻在這裡微笑著注視著你們。

引自《知識考古學》
(Foucault, 2003: 19)

# 漫漫長路‧一盞明燈

　　本來寫這篇序文是非常欣悅的，見到崇名這些年的成績如此可觀，心裡由衷地高興。然而，此刻心情卻又無比沉重。選舉的對立，政治的紛爭，讓人擔心這五十年來累積的社會經濟基礎在有形與無形中被耗損，被侵蝕。崇名的新書，雖然論的是西方，談的是韋伯，但在反省到我們自己身處的社會，卻如一盞明燈。只是漫漫長路，在走向形式上與實質上合理化的路途上，我們還需要有好多的努力、面對無數的起伏與波折。這本書應該是一位知識份子，以十分認真的態度去對待西方法律與文明的努力。

　　百年來，對民主法治的嚮往雖然有部分的實踐，但整體而言，不論在制度面或生活面總是「有形無神」。究其根本，主要還是我們在客觀法律形式上有設計，在主觀實質權利上沒有確立。換句話說，「依法行政」好像已經是日用尋常，但法律作為一種「權利的請求」人權受到尊重，人的意志與慾望受到積極的保障卻未建立。法律如果只是限制人們行為的規約條文，那是消極的；甚至極為容易以法之名而淪為權力擁有者操弄的工具。從韋伯對西方法律合理化的發展來看，唯有當法律保障下的權利成為在生活世界中「自我的發展」與「社會的存在」時，文明才真正具有躍進的意義。法律不只是形式條文，而是倫理精神。要瞭解這之間的關係，最好的策略便是回到西方歷史文明的過程中，去發掘這樣一個合理化的發展是如何而可能，它是建立在什麼樣的社會基礎之上。

　　在面對權力的現實與社會的慣性來說，要讓形式與實質皆作合理轉化是一極為漫長而艱鉅的工作。但西方今日的民主法治不是一蹴而至，世界上大多數的地方也還在曲折摸索。我們對這一份理想有堅持，因為我們相信這對芸芸眾生是一種比較好的生活方式。我們還有熱情，因為沒有放棄或後退的餘地。

　　崇名就是這樣一位堅持理想又有熱情的學者。多年前，做學生的時候是如此，現在著書立說，身為人師更是不變。年輕的歲月，大家相濡以沫，一起歡喜讀書，想來依然活潑生動。年歲漸長，卻是生命理想道路上的伙伴。教育是文明中最重要的質素，教育也永遠比任何的政權更寬廣、更綿延。

高承恕

二〇〇四年三月

於東海大學東亞社會經濟研究中心

# 自　序

　　我曾幾次企圖將自己的成果連結爲一個整體，然而都沒有成功。……，彷彿就是在這些漫長而曲折的旅途中所作的風景速寫。

　　　　　　　　　引自《哲學研究》（Wittgenstein, 2002: 1）

　　這本書集結我這幾年在期刊或研討會所發表的論文，不過所有的論文，隨著知識（sophia）與實踐（phronesis）的交錯日深，產生了更爲複雜的理路，每篇論文均有大幅度的改寫。一方面爲了符合出版的形式，另一方面也想藉這個機會讓這幾年的想法形成一個整體的觀點，我試著讓各篇論文連貫起來，成爲一本書。博士班畢業（1996 年）到現在已將邁入第九年，我想以這本書作個交待，算是個人學術發展的指標。有些想法未臻成熟，有待繼續發展。但是未來學術發展大致在這個方向上，我想，有必要出版，作爲一個階段，一個成熟前期的階段。

　　這本書的許多原始構想是源自於東海大學社會學研究所高承恕教授與陳介玄教授，他們是這本書的活水源頭。雖然離開兩位恩師獨立發展，漸有自己的論述，但是在夜深人靜之時，兩位老師的話語與熱情總如千縷縈繞著我的思緒。一個人走在學術的路上，很感謝許多朋友相伴，如阿舍（明輝）、徒弟學長（一卿）、介英與妙姿夫婦、邦立、寶安、維新、彥彬與凱成。但是面對自己的研究時，卻多是孤獨，老師的話語與熱情是繼續孤獨的動

力。

　　台灣的社會學總是在找新的議題，一直在套用西方的社會理論與思想卻又吝於認眞理解，有些年輕一輩的社會學者包括我，已經很難忍受這樣的狀況。即便葉啓政與高承恕兩位教授早已聲嘶力竭，不斷警醒切勿套用理論，必須有整體的思維視野，然而隨便找個理論來膜拜的人，還是俯拾皆是。可悲的是，許多年輕一輩的學者竟然雙手祭出自己的社會學想像力，屈服於到處膜拜理論的異化之中。

　　從讀博士班那一年（1992 年）開始，至今已經十餘年了，其間或有廢寢忘食，也間有宰予之惰，但深受高承恕教授與陳介玄教授的影響，從未間斷對於西方的社會理論的整體理解。我不喜歡另起爐灶，也不期待「成一家之言」。我越是認眞對待西方的社會理論與思想，就越是如此保守。我這野孩子（本土博士）在高承恕教授的弟子中，所謂的「韋伯東海幫」裡不是最聰穎的學生，未能聞一知十。所幸尚自知駑鈍，這十餘年來，我只想把「什麼是西方法律文明？」搞清楚，現在如此，未來也是如此。看看那西方社會理論的思潮，雖是爭論不斷，但是學術的傳承卻是一波接著一波，自希臘哲學開始，迄今從未間斷。我除了羨慕西方從未間斷學術傳承，更喜愛那種爲學術眞理而奮戰的眞誠性，一種誠實與文雅的修爲。很可惜至今，在國內的學術圈內我僅能偶爾享受到這樣的滋味，清華大學社會學研究所張維安教授（目前借調擔任中央大學客家學院院長）以及東吳大學社會學研究所張家銘教授長期對我的支持與關心，就是這眞誠的修爲。

　　高承恕教授啓蒙了陳介玄教授，開啓了藉由韋伯理解西方法律文明的入口。從這個入口開始，便是一條深邃無盡的理解之路，寂靜而孤獨。以韋伯的理解爲始點，這一路跟著兩位老師，以查經的方式讀完年鑑史學的主要著作如《私生活史》、《女人

史》、《家庭史》、布勞岱有關資本主義社會經濟史的相關著作，以及其他有關社會史與方法論的主要著作等等，完成我的博士論文《歐洲福利國家的社會基礎：法律個體的誕生》，對於西方社會史我有一種整體的理解，但是承擔這種能力卻是一種孤寂的快感。這種整體解釋的能力，不僅要讀完（並理解）韋伯，要熟悉西方的社會史，更要有深厚的社會理論、法理學以及西洋哲學史知識基礎，要融通這些理解，不無十餘年怎能稍有參透，不無幾分狂傲又怎能抗拒隨波逐流。過去讀韋伯以及年鑑史學的社會史，都是一伙人一起讀，還不覺得孤獨。但是畢業以後，對於社會理論、法理學以及西洋哲學史的閱讀，雖然是長久以來的習慣，卻是倍感孤獨，要花很久的時間才能體會一些道理，往往是自己說給自己聽。

我是本土的博士，沒有顯赫的歐美名校作為自信的起源，同時實證主義當道，台灣社會學圈正在追逐形式合理化，搖搖晃晃之中，理性論證的習性尚在萌芽，過頭的形式合理化所附隨的工具理性處處湧現，任意套用理論的社會學研究俯拾皆是，卻又頻頻獲賞。這條路，若非視野融合之光頻頻爍耀，若無幾分不願隨波逐流的堅持，那工具理性化的學術工業，彈指之間便可淹沒這條孤寂的視野融合之路。過去，跟著高承恕教授一起讀書，一伙人還可以天真地堅持，坦白說，那還是團體的他律。那伙人如今散落台灣各地，各奔前程，偶爾相聚。天真的與團體的堅持不再了，每個人必須孤獨以對。如今也堅持下來了，一如初衷，那種邁向視野融合的堅持，應該是一種康德式的自律了吧！孤獨與寂靜早已被規律的生活所制伏。

旭智、仲偉、少君、炯志與明君等這幾位東海大學社會學研究所碩博士班的老將新秀，先後當過我的教學與研究助理，我從他們身上看到我的過去，那種憨厚與智慧並存的身影，在人際交

往上是稚嫩與天眞，然而在求知上卻是勇如猛獅，我與他們亦師
亦友。本書許多重要想法的浮現與成形，都得歸功於他們天眞無
邪的刺激與充滿眞誠的交往理性，我愛他們，我眞幸運可以生活
在「學術共和國」裡。但是，我們的學術社群，如果可以像他們
一樣還有浪漫、眞誠與天眞，存有那種對於無知的虛心與一些些
不服氣的抗拒，那該多好！

我非常幸運得以結識東海大學社會學研究所鄭志成教授（德
國波昂大學社會學博士，協助德國人編輯韋伯全集法律社會學多
年，德文幾乎是他的第二母語），他治學甚爲嚴謹，待人卻十分眞
誠。韋伯、哈伯瑪斯、迦達默爾、黑格爾與康德的德文原著，我
幾乎無法閱讀，只能一個字一個字地「查」下去，但是志成卻十
分有耐心地解釋給我聽，由於有他的協助，對於許多德國的社會
理論，有了更爲深入的理解。

本書是與小犬一起成長，他們仍舊青澀一如本書。然而，內
人亮如與我有共同的信念，瞭解「學術作爲一種志業」的意義，
她對我無怨無悔的支持，讓這本書變得有自信。我很高興在我的
學術生命裡，有了亮如、崧合與崧任。

這本書僅僅是許多理念的堆砌，要能付梓，若無東海大學通
識教育中心古鴻廷主任的敦勵與照顧，這些理念也難成書。能在
東海讀書從大學讀到博士畢業，以及留校教書是一種機緣，能在
通識教育中心任教更是福氣。在這裡讓我可以遠離學術加工廠，
不必理會日益工具理性化的社會學圈，而能繼續朝向高承恕教授
爲我開啓的那一扇窗，飛去……

……我甚至於不能預測我是否能回答它們，或者我有理由作
出抉擇的那一天是否會來臨。儘管如此，但是我現在還是知道，
爲什麼我像其他人一樣能問這些問題——並且我今天不能不問這

些問題。……，只有那些不能閱讀的人才會對之感到驚奇。……
《詞與物：人文科學考古學》（Foucault, 2001:400）


王崇名

2004 年春

東海大學台灣研究室

# 目　錄

漫漫長路・一盞明燈／高承恕　i

自　序　iii

前言　必須認眞對待西方法律文明　1

　爲何必須認眞對待西方法律文明？　1

　台灣要繼受「什麼樣的西方法律」？　9

　未明的韋伯：對於西方法律的形式且實質合理化的期待　23

第I篇　理解西方法律文明的入口與視野　31

第一章　什麼是西方的法律？　33

　一個經久不絕的問題　34

　哈伯瑪斯的整合：對於韋伯的理解與誤解　57

　康德、邊沁與韋伯　66

　「未明的韋伯」作爲航向西方法律文明的入口　85

　我對西方法律文明的感覺　89

第二章　認眞對待西方法律文明的視野　97

　拒絕膽怯與無知，勇敢迎向長時段與視野融合　98

　午鑑史學的長時段　105

　迦達默爾詮釋學的視野融合　111

　韋伯的歷史社會學　118

　就承認活在歷史與社會當下吧！　123

## 第 II 篇　西方法律文明的特質　127

### 第三章　色身自律的生活態度　129
為何是艾利亞斯與布狄厄？　138
艾利亞斯論自律　144
布狄厄論自我競爭　149
西方色身自律的生活態度的形成　153

### 第四章　權利請求作為實踐理性　161
康德、黑格爾與馬克思的哲學論述 168
韋伯的歷史社會學論述　179
黑格爾、馬克思與韋伯的比較與反省　185
結語　196

### 第五章　合理化理性言說的形成　199
前言　199
希臘時期的「理性言說」作為人治到法治的轉掣器　204
羅馬的延續與轉換：理性言說的異化　207
中世紀宗教社會的延續與轉換：「理性言說」合理化　209
西方近代社會的延續與轉換：理性言說的全面合理化過程　212
未明的韋伯與「合理化理性言說」　216
結語　227

## 第 III 篇　西方法律文明的表現　229

### 第六章　美國實用主義法學與韋伯　231
前言　231
對於美國實用主義法學的理解與誤解　235

藉由托克維爾的再理解　239

結語　249

第七章　性與韋伯　255

爲何是韋伯？　259

藉由現代社會理論的啓發，對於「未明的韋伯」的理解　264

應該還是韋伯：快感作爲一種自律、權利與言說　267

西方快感的法律合理化　269

第八章　駭客與韋伯　277

專業倫理與西方法律文明　278

什麼是駭客？　287

駭客倫理作爲論西方法律文明的表現　289

結語　未明的韋伯──色身與自如　301

參考書目　311

索　引　346

# 前言　必須認眞對待西方法律文明

……從某種意義上說，一個文本的作者只有從他的讀者那裡
才首次知道他在本文裡說了什麼？……《在事實與規範之間》
（Habermas, 2003:683）

### 為何必須認真對待西方法律文明？

　　這七年多來，或許更早，我一直在思索何謂西方法律文明？
如果從博士班一年級 1992 年算起，那時跟隨東海大學社會學研究
所陳介玄教授開始研讀韋伯的法律社會學，至今整整有十年了。
當時台灣社會學界從事法律社會學研究的學者並不多，陳介玄教
授的碩士論文其中有一部分就是理解與詮釋韋伯的法律社會學，
是東海大學社會學研究所高承恕教授所指導的傑出碩士論文之
一。法律社會學就當時的我（事實上也包括很多對韋伯研究有興
趣的人），簡直就像是「有字天書」。坦白地說，那時的我僅有些
微的法律常識，沒有任何半點的法學與法哲學基礎，就憑一股剛
讀博士班的衝勁，以及天眞地認爲這是一個非常重要的社會學領
域，就這麼開始到處翻閱法律辭典，拚命地啃食西方法律史與法
哲學的經典，迄今依然如此，任何一本與法律社會學相關的作
品，都令我廢寢忘食。我之所以長期執著於法律社會學的領域，
理由其實很簡單·就是台灣遲遲未能全面法律合理化，法律尚未
成爲台灣的「實踐理性」，同時台灣的法律合理化，是一條不歸
路。[1]

---

1 關於「實踐理性」一詞的討論，本書的第一章〈什麼是西方的法律？〉將

　　台灣社會法律合理化的過程一直是困難重重，不免令人懷疑，我們到底懂不懂得西方的法律！台灣在外表上看來是「法律化」了，該有的法律似乎都有了，連學生與一般老百姓都懂得請求大法官釋憲，從社會「賢達」到市井小民都懂得法律控訴。但是，「法律」這兩個字是不是真的刻入台灣社會裡了？或者只是貼在表面？我想，到目前為止法律這兩個字的意涵，僅僅還是用來攻擊敵人的武器，有時候稍作保護自己利益的工具。

　　任何國家部門都不比法院更重要，也沒有一個國家部門會像法院那樣受到公民的徹底誤解。大多數人頗能明白國會議員、總理、總統或外交部長應該如何履行其職責並對他們當中大多數人的實際行為有尖銳的意見。然而公眾對法官和判案的意見則僅不過是一種可悲的空喊口號而已，這還包括了許多開業律師和法官在書面或口頭描述自己的所作所為時所流露的看法。所有這一切

專節討論，在這裡我僅僅簡單說明一下，哈伯瑪斯（2003：3-4）認為「實踐理性」這個概念的規範性宣稱太重，在哲學的論證上非常的困難，很容易落入先驗範疇的宣稱，變成一種像是對於自然法的信仰，他認為「交往理性」再加上語用學（pragmatics）的觀念，比實踐理性更實際多了，可以避免落入過於強勢的規範性宣稱，徹底發揮「實踐」（phronesis）的意義。我也同意這樣的看法，實踐理性的意義正是在於重視實踐過程以及整體的視野融合，這是迦達默爾（Gadamer）的看法。很可惜國內對實踐理性的看法，非常地素樸，往往僅僅瞭解實踐的狹隘意義，認為實踐理性就是根據理性行事，這是非常不正確的理解，若將法律視為一種實踐理性，一種狹隘性的實踐理性，那麼法律僅僅變成一種依據理性（形式合理化的法律）的行事，這樣的看法絕非本書的觀點。本書認為法律作為一種實踐理性的意義，乃在於藉由法律的實踐與交往，形成一種整體的視野融合，產生一種屬於「社會的理性」，而不僅是個人層次的理性。當然，法律作為實踐理性的基礎是一種十分強調自律（self control）的個人主義（individualism）（本書第三章〈色身自律的生活態度〉將有更進一步的論述）。

都是一種恥辱，而且還僅僅是害人的一部分。我們之所以對法律感興趣，不僅僅是因為我們為自己的目的而運用法律，不管它是自私的，還是崇高的，而且還在於法律是我們社會體制中最有條理而且最具揭露性的東西。如果我們對於法律爭論的性質有更充分的瞭解，那麼我們就會更清楚自己屬於那一類人。（Dworkin, 1996:10-11）

我們的律師、法官與檢察官也常常演出烏龍事件，我不需要特別舉例，幾乎隨時會發生，我舉的例子很快就被淡忘了。我們實在沒有什麼信心相信台灣已經是「法律合理化」的社會了，不會相信法律已經作為台灣人的實踐理性：將法律的實踐作為色身（個體）生命價值的體現，進而形成社會整體的存在——色身的生命價值與整體的社會價值交錯在一起，而這樣的倫理精神正是西方法律文明的最高成就（西方不見得已經完成這樣的成就，但是卻是勇敢地朝她前進）。相反地，現在正活躍於台灣的，談不上是一種西方法律文明意義下實踐理性，反而是一種混雜著白私主義、庸俗化的儒家倫理，以及過分強調形式化的法律主義。

雖然幾乎每一個社群都有法律，但是並不是任何社群一開始就是以程序法進行法律訴訟，體現程序正義。[2] 然而訴訟程序在台灣很早就開始發展了， 1895 年 11 月日本帝國剛占領台灣不久

---

2 在這裡我用「社群」一詞而非「社會」，主要是特別強調「社會」這個概念是西方文明所特有的產物。我們的日常用語往往輕易指涉自己的「社群」就是「社會」，例如「台灣社會」這樣概念很容易讓人誤以為台灣的「社群」就是西方意義下的「社會」了。這樣的日常用語也往往污染了社會學的學術研究，讓我們不明就裡地接受任何現代化的「社群」就是「社會」了，其實不然。就本書而言，「社會」就是「法律」，未法律化的社群，即使現代化還談不上是發展成「社會」。但是一個社群有法律，像台灣有法律，並不表示就是法律化。

就立即頒布「台灣住民民事訴訟令」，1923 年日本民事法，除身分事項外，全部適用台灣人，同時台灣戰後所施行的民法恰恰又與日本民法相當地相似，因此台灣相較於其他亞洲國家算是很早就習慣西方民事訴訟與實體法的規範，事實上也離日本明治維新的日本民法施行不太久（王泰升，2003）。[3] 因此台灣人相較於中國大陸內地，算是比較接近西方法律規範，至於與香港的比較則較爲複雜（以後有機會再撰文專論）。不過國民黨政府統治台灣五十五年，卻是阻礙了日本對台灣的法治貢獻，這一百年來的法治發展還是不盡人意。王泰升（1999）認爲日治時期的台灣已經開始法律化了，特別是民商法的發展，讓台灣的法律發展可以與世界接軌。不過王泰升（1997:374）認爲不論是日治或是國治（國民黨統治）都尚未能眞正接受西方的法律精神。那麼，什麼是西方的法律精神？

　　台灣在現代化，也是西方化的過程中，實在沒有機會去抗拒西方的法律文明，它像海嘯狂撲而來，讓我們沒有任何預備繼受，或稍作準備的機會。很像古時候的男女相親，一邊接受婚姻，一邊學習婚姻。不過，到目前爲止，西方法律精神還是遲遲無法成爲台灣社會生活的重要社會規範與倫理精神，即使是經濟資本主義化與政治民主化都似乎成功發展起來的情況下，那種作爲西方資本主義與民主政治的社會基礎，依然未能自然而然在台灣形成。顯然不是資本主義化與民主化就保證一定會法律化，就一定會讓「被庸俗化的」儒家倫理徹底退居幕後，或是完全融入西方的法律精神之中。這時我們自然便會去思索什麼是西方法律

---

3 1895 年日本占領台灣，離 1868 年明治維新開始繼受西方法律文明也只不過二十八年左右。

精神？這種社會規範應該不是一朝一夕的成就。[4]

　　雖然，西方法律的形成是源自於羅馬法，這是全世界法學界都公認的事實，幾乎沒有人會去懷疑。但是從社會理論與社會思想史的角度來看，加上法國年鑑史學（新史學）對於其自身的（西方）社會史研究的貢獻（如《私生活史第一冊：羅馬》的研究），羅馬法的精神要成爲西方法律的濫觴似乎不是如此簡單。羅馬法的精神如何被創造出來？以及如何被延續下去？這些簡單的「常識」，在社會學理論、社會思想史以及社會史的研究上都是大問題！過去西方的法學者與非西方文明之子的我們太輕忽這些問題了，總以爲將羅馬法的精神，或是將西方法律的編修技巧學起來，再加上資本主義化與民主化發展的緊迫性實踐，一定迫使台灣成爲法律合理化的社會。目前就台灣經驗看來，似乎不是如此簡單，我們有必要對於西方法律的形成過程，作一番整體性的理解——從長時段的視野，將西方的法律精神視爲一種文明事實，亦即法律文明（關於「文明事實」這個概念，本書第二章〈認眞對待西方法律文明的視野〉將詳述）。

　　「什麼是西方的法律？」我實在沒有足夠的資格來論述。我不是學院派內的法學家，也不是法律工匠像是律師或法官，但是我們台灣的法學家、律師及法官們，一直讓出這個機會，最有資格討論這個議題的主帥都不戰了，像我這樣的散兵遊勇，便有機會從打游擊戰出發了。康托羅維茲（Kantorowicz）（胡水君，2002b：381）在首屆的德國社會學年會當著德國社會學家的面，宣稱只有法律家以兼職的身分來做才可以做出成果，不過盧曼（Luhmann）並不以爲然。如果法律專家願意兼職做法律社會學，

---

4 目前台灣的司法改革正準備推動法官與律師的「法律理性論辯」能力，但是這種建立在哈伯瑪斯的交往理性基礎上的「法律理性論辯」，也不是那麼輕易就可以在台灣實踐，老法官與老律師的反彈很大。

那是最好的事，但是如果他們不做了，社會學家是不是可以「撿」起來做呢？可不可以做得好？事實上，社會學界的法律社會學大師的確都有過很好的法律訓練，如韋伯與盧曼，對於法律的工匠技術與術語十分的清楚。

這種爭執有一個很重要的意涵存在，那就是法律已經成為一個專業的知識與權力（power）系統，不是任何人可以隨意加入（事實上也不是任何人就可以成為社會學家），不過法律所需的工匠技術比社會學來的多。就我的經驗而言，要從事法律社會學的研究，對於法律的實體法與程序法的基本原理一定要懂，法哲學或是法理學也都要懂，既然要成為法律社會學研究的專家，這個領域最根本的原理原則都得掌握，否則所做出來的法律社會學研究，可能會有限制。[5]

過去在台灣關於法律社會學的研究，五隻手指頭便可數完，而且還是以社會學家為主。不過這幾年來台灣的法學家也開始正視這個問題，如台大法律系的王泰升教授與顏厥安教授所主持的台灣大學法律與社會研究中心，已經有很好的成就。例如王泰升帶領一群年青的法學家與學生投入台灣法律史的研究，以及顏厥安（1998）的《法與實踐理性》。不過，目前法學界或社會學界對

---

5 這裡也顯示社會學研究的特色與困境所在：社會學有沒有主體性？社會學是不是一定得依附在其他領域內才能發展？社會學當然有主體性，但是這種主體性若是能與其他領域結合，將會產生很大的學術成果。不過現在社會學的發展很難發展純社會學的理論知識，社會學的家已經不在出生的那個家，而是在別人家。作為一位社會學家必須勇敢地遠離出生地，進入別人的家庭生活，有時會有寄人籬下的感覺，然而卻將有一番孤獨後的成就。社會學必須走近政治學、經濟學、醫學、法學、史學、生物學的家裡，儘管這些家裡總有一些令人討厭的人，用一種歧視的眼光看著你，但是卻又懼怕著你潛在的威力。

於西方法律文明的社會基礎的全面性討論，還是很少，多是片面性或是法律思想的個別性討論。即使有整體的論述，還是依附在詮釋韋伯的論述，鮮有大膽與整體的想像。

目前法學界與社會學界在學術分工的細緻化下，這種大膽的社會學想像力日趨薄弱，往往只能抓個小問題或是理論，進行小本經營。很可惜，這種學術研究的膽怯，竟也成為目前學術的重要規範。這樣的膽怯無法領略西方法律文明，唯有引入年鑑史學的長時段史觀、迦達默爾詮釋學的視野融合，以及恢復韋伯歷史社會學的整體想像力，對於西方法律文明的理解才能成為一個開始，而本書的企圖心正是期許這樣的開始。

什麼是西方法律文明？本書的看法是：

經由長時段的歷史過程，朝向「形式且實質的」法律合理化邁進，而逐漸將法律作為一種實踐理性——「色身自律的生活態度（Lebensführung）、權利請求與合理化理性言說（rationalized logos）」的複合體（關於這個複合體的三個特質，將於本書第 II 篇：西方法律文明的特質，詳細論述），用以體現色身（個體的慾望與利益）的存在，並藉此將色身與實踐理性統一起來（而非分道揚鑣或陽奉陰違），讓色身安置在法律的範圍之內。藉此讓一度可能成為物慾橫陳的色身，變成含有公共性的色身，成為具有「社會性」的色身，可以來去自如。[6]

---

6 哲學上偏愛用主體（subject）一詞，社會學則多選用個體（individual），這兩個詞彙有相近的意思，不過也不見得完全相近，在學術研究上實在有必要作一些區分與釐定。但是就本書而言，尚未有這樣積極的作為，目前只是選其通義，指涉一個人獨立自主存在的特質，同時這種存在是一種社會的存在。此外，本書所提及的「個體」或「個體性」有個別的意義，但是若涉及個人的慾望與利益，則具有色身的意義。

相較於過去強調集體的社群，人的個體便顯得不重要，因爲都是被強制在集體的規範之中。關於這樣的概念的代表性看法，就是德國突尼斯（Tönnies）的 Gemeinschalft 與 Gesellschalft（共同體與社會），以及法國涂爾幹的有機連帶（個體）與機械連帶（集體）的區別。在突尼斯的《共同體與社會》與涂爾幹的《社會分工論》兩本重要的法律社會學著作裡，都強調法律在西方現代「社會」的重要意義，特別是法律將取代教條化道德成爲個人主義的重要規範。但是，兩本著作都尚未深入論述西方的法律何以能夠作爲色身之間以及色身本身的重要倫理。

事實上大部分的台灣人，不論是執政者、老百姓或是法學家以及法律執業者，都視爲理所當然：現代化後的台灣，法律必定會取代道德成爲重要的規範。不論是在其位者或尋常百姓家，都未曾認眞理解法律作爲實踐理性，以及法律作爲色身本身與色身之間的倫理意義。其實他們也不想認眞理解，遑論實踐。法律對他們而言，只是一種箝制的工具，用來打壓人情關說的利器，或用來與敵人鬥爭的工具。若合於己利時，傳統的人情連帶則狠狠地將法律拋到九霄雲外，依然故我。而法律的執業者則周旋其間而牟取重利。

人治與法治之間的愛恨情仇一直是近代中國的主旋律，一種含糊不清的曲調。兩者之間若是眞的如此愛恨交加也好，可能譜出一個音調清晰的曲目。相反的，人治與法治並未眞正衝突，反而是共治，彼此「交相利」，結果依然是曲不成曲。在政治上、在經濟上、在學術上，我們一直徘徊於形式合理化與實質合理化無法緊緊接合的矛盾上，結果，法律成爲一種限制色身（個體）之社會實踐的武器。現代的台灣社會已經沒有機會問要不要發展爲法律社會，天羅地網似的西方制度，都是從西方法律文明發展出來的制度，已經團團圍在我們的身上。法律化的台灣是我們的社

會必須發展的方向，不過我們對於西方法律文明似乎了解得還不夠認眞。因此，藉由參考西方法律文明而想像台灣未來發展的能力往往受到阻礙，當務之急我們必須認眞對待西方法律文明。

## 台灣要繼受「什麼樣的西方法律」？

### □台灣對於西方法律的理解程度

　　西方啓蒙以後，現代法學發展受到歷史主義哲學、古典政治學與古典政治經濟學蓬勃發展的影響，呈現百家爭鳴的狀態。二十世紀中葉以後受到後現代哲學思維的影響所形成的後現代法學，及其與現代法學的鬥爭，更是精彩。深受西方法學影響的台灣法學，對於西方這樣的五花八門的法學發展，不知是感到目眩而愣住了，還是措手不及而欲振乏力？台灣法學界對於西方法學發展的理解，就學術出版的回應而言，竟然屈指可數，相對中國大陸的發展，不論是譯著或是專論接二連三，而且傾巢而出，當然不見得量多就質精。不過，台灣的法理學的研究，這幾年才開始發展，畢竟搞法理學是不賺錢的，台灣法理學的不發達，讓台灣的法學發展僅僅成爲法律技術的發展。事實上，法律技術的發展也可以促成一些法理學的研究，結果卻令人失望！台灣對於西方法學發展並不感興趣，更令人訝異的是，我們的法學家幾乎都是留歐、留美、留日，卻是如此的本土，對於西方法理學的介紹與評述竟是如此吝嗇。

　　所幸，國內有關法律社會學的研究在王泰升教授具體實踐的結果，已經有了很好的開始。王泰升教授對於台灣日治時期的「法律化」（也可能已經開始法律合理化了）發展，有了更爲深入的研究。在《台灣日治時期的法律改革》一書，王泰升教授討論了日本現代國家特質對於台灣法治發展的影響，他認爲日本對於

台灣的統治固然有其對於殖民地的歧視態度，例如在刑事法上較不尊重台灣人的人權，但是在民事法方面則頗能體現日本現代國家的特色：以法治國。或許是這幾年來台灣本土化意識的高漲，讓台灣的學術界開始承認日本在法治上對台灣意外的「貢獻」。[7]根據王泰升教授的研究發現，日治時期的台灣已經有很好的私有財產權觀念，1923 年以後除了身分法事項沿用台灣舊有的社會習慣外，日本民事法在台的全面施行，不分「內地的」日本人或台灣人都適用日本民法。事實上，1895 年日本占領台灣不久就立即頒布「台灣住民民事訴訟令」，很快就採用歐陸的程序法來治理台灣的民事糾紛。

　　過去台灣的學者，總以爲台灣尚未法律化，台灣人沒有法治的觀念，被日本人當成二等公民。的確如此，台灣人被日本人看作是二等公民，但是與中國大陸內地相比，起碼被當成公民，受到法律的對待，而非粗暴的人治。王泰升教授的研究貢獻開始讓我們思考，台灣本土法學的發展是可能的，台灣並非是法無治基礎的社會。日治時期權利觀念在各種民事事項的確立，讓國民黨政府在施行中華民國的民法時，可以較爲順利。目前台灣人對於法律的不信任，並不是不信任法律，不相信權利，而是對於法院的不信任，對於法官、檢察官與律師的不信任。這是國民黨政府法官不如日本法官廉潔的結果，也可能是台灣法院未能跟上社會變遷的結果。不過大抵上，台灣人是有權利觀念的，這是日本現代國家特質，以法律治理台灣的結果。台灣不見得是一個沒有法治的地方，反而可能已經有了很好的法治基礎，在日治時期各種舊有的社會習慣都被制度化爲權利，例如大租業與小租業權利化

---

7 過去有關日本統治台灣的貢獻，公開承認的事情有公共衛生體系的建立、嘉南大圳的水利系統以及南台灣的工業化等，對於政治上的貢獻較少討論與承認。

為大租權與小租權，後來廢除大租權確立小租權，或是像佃、
胎、典等舊有的社會習慣，逐漸被債權化，成為一種法律上的借
貸關係，台灣人逐漸承認法律的效力，並將舊有的社會習慣權利
化。日本對台灣的統治，在私有財產權與債權的確立，對於台灣
日後經濟的發展將有莫大的貢獻，不過到目前為止，台灣經濟社
會學家尚未注意到王泰升教授的貢獻。[8]

　　台灣社會正要興起，人與人之間的關係，或是社群（團體）
與社群（團體）之間的關係，或是人與社群（團體）之間的關係
都比日治時期複雜，但是日治時期的法律化對於台灣要成為以權
利關係為基礎的現代社會，有很大的幫助。或許台灣要成為一個
國家的可能，尚未見到前景，但是要成為現代社會的雛形早已出
現。過去國民黨統治將台灣人愚化為連二等公民都不如，不以公
民的身分對待台灣人，認為台灣相對落後於內地，認為台灣人根
本就沒有法治觀念。事實上，台灣法律化發展應該是停滯的問題
——未進一步成為法律合理化，而不是未發展的問題，這也完全
是國民黨政府統治的結果。國民黨政府延續其過去在中國大陸統
治的經驗放任地方主義的發展，時時危及必須以國家作為後盾的
現代法律的發展，並受到地方派系嚴重的挑戰，應該是意料中之
事，但是竟然任其發展。地方主義強過國家體制讓中央政府深受

---

8 謝舒凱（1992）也有類似的看法，但是所呈顯的證據，不如王泰升具體，
　因此引起林端（1994:229）的質疑，認為台灣尚未真正在日治時期就形成
　了「權利本位的法律觀」，林端的推論是認為日本都尚未真正形成「權利
　本位的法律觀」，遑論台灣。對於這樣的推論，我採取保留的態度，日本
　是不是真的尚未形成「權利本位的法律觀」？是值得爭論的，林端並未仔
　細證明他的說法，只是想當然爾。我反而比較相信王泰升的說法，畢竟王
　泰升（1999:202-203）根據《台灣省五十一年來統計提要》指證歷歷，台
　灣人逐漸願意走進法院，用民法來處理爭端，應該開始有「權利本位的法
　律觀」。

其害，以國家作為後盾的現代法律體制未能伸張正義，地方主義隨時侵犯法律的效力。即使如此，台灣的法律基本上在許多民事事項還是具有效力，例如債權、繼承、婚姻與契約等等依然有其效力。

台灣所呈現的法律合理化發展現象，是十分有趣的，國家的公權力有問題，老百姓對於警察權也不信任，但是我們的民法竟然有效力。這不僅僅是殖民法學的問題，更是世界法學發展的問題。不過本書在此，並不願意把問題擴大，這個問題留待以後在處理。在這裡，本書所要思考的問題是，台灣如果要形成一個現代社會，也正朝向這個不歸路發展，色身（個體）與色身之間的關係是透過權利的關係來確立，以權利作為社會的基礎。過去我們曾經藉由日本人統治的意外貢獻，有了很好的法治基礎，現在停滯了，社會又變得比較複雜，國民黨的人治與日本政府的法治正混亂地「活」在台灣社會之中，那麼，我們究竟要什麼樣的法律？[9]關於此點，一方面我們必須重新釐清究竟在台灣還殘存哪些日治時期所遺留的法治成就？以及如何繼續保存，同時又有哪些被國民黨政府所破壞的法治成就，以及如何恢復？關於這兩項研究，將是本書出版以後的工作，目前正在進行中。另一方面我們必須重新理解西方法學的發展，那種過去被我們的法學家所刻意忽略或是漠視的西方法學，目前台灣法學的發展必須藉由對於西方法學的重新理解，才可以瞭解西方法律的真正精神，才可以彌補國民黨政府統治以後所造成的法治落差，進一步邁向法律合理化，看看可不可以提早拉近這種落差，這正是本書出版的目的。

---

9 社會學上所講的個體或是行動者是包括個人與個別的組織或是群體的，乃至社區等，類似法學上法人的觀念。

過去為什麼我們的法官、檢察官、律師與法學家，不喜歡法理學的討論，難道就是因為不賺錢嗎？若是如此，應沒有人要當檢察官、法官或是法學家，大家都當律師去了。但是在台灣還是有一群以法律作為志業的法官、檢察官與法學家，但是他們為什麼不討論法理學呢？他們怎麼看待法律的？是不是他們以傳統中國的道德態度看待法律？認為沒有必要討論只要遵守就好了。他們如何看待人的慾望與利益？承認還是反對？根據我長期在台中地方法院刑事庭的旁聽，我們的法官、檢察官與律師之間是沒有辯論的，法官與當事人之間也只有證據的確認，法官、律師與檢察官在看待法律，還是將其看成是一種道德的遵守。

　　以羅馬法的研究為例，羅馬法的研究在台灣根本不發達，很少人討論羅馬法作為現代法律的形式的意義，大部分的法學者或法律專業人士，都把法律當成一種形式的法條的存在，很少認真去考慮法律本身的實質意義及其在社會發展過程的變化狀況。蒙納特里（Monateri, 2002）認為羅馬法不是由西方的羅馬人獨自完成的，不是白種人獨有的文明成就，而是搓揉了北非的埃及與阿拉伯的文明。不過羅馬法作為西方法律的主要傳統是無庸置疑的，但是羅馬法本身留給西方後世的主要貢獻是法律的形式合理化，關於法律本身的權利觀念，西方是中世紀以後才逐漸浮現的。也直到啟蒙以後，權利才逐漸個人主義化，也才逐漸法律化，形成法律個體，成為現代法學的主要立論基礎，也是目前世界各地所施行的歐陸法律的主要基礎。[10] 像蒙納特里的見解，在台灣法學界或實務界，只有少數人有興趣。

---

10 中世紀的權利觀念是屬於集體的方式，有關此點的論述謹請參閱我的博士論文《歐洲福利國家的社會基礎：法律個體的誕生》。本書所稱的現代法學，指的是啟蒙以後的西方法學，與二十世紀中葉以後的後現代法學，有所區別。

□紛紛攘攘的西方法理學與韋伯

固然對於西方法理學的理解，就台灣要成為法律合理化的社會而言，刻不容緩。但是任何稍微對於法理學有興趣的人，立即會被紛紛攘攘的西方法理學給嚇壞了，也搞糊塗了，不知如何入手。若有繼續堅持者，也往往只能撿起一家的理論或派別，從一而終，以為這就是最好的法理學，就是西方法律精神的本身。事實上，可以選擇一派理論，如此堅持下去也不錯，最起碼藉由這一家理論的專注與深入理解，可以感受到西方法律的精神。但是，我們的法理學的教育，卻往往試圖「湊合」百家之言，而未能認真理解各家之言，進而達到對西方法律精神的整體理解。

但是，如果試圖在開始理解西方法理學的時候，就想找到一個「簡單」的整體理解，那不是本書理解西方法律整體精神的態度，也找不到這種理解，除非是昧著良心說說一些簡單的解釋，就說那是整體的理解。但是面對百家爭鳴的西方法理學，我們卻又是如此急切，如此企盼可以尋獲整體的理解。若未能理解西方法律的整體精神，怎能搞清楚西方的法律，又怎能侈言繼受西方法律呢？輕信任何一家西方的法理學，都可輕易地將台灣社會帶向法律非合理化的狀況。然而，要對於西方法理學進行整體的理解並不容易，就好比要對於西方的哲學進行整體的理解一樣困難。到底有沒有一種西方法理學的整體意義？便是爭議。總不能假設有一種法理學的整體意義存在，而去扭曲各家之言，削足適履，以完成對於整體意義的解釋。但是，如果沒有一種法理學的整體意義的存在、西方法律的整體精神存在，那些紛攘許久的法理學各家各派，豈不早就撕裂了西方的法律！

然而西方法理學各家爭議的存在是事實，也的確是事實。同時我們也認為西方的法律只有一種整體精神，就異文明對於西方法律精神的感受，也的確如此。那麼，或許可以抱持這樣的態

度：西方法律的整體精神，正是在各家各派的爭執之中，慢慢被
建構出來。或許也可以這樣想：西方法律的整體精神，就體現在
各家的爭執之中，各家各自堅持了西方法律總體精神的一部分。
西方法律的整體精神是存在的，任何接觸過西方事物的人，隨都
可以感受那種精神，不論你是在英國與美國，還是在德國與法
國。對於西方法律整體精神的理解，固然可以感受得到，但是要
對她進行理解，卻得對於西方各家的法理學進行解釋與理解，也
唯有如此，才可以對西方的法律精神，進行整體的理解。

　　啟蒙以後的西方法理學，脫離神學的統治，試圖發展屬於法
律本身的法理學。現代法學正是在思考著如何完成法律系統本身
的自主性，不從屬於神權，也不從屬於王權，更不從屬於任何權
力，而是法律系統本身。[11] 不論是以哈特（Hart）為代表的實證
主義法學；或是以富勒（Fuller）為代表，對於古典自然法做修
正，而繼續堅持道德作為法律的基礎的新自然法法學；以及以盧
曼為代表的系統理論的法律社會學的發展。[12] 都算是在處理法律

---

11 我這裡講的自主性就是盧曼所講的「自我生成」（autopoietisis），事實上
　　二十世紀初的法律系統剛剛離開王權不久，也就是政治系統與法律系統
　　剛剛徹底分割不久，即使西方社會的法律系統自中世紀便開始發展其自
　　我塑成的系統，但是也是經歷了依附在以神權、王權以及自然法的道德
　　為後盾的政治系統，才逐漸完成。信春鷹（2002:20-21）認為現代主義的
　　法學深受哲學認識論的三個基本命題的影響：1.個人是自治的、有自覺
　　意識的理性主體；2.社會是一個由各種對立統一的事物組成的由低級向
　　高級進步的有機體；3.真理可以通過經驗和知識認知的。事實上，除了
　　這三點之外，現代法學最大的特色，就是強調法律本身的系統性與主體
　　性，也就是盧曼所講的「自我生成」。
12 我也同意沈宗靈（1992）的說法，認為現代主義法學的發展甚為複雜，
　　深受哲學與政治（或社會）思想的發展，例如分析哲學深受哲學理性主
　　義與邏輯實證論的影響，強調法律條文間的邏輯分析，甚至認為在這些
　　條文之間所彰顯的理性就是法律規範的最高境界，否認法律與道德之間

系統內部的問題，即使考慮到法律與社會的關係，還是以支持完成法律內部的系統性與自主性為前題。此外，如德沃金（Dworkin）的法理學——兼具有迦達默爾的詮釋學法學與新自然法法學，與波斯納的實用主義法學以及阿列格西的法律理性論證理論，也都是在追求法律系統的自主性，試圖讓法律的系統更完美。

　　首先成為現代法學的最初始的主流就是古典自然法法學。在神學時代法律因為神的神聖而完備，這樣的想法在現代主義的法學還是繼續被堅持著，不過作為法律系統的完備性的終極支柱是由 God 改為 Nature。[13] 自然法法學除此之外，也繼承了中世紀神

---

的必然關聯。而所謂的新自然法法學或是價值論法學則深受哲學裡倫理學的論述的影響，試圖討論法律與道德之間的關係。而所謂的法律社會學的法學也深受現實主義（realism）的影響，承認生活世界裡的生活經驗作為法律的建構的基礎。若是要從這些法學思想整理出一種整體的說法並不容易，就像要對於十九世紀與二十世紀初的哲學思想作一種整合，就令人生畏一樣。但是，法學各種流派與思想還是有一條清晰可見的學術傳承，對於這個傳承的敘述正是本書的企圖心所在。此外所謂的現實主義，波斯納（Posner, 2001:443）認為就是「實用主義哲學在法律中的體現」。雖然波斯納認為實用主義在法律的體現，自始自終都是一種視野啟示的意義大於具體說法或論述的成就，但是他還是認為實用主義在法律體現可以區分為現實主義法學與新實用主義法學。他對於現實主義法學作了嚴厲的批判，認為這樣種實用主義法學，已經悖離實用主義的精神，他所自居的新實用主義法學的復甦，正代表實用主義哲學在法律的真正體現。以波斯納（Posner, 2001:312-329）對於霍維茲的批評為例，認為霍維茲的現實主義，也僅僅是對於左派思想的莫名堅持，對於「人民司法」的頑固堅持，談不上是真正的實用主義，即使霍維茲自稱是實用主義者，但是在波斯納看來與霍維茲與其所批判的形式主義是沒有兩樣的，都陷入追求口號的頑固。

13 沈宗靈（1992:37）認為自然法的觀念在西方法律的發展過程，起源甚早，在希臘時期便有這樣的觀念，甚至認為中世紀的基督教神學的法學思想也有自然法的觀念。事實上，如果採取這種廣義的說法，中國人也

學法律的一大特色，就是形成一群為法律而奮戰的法學家，法律
的自主性繼續被堅持著。不過當法律因為神的存在而神聖，轉為
自然固有內在法則的追尋，相信人的理性是可以體現這樣的精
神，這條路並不順利。畢竟從中世紀以來人的自然慾望，基本上
被中世紀的神學所否定，即使在古典自然法的時代，還是無法眞
正承認人內在的慾望，那種最自然的關係。自然法的法學算是閉
著眼睛在看世界，事實上與中世紀的教士關在教堂內想像世界是
一樣的，但是必須強調與承認的是，這種閉門造車的過程，恰恰
培養與形成一群「法律人」與具有自主性的法律系統（Berman,
1993）。啓蒙以前的中世紀神學法學，早就替現代法學奠定非常穩
固的基礎：法律系統的自主性已經確立。但是，這個法律系統繼

---

很早就有自然法的觀念，不過這種說法是沒有意義的。一般在法學思想
史上界定自然法的意義指的是所謂的古典自然法（相較於二次戰後自然
法復甦後所稱的新自然法而言），在十七、十八世紀用來反抗中世紀以來
的神學法學思想。古典自然法出現的意義，就西方法律發展史而言，是
十分重大的。古典自然法既然是反抗中世紀的神學法學，馬上就面臨法
律效力的問題，過去神是法律效力的保障，自然法有一度是由王權來保
障，但是很快就分道揚鑣了，源自於中世紀神學法學與政治權力對抗的
傳統，自然法雖然不再尊崇神，但是也不可能將自己的自主權交給王
權，因此必須宣稱一個更高於王權，不是神，卻具有法律效力的象徵性
意義，這個對象很自然就落到 Nature 身上。如此一來，人本身的道德性
被承認了，過去被認為這只是神性的一部分，甚至認為人本身的這些為
神性所構成的道德，都隨時被人本身的慾望所蒙蔽。古典自然法的法律
思想，表面上是「尊」從於自然，但是事實上就是開始遵從人的慾望本
身，不過這時候還是不願如此直接承認人本身的慾望，只承認人的理
性，認為經由理性判斷所彰顯的道德，就是法律的最高境界。古典自然
法最大的特色應該就是那種對於人的承認以及繼續接受中世紀法律與政
治權力對抗的傳統（關於此點可以詳細閱讀伯爾曼（Berman）的《法律
與革命》以及德安特佛斯（d'Entréves）的《自然法》）。

續發展，繼續朝合理化前進，最後分成三個主要派別：實證主義法學、新自然法法學以及實用主義法學。

實證主義法學繼續繼承了那種放諸四海皆準的理想，只是這回是發現這個道理是藏在法律條文之間的邏輯性，而不在自然事物本身。但是新自然法法學卻是睜大著眼睛觀看的世界，固然已經不再相信自然法則就是人與社會的法則，但是認為法律的自主性不能僅僅在於法律本身，不能忘卻作為法律的基礎的社會，以及作為社會的基礎的道德。法律與道德的關係，在實證主義法學與新自然法法學之間有過長期的爭議。最後哈特作為實證主義的代表，承認了最低限度的自然法，承認最低限度的道德。而新自然法法學以富勒為代表，也認為道德不再是教條化的道德，不是古典自然法法學所重視的責任性道德，而是一種程序自然法的渴望性道德。而實用主義法學作為實證主義法學的敵系（同為休謨經驗主義與邊沁功利主義的傳統），卻不再完全相信法律的客觀性是存在於邏輯分析本身，也不靠向新自然法法學強調道德作為法律的基礎。反而徹底與道德決裂，強調必須能有效解釋經驗世界的法律，才是法律。以美國為主的實用主義法學，深受古典政治經濟學的影響，認為市場本身對效用的追求就是最終的存在，不過這時是開始承認人的利益，法律的目的就在於保護市場的自由——最終是保護每個人的利益，而對於市場自由的捍衛也就體現法律的存在事實：承認個人利益。

當代的西方法理學發展，後現代法學當道，現代法學似乎逐漸被後現代法學所拋棄。事實上，現代法學的發展對於道德的揚棄或修正，讓道德跟著法律一起向「形式且實質」合理化邁進，正是作為後現代法學出現的基礎。現代法學與後現代法學並非是決裂的局面，也未自掘祖墳，而是讓以形式合理化的現代法學更為實質合理化。所謂後現代法學的發展，歐陸以實證主義法學為

主體的法學已朝向語言分析前進，即使美國的實用主義法學，強調效用至上勝過一切理性推理的實證，也正朝向「法律故事學」發展。[14] 二十世紀末期西方的後現代法學與現代法學之間的爭執，已經不是法學內部的爭執，那種如何讓法律系統更完備（更自主性）的爭執，而是法律這個系統本身如何成爲一個眞正的社會系統的成員，也就是說法律必須眞正成爲社會的一份子。不過，這不僅僅是法律系統如何與生活世界連在一起的問題，更要讓法律成爲一種倫理，用來實踐個人慾望與利益的倫理，作爲後現代法學的健將波斯納正是這樣期許。

以德沃金的《認眞對待權利》與《法律帝國》這兩本法理學的作品爲例，朱景文（2002:17）視爲現代法學與後現代法學的分歧作品，前者代表現代法學，重視法律的政治與道德基礎，也就是法律的客觀性；後者代表後現代法學，重視法律的解釋，也就是強調法律的主觀性。事實上，德沃金的這兩法理學作品，並沒有分歧的現象，反而有很大的企圖心，正是要建立「法律帝國」，一種基於對於法律權利的重視與承認，以建立法律的整體性，不過在《法律帝國》所認爲的整體性，已經不是如《認眞對待法律》將其視爲一種政治道德的堅持，而是法律本身的整體性。所謂法律本身的整體性已經呼喊出法律本身所具有的倫理性格，也就是

14 法律故事學是中國大陸學者信春鷹（2002:34）對於美國以包德懷特（James Boyd White）爲首的法律與文學運動的稱呼，我對於這樣的稱呼覺得很不錯，也沿用這樣的說法。法學也受到後現代理論的影響，開始重視詮釋學的解釋。過去詮釋學受到以科學掛帥的實證主義的排擠，並未得到應有的重視。當尼采的思想被作爲後現代理論發展的支柱之後，主體之死的宣稱，開始變成尋找主體的力量。詮釋學對於敘述的重視，特別是強調那種經由實踐而對於每一種文本的閱讀，正是可以清楚顯示每個主體的特質與差異性，對於差異性的承認，就對於主體的承認，就是主體的權利的形成。

隨時將成爲道德與倫理本身，這種新的道德與倫理，就是法律，一種重視整體詮釋的法律。對於每個案件的歷史，法律與法律之間的關聯，也就是詮釋學理論對於文本的理解，一種透過對於重視歷史的實踐，所呈現出的整體性的理解。事實上，這樣的說法，很接近韋伯所說的法律合理化的意義。德沃金的法學算是在後現代法學重圍中的異數，堅持現代法學的最後一塊淨土：對道德的承認。

韋伯未能再活一百年，與這些法理學對話是一種遺憾，是一種生命有限性的遺憾。事實上，學問的可愛之處也是如此，活著的人不見得比仙逝的人更能夠把問題釐得更清楚。韋伯不見得把當前法理學的爭議處理得很完美，但是他對於法律形式合理化與實質合理化的區分，卻將現代法學與後現代之間與之內的爭執，作了未卜先知的處理。當然，純粹由韋伯來理解韋伯，不見得可以領略韋伯的先驅貢獻，很弔詭地，觀看當前西方法理學的紛紛攘攘之後，更能領略韋伯的企圖心：對於西方法律精神的整體理解。本書將西方法律的整體精神稱爲「西方法律文明」，強調這種法律整體精神的歷史綿延特性。（關於西方法理學的爭議與整合的進一步解釋與理解，謹請參閱本書第一章〈什麼是西方的法律？〉。）

現代法學所要處理的問題其實就是法律「形式」合理化的問題，而後現代法學所要處理的問題就是法律「實質」合理化的問題。但是不論是現代法理學或是後現代法理學，純粹是法哲學上的爭辯，很少眞正進入西方社會的生活世界來理解。韋伯的〈法律社會學〉，就是《經濟與社會》一書的那一章，的確如哈伯瑪斯的批評，那個已明的韋伯，是在敘述西方法律形式合理化的發展過程。但是，對於西方法律實質合理化的問題，韋伯並未放棄。〈法律社會學〉算是韋伯的遺著，尚是手稿並未交付出版社定稿。

目前所看到的出版形式，是韋伯的遺孀瑪莉安韋伯的編排，非出
於韋伯的本意。若從整本《經濟與社會》看來，韋伯在〈宗教社
會學〉與〈經濟社會學〉各章所處理的經濟倫理與經濟行動的意
涵，正是要解釋法律實質合理化的問題。對於法律實質合理化的
處理，是未明的韋伯，也是本書的立論所在，將於後各章節，詳
細論述。在此僅先強調，當前西方法理學的爭執，還是在已明的
韋伯與未明的韋伯之間。本書一方面試圖解釋未明的韋伯，來釐
清西方法理學的爭攘之外，也將藉由這解釋過程，達到理解西方
法律文明的目的。

### □台灣繼受「什麼樣的西方法律」？

　　台灣到底要繼受「什麼樣的西方法律」？如果台灣未曾經過
日本統治而被初步法治化，如果西方的法律不是如此紛爭——如
現代法學各派之間以及與後現代法學的爭執，台灣要繼受西方法
律的方向將很清楚也很簡單，就好比一般果樹的接枝。但是，姑
且不論台灣法治化的程度（關於此點，不是本書立論所在，相關
研究正在進行中），僅就西方法理學的紛爭而言，我們如何在這些
紛爭之中確立繼受的方向與內容？過去我們的法學者很少認真對
待這個問題，研究法律繼受的社會學者如林端（1994）也未曾深
入探討，他研究的重點是在儒家文化與西方法律相容的考慮上，
而且是以儒家文化為本位的思考，並不認真對待西方法理學的爭
議，也就是說他並不清楚西方法理學的紛爭，更未曾試圖去理解
這樣的紛爭。如此一來將陷入這樣的困境：對於要繼受的對象都
搞不清楚了，如何談繼受的問題，頂多是許多繼受衝突與歷史事
件的記載。這好比移植心臟，連心臟的特質都不清楚，要進行移
植是很危險的，哪怕只是一種論述。

　　就本書而言，西方法理學的紛爭恰恰構成一幅整體的圖像

——西方法律文明的特質。但是如果僅僅就這些紛爭的表象來解釋如洪鎌德（2001）的《法律社會學》一般，而未能進行整體的理解，根本無法領略這樣的整體圖像，反而可能深陷於「他們」的爭執的泥沼，而無法自拔，結果根本無法眞正理解西方法律文明的特質。（關於對於西方法理學的紛爭所呈現的整體圖像，本書第一章〈什麼是西方的法律？〉將進一步論述。）坦白說，像林端與洪鎌德的論著——國內社會學界的法律社會學著作，不是我所企盼的，兩者都還只是在西方法律之外，尙未眞正理解西方法律。兩者對於西方法律的理解，只見其一（僅限於法律在形式合理化的意義），未見其整體（朝向形式且實質合理化的表現與實踐過程）。林端對於西方法律的理解只有韋伯，但是他的韋伯卻是派深思與他的博士論文指導教授許路赫特（Schluchter）的韋伯——一個被切割的韋伯，韋伯的法律社會學從整體的韋伯切離出來，熱情的韋伯成爲冰冷。洪鎌德對於西方法律的理解，只有紛擾的爭執，只有教科書的講解，沒有那種整體的理解，他的韋伯是被釘在教科書的十字架。所幸，藉由一個「未明的」韋伯，可以讓我們脫離那樣的困境，不用同那些西方法理學的各家各派一起瞎攪和，反而可以從這些爭執中，看出那種整體的西方法律文明。韋伯的法律社會學被哈伯瑪斯（Habermas, 2003:557-587）說成是盧曼的系統理論法律社會學的始作俑者，並被刻意歸類爲重視「形式」合理化的法律實證主義的同路人，這是「已明」卻是被刻意塑造的韋伯、作爲靶子的韋伯。事實上認眞對待韋伯的人，可以清楚感受到那個「未明」的韋伯。台灣要繼受西方法律，正是藉由這個「未明」的韋伯的啓發所想像而成的西方法律文明。什麼是「未明的韋伯」？那個充滿熱情的韋伯，如下敘述。

### 未明的韋伯：對於西方法律的形式且實質合理化的期待

西方若要成為「形式且實質」法律合理化的社會，其可能的限制如何？這是韋伯念茲在茲的問題，也是古典社會學或是有關現代性的討論重心：形式理性與實質合理化如何相互平衡，而讓一種「理性且自在的自我」由衷而生。如果將西方社會思想史或是倫理學史攤開來看，所有的爭議也一直圍繞在這個主題上。如戈德曼（Goldman, 2001）所言，任何能夠細讀韋伯所有有關的宗教社會學的研究的人，從《新教倫理與資本主義精神》開始，有一個「未明的韋伯」貫穿他所有有關宗教社會學的研究，戈德曼認為我們可以稱之為「自我的權能」（empowerment of selves or subject）──自我的禁慾主義實踐，但是韋伯卻難得提到自我的概念，僅僅偶爾提及如「自律」（self control）這樣的概念。戈德曼認為韋伯深受尼采的「權力意志」──「一種征服慾，一種摧毀慾，渴求遭遇敵人和反抗並戰而勝之」的影響，對於他所憂心的「鐵的牢籠」的過分形式合理化，並未坐困愁城，反而試圖藉由自我實踐的期待，來突破這樣的困境。也就是說，韋伯亟欲於尋求「形式且實質」合理化的自我的可能出路。關於這個出路如本書第一章所述，韋伯對於「經濟行動」的建構，就是他所尋得的可能出路。關於經濟行動與實踐理性的意義，謹請參閱第一章〈什麼是西方的法律？〉，此處不再贅述。

本書封面的畫作是德國波昂大學社會學研究所 Professor Dr. Gephart 的作品，名為「未明的韋伯：色身與自如」（*Der Schatten Max Weber: für Körper und Geist; The Shadow of Max Weber: Body and Spirit*），當時我看到此畫時，便驚動不已，認為這就是對於韋伯「法律合理化」理論的最佳詮釋。試想著畫中「韋伯」就是代表那法律「形式」合理化，那身材曼妙的女人陰影就是法律「實

質」合理化──色身（個體的慾望與利益的）合理化。我把原來
應該直譯爲「韋伯的影子」（Der Schatten Max Weber；The
Shadow of Max Weber）譯爲「未明的韋伯」，而應該直譯成「肉
與靈」譯爲「色身與自如」（für Körper und Geist；Body and
Spirit）。但是直譯的譯法都無法展現我對於此畫的理解，幾乎是
捻斷數根鬚之後，才確定譯爲：「未明的韋伯」與「色身與自
如」。將「肉與靈」譯爲「色身與自如」，我個人認爲十分能夠展
現我對於此畫的理解，唯一覺得不安的地方是佛學的味道太濃。
然而，事實上法律「形式且實質」合理化的意涵，與金剛經「來
去自如」的意義也十分相近，「具足色身即非具足色身，具足色
身是名具足色身。」「如來不以具足諸相見，何以故，如來說諸相
具足即非諸相具足，是名諸相具足。」

　　過分放棄色身不是如來，過分重視色身也非如來，色身非色
身，色身是色身，就是如來。「色身與自如」就是法律「形式且
實質」合理化，不拘泥於形式合理化，也不執著於實質實質合理
化，兩者達到同一的境界就是色身與自如的統一。即使是有那樣
的佛意，但是還是最能表達我對於此畫的理解，以及本書的象徵
意義。

　　在《新教倫理與資本主義精神》一書中，韋伯最關心的議
題，也是倫理學（包括權利與法律）上的議題：個人主義化與資
本主義化的西方社會，喀爾文教派是如何承認與接受人的私慾
（包括性慾與物慾），而不致於令其成爲貪婪。或許韋伯當年在寫
法律社會學時，未曾想過法律作爲實踐倫理的可能，或許也害怕
那原本可以輕易揮舞的斗篷（喀爾文教派的專業倫理），成爲鐵的
牢籠（過分強調形式合理化的法律），因爲喀爾文教派的專業倫理
逐漸淡去，代之而起的將是一種以形式規章約制或縱容慾望的法
條。

　　不過如果將韋伯的社會理論做系統的整理，也就是將宗教社
會學、法律社會學以及支配社會學這三部分一起視為倫理學的建
構，一種論歐洲新社會秩序（依當時韋伯的社會情境而言）形成
的建構。韋伯在處理喀爾文教派的宗教倫理作為一種專業倫理的
問題時，最後也應該會與法律社會學（私法）以及支配社會學
（公法）合而為一，一起討論。如果從康德與黑格爾在處理倫理、
權利法律的問題時，這種一併討論的方式也是許多德國法學家的
態度，這種德國學術的傳統，讓我們更有理由相信韋伯的法律社
會學終將不會僅僅是對於法律本身的研究，法律作為實踐倫理的
可能，也將被討論，如果他不如此早逝的話。我們如果再從哈伯
瑪斯與許路赫特兩者分別在法律社會學（包括支配社會學）與宗
教社會學（也包括支配社會學），各選了韋伯的一個側支來發展，
以及兩者最後都形成了溝通行動倫理學與對話責任倫理學，這兩
種理論的建構不約而同地相似，也正呈顯出韋伯的法律社會學與
宗教社會學有相近而必須同一的問題意識。

　　但是中國與台灣相關學者對此問題的理解，並不深入，基本
上我認為相關論文對於西方法律文明的意義並未掌握清楚，大部
分的論文或專書均只能窺豹一斑，相對地對於中國或台灣社會法
律化的可能與限制，也只能作片面的討論。[15] 基本上，大部分的
學者均作二元論的思考，從「人治」到「法治」，或從「道德中國」
到「法治中國」，這種思考方式往往讓人失去理解其轉換與再生的
過程，而只作類型的比較，陷於一種純粹為比較而比較的抽象思
考。

---

15 過去我常常延用陳介玄教授的碩士論文所提出「法律文明」的概念，但
　是現在我覺得法律文明更具有實踐的強烈意義，不過我還是認為西方的
　法律是一種文明的建構，長時段發展出來的，具有歷史建構的意義。

　　西方的法律文明的意義並非只是「依法行政」，根據多年來對於西方法律文明的理解，體會到西方法律文明具有一種透過法律而尋求自我「社會的存在」的意義。回顧西方的社會思想史我們可以清楚發現，整個西方社會思想史的主軸就在於此。從奧古斯丁將意志與慾望區分開來，到康德更進一步將道德與法律（權利）區分開來，讓意志歸屬道德；讓慾望從屬法律（權利）。在浪漫主義哲學的影響下，黑格爾試圖將「道德－意志」與「法律（權利）－慾望」結合起來，尋求一種理性且自在的存在意義，同時具有普遍化的意義。馬克思對於黑格爾在實踐這個道理的方法上，雖有激烈的批評，但是卻堅持這個理想，只不過他不相信法律可以作為實踐的途徑。

　　韋伯亦然，他雖然區分了法律「形式合理化」與「實質合理化」的意義，甚至對於二十世紀將可能過分工具合理化，憂心忡忡。不過在其運用社會學與歷史的方法對於這兩個概念的區分過程，也正顯現其試圖更進一步超越黑格爾與康德的局限之處，來說明西方社會成就「形式且實質合理化」之法律的可能性，很可惜他未能在有生之年克竟其功。

　　年鑑史學之《私生活史》的巨作在第四冊，承繼這個傳統提出「法律個體」的概念。從社會生活史的角度說明西方文明如何將法律作為一種公共秩序，又將其貼近日常的私生活，透過法律將私人生活「權利化」，將西方的個人一方面賦予其色身（個體）的自由，一方面又讓其從於具有公共權利的法律。當然《私生活史》並沒有解釋全部，自康德到韋伯的這個傳統，說明了馮耶林（Von Jhering）「為法律與權利而鬥爭」的意義，特別是韋伯更是在法律制度的社會學分析，說明西方文明如何透過「法律人」的形成、現代公法形成的基礎：國家法律官僚化、現代私法形成的基礎：從身分契約到目的契約的轉變（這是韋伯優於梅因《古代

法》的從「身分到契約」之處）等，形構西方法律合理化的論述。若從西方法律文明發展的經驗看來，台灣法律合理化的意義便不僅僅在於「依法行政」或是司法獨立而已，整個台灣社會的制度與個人的日常生活經由法律來體現自我的「社會的存在」的意義更為重要。

　　為何一定要透過法律，而不是其他的規範如傳統的人情規範？傳統中國也有刑律，在傳統社會也有某種程度的民法與契約結構。但是法律化的意義並非僅止於用法律來規約社會，法律化的意義一方面表示政治上諸權力的平衡，離開人治的色彩，將集體的權力（power）轉換為集體的權利（right），以及更進一步轉換成個體化的權利，也就是人權受尊重，人的意志與慾望都受到保障，可以在不影響法律的前提下盡情的發揮。例如西方人所研發出來的汽車不斷追求速度感與舒適感，一位 F1 方程式的賽車手可以在賽車場上盡情的享受高速的快感，但是如果在彎道限速之處超速，則將科以高額的罰金，在日常生活的交通生活亦是如此。西方的法律文明的意義已不僅止於「依法行政」，法律不只是形式合理化，更企圖達到實質合理化，法律真正可以作為人之自我的「社會的存在」的規範，法律的意義並不是作為限制人的規範而已，就西方法學所追求與體現的特質，它更是一種與專業倫理與修辭論述融合的結果。未來台灣社會所要追求的可能是這種法律合理化的意義。當法律不再依靠神，不再依靠威權，就依靠法律本身，熟悉權力運作的人，似乎很難相信法律本身有什麼效力？漢摩拉比法典是要透過宣稱是從神的手上接收的，才具有效力。所羅門王的法律仲裁有效力，是因為老百姓害怕他的劍是無情的。可是拿破崙法典的基礎雖然是王權，但是其前後的發展已經不單是王權，此時具有自主性的法律系統已經呼之欲出了。就中國人而言，我們實在很難想像一個要稱帝的人，會頒布法典來

限制自己的權力，或許拿破崙法典就是王權的化身，但是它也是西方民法的基礎，集「權利請求」的觀念於一身。這種看似弔詭的現象，正是我們必須去理解的西方法律文明的社會基礎所在，也就是本書的核心立論所在。

形成一種普遍的倫理學，可以不基於神的威力，不基於王權的權力，而可以作為法律效力的基礎，這到底是什麼？本書認為這種倫理就是由基督教宗教倫理經由布爾喬亞「切事性」的工作態度，轉化而成的。這種轉換是一種合理化的宗教倫理與工作倫理，與西方的「理性言說」（logos）傳統結合起來，進而形成「合理化的理性言說」。一種源自於原罪本身的矛盾與極欲承認原罪的過程，作為權利請求的基本倫理，而權利請求正是整個西方宗教倫理與工作倫理的結合，而轉換成西方法律文明的社會基礎的社會動力。

目前國內的社會學研究，經濟社會學（包括組織社會學）或是政治社會學的研究算是主流，這正符合於國內社會發展的局勢。西方意義下的國家、市場與組織等概念，不論是就台灣經驗對於這些概念的再詮釋，或是就台灣經驗直指其在台灣的特殊性，都已有具體的論述，甚至是對立的派別。但是，就西方而言，不論是經濟、政治與社會組織的討論，都不可脫離於法律或權利的論述，在台灣社會學的研究，彷彿將其獨立開來了，我總覺得不妥。論述國家而不論述法律與權利，論述組織或制度而不論述法律，就西方社會理論的整體性看來，好像只是論述到表皮，還不入骨。以鑲嵌理論為例，若以為弱連帶效果的出現，認為是美國社會對於非正式關係的重視，就好像發現真理一般，甚至大量用來對應台灣社會，可能忽略美國社會的弱連帶的實質基礎。只要讀讀托克維爾的《論美國民主政治》，便不難發現美國的弱連帶基礎是在哪裡（Swedberg, 2003）。同樣的，托克維爾與哈

伯瑪斯乃至古典政治學如蘇格拉底、柏拉圖、亞里斯多德、阿奎那（Thomas Aquinas）、西塞羅、盧梭、孟德斯鳩等等著作中都充滿法律的論述。在政治與經濟論述的底層是一道：色身（個體的慾望及利益）與社會之間的緊張關係的整體論述，一直爭辯到當下。我想，西方法律文明之社會基礎的再理解是有必要的，特別是被西方法律制團團圍住的現代台灣社會，更是需要理解這些制度的基本精神。

現在中國或台灣社會已經加入資本主義世界，也沒有多餘的時間考慮要不要進入網路的世界，實際上我們已經在網路社會，特別是年輕的一輩。我們究竟是在面對西方世界所產生的新的社會類型，還是我們一直在面對的都是同一種社會類型，這種社會類型是什麼樣子？也就是說，從十六世紀的商業資本主義社會，到十九世紀的工業資本主義與二十世紀後期以後完全成熟的金融資本主義，再到二十世紀末的網路社會，我們究竟是不斷在面臨「新」的西方社會，還是自始自終都是同一個？現在與未來台灣要的是什麼？大家談了很多，也談了很久，但是總是在原地打轉，好像繞不出去。我們是有必要對於西方法律文明的社會基礎，作整體的想像與理解。

# 第 I 篇

理解西方法律文明的入口與視野

# 第一章　什麼是西方的法律？

　　……法律可以說起一種轉換器的作用，只有它才能使進行社會整合的全社會交往之網絡保持不破。（Habermas, 2003:69）……生活世界的第三個成分，「社會」作爲合法秩序的總和，如同我們已經看到的那樣，隨著法律系統越來越履行全社會之整合的功能，則越來越集中在法律系統之上。（同上：122）……在複雜的社會中，要在素不相識的人們之間可靠地建立起具有道德律令性質的相互尊重，法律仍然是唯一的媒介——除了這個洞見外，哲學家應該再無別的奢望了。（同上：698）

　　無疑地，從這三句話看來，哈伯瑪斯（Habermas, 2003）是十分看重西方現代法律在現代社會所扮演的角色。西方現代的法律不見得可以完全取代道德，但是法律系統本身朝向「形式且實質」合理化的努力，卻逐漸讓道德失去其「非合理化」（或教條化）的影響力。相較於易於教條化的道德對於社會的統治，西方現代法律對於社會的治理，的確讓人獲得些許的「自在且自爲」，即使是這樣的些許，在人類文明之中也是非凡的成就。西方現代法律不見得可以使每一位西方人都變得很善良，也不見得可以讓每個西方人都變得完全自在且自爲，但是她是目前人類社會中，最能體現些許的公平與正義的女神。很顯然地，我在這裡一直反覆提及的「西方現代法律」，並不是台灣一般民眾所認知的法律。那麼，什麼是西方現代的法律？

　　如果你說我認爲西方的月亮（法律）比較圓（公正），我不否認，我就是這樣認爲。台灣自日治時期，甚或更早從荷治時期就

開始繼受西方的法律制度，到目前爲止，我們從來沒有「說不」
的機會，現在更沒有反抗的可能，以法律爲基礎的西方各式各樣
的社會制度，早就像天羅地網撒在我們身上。目前唯一的出路，
就是徹底理解她，別無選擇。那麼，她究竟長得如何？過去不是
被她的美貌所迷惑了，要不就是給震驚了，我們似乎很少仔細地
端詳著她，細細地理解她。

## 一個經久不絕的問題

「什麼是法律？」這是一個甚爲簡單的發問，卻極難回答，康
德（Kant, 1999:39）認爲：

> 問一位法學家「什麼是法律？」就像問一位邏輯學家一個眾
> 所皆知的問題「什麼是眞理？」同樣使他感到爲難。他的回答很
> 可能是這樣，而且回答中極力避免同義語的反覆，而僅僅承認這
> 樣的事實，即指出某個國家在某個時期的法律認爲唯一正確的東
> 西是什麼，而不正面解答提問者提出來的那個普遍性的問題。對
> 具體的實例指出什麼是正確的，這很容易，例如指出一定地方、
> 一定時間的法律是怎樣說的或者可能是怎樣說的。但是，要決定
> 那些已經制定出來的法律本身是否正確，並規定出可以被接受的
> 普遍標準以斷是非，弄清什麼是公正或不公正，這就非常困難。

> 沒錯，我們如果具體舉一些實例，說它就是西方的法律，並
> 不困難，但是若要給西方的法律一個普遍性的看法，就非常的困
> 難，特別是要指出它的普遍性意義。

> 甚至是嫻熟法律的專家也頗有同感，他們雖然瞭解法律，但
> 是，對於法律以及法律與其他事物的關聯的許多問題，他們卻不
> 能解釋與充分理解。（Hart, 1996:15-16）

□爲什麼要回答「什麼是法律？」這個問題？

　　當我們試圖理解西方法律文明時，這是一個必須被解釋的問題。即使是「什麼是法律？」這個問題，在西方法理學與法哲學裡的爭辯，依舊讓人眼花撩亂。對於「什麼是法律？」如此充滿爭議的問題，就本書的研究目的而言，與其說希望作一種極爲明確的定義（事實上這是不可能的），倒不如說，是試圖藉由對於這個問題的解釋與理解，提出一些問題，以作爲理解西方法律文明的開始，同時希望藉由這樣的解釋過程，進而達到理解台灣發展爲法律社會的可能與限制。

　　科殷（Coing, 2003:1）認爲討論「法律是什麼？」與「法律應該是什麼？」是法哲學的問題，但是本書一開始試著回答「什麼是西方的法律？」，並不是要回答法律在哲學上的普遍性意義。在這裡所要呈現的論述圖像，是一種關於「什麼是西方的法律？」的爭辯圖像。這個爭辯的圖像在表象看來極爲混亂，但是如果將這些爭議擺入西方長時段的社會史與思想史洪流之上，就可感覺到這種爭辯的圖像，像是一部歌劇裡的不同角色，各自吟唱自己的詞，不論是主角還是配角，甚至是跑龍套的，都非常認眞地、或無聲、或低柔或高亢，深情款款地吟唱著「西方法律文明」這首歌劇。

　　被歸類爲新分析實證主義法學家（沈宗靈，1992）的哈特（Hart, 1996:1）認爲「什麼是法律？」是個「經久不絕的問題」：

　　在人類社會有關的問題中，沒有像『什麼是法律』這個問題一樣，如此反反覆覆地被提出米並且由嚴蕭的思想家們用形形色色、奇特的甚至反論的方式予以回答。

　　而自認爲是實用主義法學家的波斯納（Posner, 1994:220）在回答這個問題時，更是直接了當表示：

法律是什麼？大膽的說，這個問題實際是沒有意義的。法律是一個詞，和『宗教』、『時間』、『政治』、『民主』和『美』一樣，是可以用而不會造成嚴重的理解問題，但是不能界定，除非理解了定義的目的。

他又接著說：

如果你僅僅是問，法律是什麼？你就會引起一場法理學的論戰。

當然在這裡，我不是想引起一場法理學的論戰，我也沒那個資格與能耐。但不諱言，本書一開始就問這個問題的意義，的確有想要搞清楚西方法律的特質的企圖心，這是得以構成本書的原動力。我在這裡不是要「完全」確立西方法律的眞實面貌，而是試圖藉由當前在中國大陸與台灣具有代表性的法學家如哈特（Hart）、富勒（Fuller）、德沃金（Dworkin）、波斯納（Posner）與阿列格西（Alexy）等對於「什麼是法律？」的爭執，以及哈伯瑪斯對於爭執的解決過程，來呈現西方法律的大概圖像，雖然不是很眞實，但絕非是個人虛構的想像，而且提供一個理解的基礎。然後，本書可以根據這樣的理解，提出一些問題，來解釋西方法律文明的形成過程。（關於本書的方法論，謹請參閱本書第二章〈認眞對待西方法律文明的視野〉。）

韋伯（Weber, 2001:12）在《新教倫理與資本主義精神》一書前言語末的一段話，很能表現我在此時的處境與企圖：

人類命運的道路，的確會使一個概覽其某一片段的人，不能不驚訝無比，但是他最好將他那些個人微不足道的意見隱藏不露，就像一個人在目睹汪洋大海或崇山峻嶺時所作的那樣，除非他認爲自己有責任、有天分將自己的意見用藝術或預言的形式表

現出來。但在大多數的情況下，連篇累牘地談論直覺體知，只不過掩飾了自己對對象毫無洞見，同時也掩飾了自己對人本身也毫無洞見而已。

　　我究竟有沒有天分？可不可以繪出西方法律文明的景象，我自己並不清楚。但是我還是保有那種快要被過分形式合理化的學術所澆熄的熱情，一種作爲知識份子的責任感──如同韋伯自稱作爲西方文明之子的宣稱，對於理解西方文明的理解還是充滿那種「欲求」（Anspruch）──這是一個德文字，在詮釋學的傳統占有很重要的地位，是一種藉由對於流傳物（tradition）（可能是一本書或者是藝術作品）的認識而理解整體歷史與社會的企圖心，德沃金（Dworkin, 1996:51）的《法律帝國》與哈伯瑪斯（Habermas, 2003:17）的《在事實與規範之間：關於法律與民主法治國的商談理論》（以下簡稱《在事實與規範之間》）分別提及與重視這個由迦達默爾（Gadamer, 1995:183）提出的概念。本書試圖藉由這份解釋的欲求，完成對於西方法律文明的理解。可以這麼說，本書方法論的立場是完全臣服於迦達默爾的《眞理與方法》。如果你認爲我的書充滿了作者的主體性，那我也不想爭辯什麼！只是請你仔細看看《眞理與方法》這本書，如果還是不能認同，就放棄本書吧！我們是屬於不同認知世界的人（社會本體論的立場完全不同）。

　　「什麼是法律？」要回答這個問題的確會引起一場場在法理學上的爭議，但是西方的法學家並沒有因此而膽怯，反而是前仆後繼地提出他們的看法，甚至不惜一戰（進行學術論戰）。根據龐德（Pound）（沈宗靈，1992:298）的看法，關於「什麼是法律？」的爭執，是從西元前六世紀正式開始，從蘇格拉底的「惡法亦法」，不惜以身殉法，來維護法律的崇高性，開啓了柏拉圖與亞里斯多

德關於人治與法治的爭執。羅馬共和時期末期的西塞羅　（1997）
的自然法觀點，認爲眞正的法律是和自然一致的正當性，它是普
遍適用的，不變的和永恆的。這樣的看法，顯然深受柏拉圖理念
主義的影響，反而放棄了亞里斯多德對於法律論證的貢獻。西羅
馬帝國末期的奧古斯丁認爲不正義的法律不是法律，而中世紀阿
奎那則認爲不正義的法律不見得就不是法律，可見基督教對於法
律的看法也是有爭執的。不過在基督教神學對於法學的影響漸漸
褪去之後，西方法學關於「什麼是法律？」的爭執並未停止，反
而更加激烈。主要的爭執派別分別根植於他們所信仰的哲學，百
家爭鳴的現代哲學，使得「什麼是法律？」的爭議，接踵而來，
有時候會覺得如此紛亂的局面怎能創造出法律文明呢？但是西方
法律文明的形成，卻是可能立基於這樣的爭執過程。以下，本書
試圖對於這些主要的爭執的流傳物　（原典著作，本章先以當代的
經典爲主，古典部分將於後各章節陸續理解），進行解釋進而期待
達到整體性的理解。

　　哈伯瑪斯對於當代西方法律哲學與法律社會學的批判與整合
有其貢獻，特別是點出法律與現代社會的重要關聯——法律可以
作爲實踐理性，讓社會系統與生活世界彼此可以變得形式且實質
合理化，可以作爲理解西方法律文明的入口。但是任何細讀過韋
伯重要作品的人，特別是關於法律社會學（包括支配社會學）與
宗教社會學的研究，都可以輕易指出哈伯瑪斯對於韋伯的刻意誤
解，指鹿爲馬稱韋伯是系統理論法律社會學與實證主義法學的同
路人，認爲韋伯的法律社會學就是在倡導法律的形式合理化，而
不重視法律的實質合理化，也就是把韋伯說成是亟欲將道德從法
律完全抽離出來的人。

　　哈伯瑪斯對於韋伯的法律社會學的理解可能局限於《經濟與
社會》〈法律社會學〉這一章的理解，事實上，有一個在法律社會

學研究上的「未明的韋伯」——終其一生都在試圖調和法律的形式合理化與實質合理化，讓法律成為實踐理性。哈伯瑪斯的成就是站在韋伯的基礎之上，特別是讓那個「未明的韋伯」與現代法律哲學與法律社會學對話，但是卻很不道德地竊為己有。哈伯瑪斯固然找到了基於言說倫理的「交往理性」（容後詳述），可以有效降低社會系統與生活世界之間的異化，但是哈伯瑪斯並未如同韋伯一般，進行社會學的考察，雖然他引入了社會學理論如涂爾幹與米德的思想，但是他對於生活世界與社會系統的社會考察，卻是完全闕如。因此，哈伯瑪斯也只能從皮爾斯的實用主義語用學那裡，找到他的實踐基礎，並用康德的實踐理性作為基礎，認為只要每個人只要願意進行真誠性言說的宣稱，就一定會朝向交往理性去實踐，好像皮爾斯所說的「學術共和國」裡的每位學者，都是願意進行真誠性言說的宣稱，所以可以形成理想的溝通情境。哈伯瑪斯也只能期待，這樣地期待：學術共和國的形成已經提供一個可能實踐的經驗基礎，他的真誠性不再只是一種理想卻無效的期待。事實上，在台灣「學術共和國」「呆」過的人，都不會相信台灣的學術是一個願意進行真誠性言說與宣稱的「共和國」，反而是充滿了形式合理化卻實質非合理化的謾罵與虛偽。

　　西方法律文明若是建立在交往理性的基礎之上，「什麼是它的社會基礎？」哈伯瑪斯並未認真解釋與理解，也因此削弱《在事實與規範之間》的貢獻。若是要理解「未明的韋伯」的貢獻，那個被哈伯瑪斯剽竊卻未認真詮釋的韋伯，必須先理解當前法理學關於「什麼是法律？」的爭議，然後再理解哈伯瑪斯對於各家的整合。藉由對各家爭執與哈伯瑪斯的整合的解釋，可以引導我們回溯到這些爭執的源頭：康德的實踐理性與功利主義之間的爭執——法律究竟是一種（具有公共性的）實踐理性？還是只是基於色身（個體）慾望與利益的效用考量而已。而這個爭執的源頭

正是「未明的韋伯」所欲解決的爭執，韋伯對其進行了社會學的
考察與理解。

以下，先就當代各家關於「什麼是法律？」的爭執，開始作
為理解西方法律文明的入口。

### □ 法律是一種「客觀存在」的事實：哈特的觀點

西方現代法學家如哈特與德沃金分別在《法律的概念》與
《法律帝國》一開始就提出這個大哉問「什麼是法律？」，這是任
何與法律有關的人必須回答的，特別是以法律作為工作的人，不
論是律師、法官或是法學家，都必須捫心自問，事實上就連一般
人也不能置之度外。對於這個大哉問，哈特與德沃金都十分認真
地回答。波斯納在《法理學的問題》一書的第七章也專章反省。
當然，不論是德沃金還是波斯納解釋「什麼是法律？」很顯然是
針對哈特的《法律的概念》而來，反對哈特那種「法律是一個規
則系統」（Posner, 2002a:104; Hart, 1966）的看法，正是對於實證
主義法學的反抗，認為法律並不是一種「物性」（thingness）
（Posner, 1994:287）。德沃金也認為法律不是一種「事實昭然的觀
點」（Dworkin, 1996:6-11），他認為「法律是一種實踐。」（Posner,
1994:288），以及「法律是一種闡釋性的概念。法官應以闡釋其
他法官判斷什麼是法律的實踐，確定什麼是法律。」（Dworkin,
1996:364）。波斯納與德沃金都不能接受實證主義法學對於法律的
看法：認為法律是一種「物性」──法律僅是許多規則或原則的
昭然若揭而已。

但是，波斯納與德沃金所批評的哈特，並不是哈特本人的想
法，反而比較像是對於奧斯丁（Austin）的實證主義法學的批
評。事實上，哈特已經對奧斯丁的理論有所修正，最大的修正就
是他向自然法法學靠攏了一些，「接受了最低限度的自然法內容」

（the minimum concept of law）（Hart, 1996:189）。在《法律的概念》一書哈特（Hart, 1996:204-206）區分了廣義的法律與狹義的法律，認爲自然法的良法（符合道德要求的法律）才是法律的說法，是狹義的法律；實證主義法學主張不論是良法或惡法都是法律的說法，則是廣義的法律。哈特（Hart, 1996:269-270）接受邊沁與奧斯丁的看法，認爲「實際是這樣的法律」（law as it is）與「應該是這樣的法律」（law as it ought to be）應該區分開來，根據休謨經驗主義哲學的傳統，道德上的「應該」是無法理解的，僅有經驗上的「現實」可以理解，就法律而言，「實際這樣的法律」是可以理解的，「應該是這樣的法律」則是無法理解。

不過，哈特並非完全將法律從道德排除開來，讓法律成爲只是一種「物性」的存在，或僅僅是一些昭然若揭事實。但是哈特認爲自然法法學所主張的狹義的法律，相較於實證主義法學所主張的廣義的法律，未能感受到法律的複雜性，例如法律該不該禁止同性戀的性行爲。如何界定符合道德要求？如何界定良法？這是非常困難的。或許接受「惡法亦法」的說法之後，法律才可以形成它的客觀性，才有進行理性論證的可能。也就是不必過早界定法律的「好」或「壞」的價值，先確定所有法律都處於「無價值」的狀態。過早界定法律的「善良性」，反而會讓法律陷入過於主觀，而無法理性論證的困境。

或許有一個寧願選擇廣義法律概念的較有力的理由，他使我們能夠想到並且說「這是法律，但他是邪惡的。」這就是，從邪惡規則抽回法律承認，這可能明顯錯誤地過分簡化它們引起的道德問題的多樣性。早期堅決主張區分法律是什麼和法律應該是什麼的作者（如邊沁與奧斯丁）這樣做，部分是因爲：他們認爲除非人們保持兩者的分離，否則，他們將由於缺乏考慮對社會的代

價而匆忙做出法律是無效的因而不應得到遵守的判斷。（Hart,
1996:206）

　　德沃金與波斯納似乎是刻意曲解哈特的實證主義法學，來擁
護他們各自的所擁護的法學觀點。很顯然，兩者對於哈特的刻意
曲解，很容易讓人忽略哈特對於法律擁護客觀性的重要性。實證
主義法學的哲學基礎是休謨（Hume, 2000）的《人性論》（*A
Treatise of Human Nature*），羅爾斯（Rawls, 2003:13）在解釋休謨
的道德哲學時，在註腳特別強調他的新教徒背景，這是十分有趣
的社會學分析。作爲喀爾文教派的一員，休謨將信仰的道德與人
作爲一種經驗存在區分開來了，人的經驗存在是無法去推論到的
信仰的道德問題。這樣的區分非但沒有將人推入萬劫不復的罪惡
深淵，反而讓人的存在不再背負沈重的道德。

　　休謨的《人性論》與奧古斯丁的《懺悔錄》形成鮮明的對
比，人的經驗被休謨接受了，但是並不是要人的經驗淹沒一切，
反而在是承認人的經驗事實之後，瞭解人的經驗有限性，特別是
在道德推論的有限性，這是康德最推崇休謨之處。因此在休謨的
《人性論》找到現代西方找到法律得以取代道德的理論基礎：道德
歸上帝，法律歸於經驗。法律不再依附在道德之上，法律開始依
附在法律自身的客觀性──事物的經驗事實。但是，法律作爲一
種「客觀存在」只是解釋了「什麼是西方法律？」的一部分。法
律如何依附在自身？這不但要脫離神權也要脫離王權，這種讓法
律依附在法律自身的奮鬥過程，也是西方法律的特質之一，這便
是自然法法學的立論觀點：權利請求。道德歸於上帝，法律歸於
經驗的宣稱，不僅僅是口語或文字的宣稱即可，美國獨立宣言不
僅僅是一種宣稱，更是一種權利請求的實踐。法律的自主性與系
統化絕非自然演化的結果，或是社會複雜度所引起的功能分化的

結果。從台灣經驗看來，便可以證明，宣稱並不能保證法律就可以自主化與系統化。

□法律是一種自律與權利請求的道德：富勒與德安特佛斯的觀點

即使哈特在《法律的概念》能接受的「最低限度的自然法」，但是長期與哈特論戰的自然法法學家富勒 （Fuller, 1969:133），似乎不領情，他認為：

> 哈特的《法律的概念》在法理學的的文獻上，占有一席之地，正是我們長久以來所缺乏的。它不是一本雜文的集子，也不一般所認為的教科書。相反地，它是言簡意賅之著，表明了作者要解決法理學上的重大爭議的企圖心。

> 這本書裡的許多看法極為有見解，同時文筆幽雅，意念清晰，十分值得我學習。但是關於該書有關法律的概念的基本性分析，我則完全的不同意。

富勒 （Fuller, 1969:3）認為法理學對於道德意義的理解少得可憐，但是對於法律的定義卻是如過江之鯽，多而無當。在論及法律與道德的關係時，當務之急就是要將道德區分為「責任性的道德」與「渴望性的道德」。前者往往與法律連在一起，是實證主義法學所批判的道德，富勒 （Fuller, 1969:184-186）認為哈特所能接受的「最低限度的自然法」，是一種實體自然法的觀念，就是「責任性道德」（morality of duty）的觀念（而非「渴望性道德」（morality of aspiration）），是一種目的論的想法——認為自然法的存在僅僅是為了人類可以活下去的目的而已。富勒（Fuller, 1969:186）認為自然法所立基的道德基礎不是「責任性道德」而是「渴望性道德」——透過交往的過程，我們繼承人類以往的成

就並藉此擴大我們的生活界限。富勒所主張的基於「渴望性道德」的自然法，是一種爲人類可以活下去的請求與奮鬥的過程，而非目的。

哈特雖然在法律的概念上接受了些微的道德，但是富勒認爲哈特對於法律的道德理解是不仔細的。富勒認爲「法律」單純作爲秩序來說，應該包含「道德性」，即使我們要建立可以稱爲法律的任何東西，甚至是壞的法律，也必須尊重這種「道德性」。富勒（Fuller, 1969:96-97）所認爲的「法律的道德」（legal morality）是指法律的「內在道德」——是一種渴望性的道德，他稱之爲「程序」自然法，相對於「外在道德」——一種責任性道德的「實體的自然法」，這是中世紀與十七、八世紀的自然法，富勒認爲他所謂的自然法不是這個實體自然法，而是「程序的自然法」。

以墮胎爲例，制訂出禁止或同意的法律，都與內在道德無關，若有爭執，都是外在道德的爭執。基本上，富勒是同意哈特所堅持的法律客觀性、法律的實體性以及法律自主性的重要性。可不可以墮胎在實體法律上爭執應該是實證主義的問題，必須就法律的理性論辯來進行。過早用實體自然法的觀念來解決墮胎可否禁止，根本無法解決問題，很可能只適用一種教條化的道德來壓迫另一種教條化的道德。也就是說，過早陷入責任性道德的困境，可否墮胎將陷入宗教信仰的問題。但是如果所採取的「法律的道德」是一種渴望性的道德，一種爲婦女可以活下去的權利而奮鬥的道德，則是一種開放性而非封閉性的道德。然而開放之後又應該如何結合法律與道德？富勒並未提出積極的解決途徑。

富勒（Fuller, 1958）的自然法法學理論是堅持所謂的「內在道德」，富勒認爲是一種法律內在最低限度的自律。富勒亟欲捍衛的一把道德的尺度，事實上就是反對過分教條化的道德，法律所立基的道德，不是十分實體的道德或價值，反而只是種模糊的理

念，這個理念只有在實踐法律時，才會越加的清晰。若要稍微具體的說明，它就是一種自律的理念。這種法律的內在道德——自律的理念是如何形成的？富勒並沒有解釋得很清楚，最後只能變成一種信仰，這是實證主義法學很難接受的看法。

關於此點，自然法法學家德安特佛斯（1992）則有更為積極的解釋。富勒的程序自然法在德安特佛斯看來，就是法學家長期為法律的獨立自主性，不惜與政治權力相抗衡的那種為權利而戰的精神——一種長期綿延發展的法學家的傲骨，已經成為西方法律社群的第二天性。這種為法律而戰的精神，伯爾曼（Berman, 1993）有很清楚的解釋——一種源自於教權與政權的鬥爭，為法律而戰的革命精神，這些捍衛法律的法學家，自中世紀開始便在大學形成法律望族，長期堅持著法律作為至高無上的秩序規範的理想，不斷周旋於教權、王權與商權之間的纏鬥。如同法律是一種「客觀存在」，法律是一種「權利請求」也是「什麼是西方的法律？」的爭辯過程所呈現的特質之一。

□法律是一種解釋與實踐：德沃金的觀點

法律的概念並不是西方二十世紀的產物，為什麼被康德、科恩、哈特、富勒、德沃金與波斯納重新討論？事實上，在西方法律發展過程中，「什麼是法律？」這個問題先後圍繞在與神權、自然法權、王權、人民主權與人權的關係上，最後透過區辨法律與道德（社會本身）的關係，被徹底解開，試圖挖掘出法律本身的意義，不再探討法律與道德之間的相似性或差異性，甚至也不認為人權與人民主權就是法律的最終基礎，而是以研究法律取代道德作為社會核心，以及法律效力的基礎就在法律本身（自主性）的可能與限制。

「什麼是西方的法律？」的現代爭議產生於法律試圖自教條化

的道德掙脫出來的過程：徹底釐清它與法律的關係。承認自己有
自然法法學家傾向的德沃金 （Dworkin, 2003:6-7）在《認真對待
權利》與《至上的美德：平等的理論與實踐》認爲法律「至上的
美德」，是對於「權利的」，以及「重要性平等原則」與「具體責
任原則」的重視。他早期的著作《法律帝國》裡對於法律原則的
闡釋性精神的提倡，事實上已經替他的自然法法學理論打下深厚
的基礎。相較於富勒的自然法法學，德沃金不僅僅浸淫在道德的
世界，他早在《法律帝國》就「進一步」提出藉由哲學詮釋學來
進行法律道德的實踐的可能性，也就是說，他比富勒更清楚提出
實踐的方向。德沃金與富勒一樣反對實體的自然法，他並不將法
律視爲僅僅是一種外在道德的體現，他也極爲重視內在道德與渴
望性道德，但是這必須透過詮釋性的實踐才能完全跳脫責任性的
道德。

　　德沃金的法學是自由主義法學，與波斯納的實用主義法學形
成鮮明的對比。德沃金 （Dworkin, 1996a:367）在《法律帝國》一
書的第五章著實批評了實用主義：

　　法律帝國並非由疆界、權力或程序界定，而是由態度界定。
……。從最廣義的意義來說，它是一種談及政治闡釋性的、自我
反思的態度，它是一種表示異議態度，……。法律的觀念是建設
性的，它以闡釋性的精神，旨在使原則高於實踐，以指明通往更
美好的未來的最佳道路，對過去則持正確的忠實態度。

　　德沃金與波斯納兩者最主要的差異，在於究竟是原則高於實
踐（德沃金的主張），還是實踐高於原則（波斯納的主張）。不過
德沃金所謂的原則高於實踐的意義，並非如哈特如此地實證主
義，反而充滿了迦達默爾的哲學詮釋學的精神，原則的效力是建
立在詮釋的基礎之上，而非法律本身與法律之間的實證關係。既

然如此，那麼詮釋的基礎爲何？這是德沃金必須面對的問題，《至上的美德：平等的理論與實踐》就是在處理這個問題，對於原則或法律詮釋的最後基礎就是平等，不過這是德沃金接受道德的最後底線，以進一步答辯他在《法律帝國》一書中甚爲模糊的看法：

一種幻想的闡釋可以在道德上很複雜，甚至模糊不清的領域上構想出來。（Dworkin, 1996a:204）。

不過，德沃金 （Dworkin, 1996a:51, 57）起初在《法律帝國》中，承認自己必須藉助迦達默爾哲學詮釋學的觀點，來協助其解釋「什麼是法律？」這樣的問題。他認爲欲求 （Anspruch，中譯本的《法律帝國》譯爲「意圖」），是法官可以從複雜與模糊不清的道德裡，釐出一些線索作爲闡釋法律的基本動力。所謂欲求，就是專注於理解的企圖心、基於對自我認識的企圖心，藉此導引法官航向過去的歷史，但是絕非漫無目的或是過於強調原則在歷史上的一致性，而是基於欲求的展現，過去的原則或判決將會被法官仔細地解釋，認眞探求過去的原則或判決與當下他所要處理的案情，而形成一種整體性：

……作爲整體的法律以其當代的問題開始，追溯過去，而且以它在當代集中的問題及其同樣的方式去探索。（Dworkin, 1996a:203）。

在這樣的詮釋過程，法官和過去的原則與判例融爲一體，自我認識與過去的歷史認識被結合起來，形成整體性，這就是他在《法律帝國》裡所認爲的法律道德基礎，是一種徹頭徹尾迦達默爾的哲學詮釋學在法學上的運用。

不過這樣的看法，不知是否受到羅爾斯《正義論》的影響，

在《至上的美德：平等的理論與實踐》，他放棄在《法律帝國》的觀點，轉而認為法律裡的最後道德就是平等，一種基於「重要性」與「具體責任」的平等原則。在《法律帝國》裡很顯然德沃金是屬於德國哲學傳統，《至上的美德：平等的理論與實踐》則又屬於美國自由主義的傳統。德沃金往往徘徊於各種哲學之間，這樣說或許不公允，這或許是表象，德沃金一會兒哲學詮釋學（將迦達默爾的哲學詮釋學運用於法學），一會兒是政治自由主義哲學（向羅爾斯靠攏），雖然也抗拒實用主義，但是偶爾也顯露那種特質。如果我們「認真對待」德沃金，可說德沃金已經掌握到現代西方法律的特質，哲學詮釋學與自由主義法學兩者結合的產物：實用主義法學，不過他並未整合得很理想，尚在抗拒之中。關於實用主義法學作為哲學詮釋學與自由主義法學的結合的論述，於後關於波斯納的實用主義法學會有進一步的討論。

□法律是一種對於慾望與利益的承認：波斯納的觀點

　　實用主義法學裡最激進的戰將，就是波斯納。波斯納是尼采哲學的臣服者，對於《道德的譜系學》採取絕對服從的態度，徹底反對道德在法律裡的殘餘範疇，而德沃金還保有對於道德的最後信仰。可以說波斯納是徹頭徹尾的美國實用主義擁護者，已經放棄了道德，法律對他而言，簡直就是社會規範本身，對於道德不必再眷戀了，與德沃金對於道德依然存有最後的眷戀，形成鮮明的對比。

　　徹底放棄道德而讓法律本身作為社會的核心，波斯納堅持了詹姆士的看法，一種簡單實用主義的看法。說它簡單，並不是膚淺，而是構造很單純，徹底彰顯了功利主義，將功利主義徹底推往實踐。嚴格來說，波斯納在其所有的著作中，都未正面解釋「什麼是法律？」，即使在《法理學問題》也未如此。波斯納根本

不想界定法律的意義，總是提出了許多的「視野」（perspective），
而非概念，他也自認為這就是實用主義法學對於法律的看法。他
認為法律是拿來「用」的，而非奉為圭臬。他甚至徹底反對德沃
金對於道德，即使那種些微的期待。

　　以紐倫堡審判為例，一個被迫必須分辨法律與道德關係的案
例，波斯納（Posner, 2002a: 108）認為哈特過於重視法律的客觀形
式，而德沃金則過於重視法律的主觀形式，兩者皆不可取。在哈
特看來屠殺猶太人的那些納粹是根據紐倫堡種族法執行法律，並
不違法，反而是紐倫堡的戰犯法庭違法了，沒有法律可以依據的
情況下，審判戰犯是違法。但是就德沃金以法律最後一道底線看
來，對於平等的道德侵犯，就是違法，而紐倫堡戰犯法庭所依據
的法律就是平等原則。然而就波斯納看來，不論是實證主義法學
的看法或是自由主義法學的看法，都是深受理性主義的影響，審
判的過程，沒有必要先去信仰哪一套模式，這都是偏見，都是理
性化的道德在作祟，這樣會阻礙判決的客觀性，而非發揮法律的
客觀性。法律的效力，就在於法律的效用本身。但是效用的基礎
在哪裡？就是經濟學理的那些原理嗎？波斯納似乎就是這樣認
為，但是經濟學理的那些原理，也不是波斯納所認為可以完全有
效處理的依據，他最後還是相信效用本身。至於效用如何被承認
與決定，波斯納摧毀了一切，卻無法進行建設性的建構，無怪乎
德沃金要特別強調建設性。

　　極度重視道德作為法律最高指導原則的自然法法學，波斯納
認為（Posner, 2002a: 108）德沃金並不否認他自己帶有這樣的色
彩。

　　　就哈特而言，最高法院所做的大多數都是立法；而就德沃金
　　而言，這是實踐實用道德哲學。……英國的（拉茲〔Raz〕的，也

是哈特的），法律對道德之依賴很小，而另一個制度，美國的（德沃金的），就很大。（Posner, 2002a:110）

雖然波斯納（Posner, 2002a:105）也提及哈特在《法律的概念》一書的索引甚至沒有「普通法」這個詞，並認爲哈特強調法律的實證性是要修正普通法過於散亂的形式。但是，波斯納顯然偏愛哈特，他並未繼受哈特受到奧斯丁的影響──重視語言分析，進而將語用學（pragmatics）與他的實用主義（pragmatism）結合起來，即使波斯納（Posner, 2002:111-120）是如此地欣賞哈伯瑪斯，也只認爲哈伯瑪斯以德國「法治國」作理論規範的建構，與他美國的「法治社會」有差異，再也沒有顯露任何向言說倫理學發展的可能。事實上，哈伯瑪斯也深受實用主義的影響，例如他所推崇的皮爾士（Peirce）（Habermas, 2003:20）與米德（Mead）（Habermas, 2003:162）就是非常重視言說研究的實用主義學者，哈伯瑪斯也藉此發展出普遍語用學作爲他的言說倫理學的基礎。未能朝向語用學的發展，波斯納的實用主義哲學僅僅是一種破壞一切的實用主義法學。

波斯納越來越具有後現代法學的特質，徹底反對任何教條的形式，即使是那麼一丁點，也絕不接受。當波斯納開始將經濟學的分析方式帶入法學的分析時（《法律的經濟分析》），他便是直接了當地承認了「利益」，《性與理性》更是承認了「慾望」，他明確地表示不論是慾望與利益都可以藉由法律的實踐獲得承認，成爲一種眞正的「社會的存在」。波斯納用很清晰的語言表示了這樣的看法：

我還有更大的抱負，這就是要提出一種性態（sexuality）理論，它既要能解說「性」的實踐及其社會（包括法律）規制的一些主要特點（regularity），同時也要指出這種性規範的改革道路；

……（Posner, 2002b:3）

「破壞性的」波斯納與「建構性的」德沃金之間，有相爭議尚未解決，事實上這也是「經驗的」哈特與「道德的」富勒之尚未有效解決的問題。從哈特、富勒、波斯納到德沃金，便可勾畫出幾項西方法律的特質：

1. 「渴望的道德」：追求平等的權利作爲法律的「內在道德」，同時也是一種自律的精神。
2. 法律作爲一種經驗事實。
3. 法律作爲一種藉由詮釋的實踐，達到整體的理解。
4. 法律是一種基於效用的理性考量，藉此色身（個體的慾望與利益）被認眞對待。

以上這四點西方法律的特質，雖不至於南轅北轍，但是在各家爭辯的過程中，僅就外觀來看，卻是呈現出這樣的感覺，若是細究各家原典的論述，卻是層次分明，開始形成一種「系統化」的特質。以富勒爲代表的新自然法法學所認爲的法律，是一種西方法律最終極的價值，雖然不是明確的目標，卻是任何一位依舊認爲法律可以體現社會正義的法律人，所堅信的想法：追求權利。富勒所認爲的「內在道德」與「渴望性的道德」之間的關聯，並不是很容易被教條化的「外在道德」與「責任性的道德」所連結，前者所呈現的道德意涵，僅僅是一種理想狀態的追求，雖然並無法構成具有經驗事實的法律，但是卻是法律得以有效存在的最根本因素。

在「內在道德」與「渴望性的道德」之間的關聯——對於權利追求的基礎上，實證主義法學所論述的，基於經驗事實與邏輯性的法律才具有其實質的內容。換言之，法律的實證特質本身並

無法完全構成法律本身，必須基於權利請求的「渴望性的道德」
與「內在道德」，法律的特質才完備。不過，這兩項特質的結合，
還必須具有詮釋的特質，特別是那種朝向整體理解的欲求，法律
的內在道德與法律的實證性才可以更進一步結合起來，否則法律
的內在道德與實證性缺乏連接劑，可能因此分道揚鑣。

　　基本上，哈特與富勒的爭辯，引入德沃金的看法，西方法律
的架構大致上已有初步的外觀。但是，法律作為一種以經驗事實
為論證基礎的效力，尚有待解釋。在這方面波斯納的激進實用主
義法學，對於外在道德強力摧毀，正凸顯法律的「內在道德」（基
於自律的權利追求）、實證性與「整體性理解的解釋」的結合，正
是朝向對於人的慾望與利益的解放，從「外在道德」與「責任性
的道德」的淵藪解放出來。

　　至此，西方法律的特質大致上已經完全浮現出來，但是這樣
的看法還是有一個問題。也就是，法律作為人的實踐理性對於慾
望與利益的解放，所能期待就是負責任的律師與法官，這樣一
來，「內在道德」與「渴望性的道德」又被摧毀了，又回到「責
任性的道德」，最後變成「外在道德」，律師與法官的責任成為一
種法律。即使，強調法官與律師的整體性理解的解釋已無濟於
事，我們怎能期待每位法官與律師都是睿智的呢？

　　基本上，哈特、富勒、德沃金與波斯納還是法律理論上的個
人主義，即使是德沃金對於詮釋學，還是以個人的主體為核心。
這樣的看法很容易重新落入道德主義。為了避免深入此種困境，
哈伯瑪斯認為必須進入「互為主體間」（inter-subjective）的無主
體狀態，各家的論述拋棄教條化的「外在道德」，基於「內在道德」
──追求權利的理想，藉由整體理解的解釋，形成就事論事的法
律，讓人的慾望與利益可以正常的呼吸，同時社會秩序又得以存
在。阿列格西接受了哈伯瑪斯的看法，以及整合了相近的理論提

出法律論證理論，將西方法律的特質全盤托出。哈特、富勒、德沃金、波斯納與阿列格西共構出西方法律的特質，缺一不可。

□法律是一種「理性論證」：阿列格西的觀點

在英美世界的哈特、德沃金、波斯納與富勒之外，德國的阿列格西（Alexy, 2002）的「法律論證理論」也成一家言。阿列格西（Alexy, 2002:17）雖然十分強調法律的「理性論辯」（rational argumentation），但是他認為法律本身的理性論證是無法將法律拉出泥沼的困境。法學必須藉由其他學問如社會學與語言哲學等的協助，才可以讓法學脫離「明希豪森的三重困境」（Münchhausen Trilemma）（Alexy, 2002:223）。[1]

事實與價值之間的爭鬥，是啟蒙以後西方現代法學的主旋律，即使是產生所謂的後現代法學也是如此。但是不論實證主義法學、自然法法學、實用主義法學與實踐詮釋法學等之間的爭辯，即使宣稱法律作為實踐理性的聲音已經被呼喊出來（幾乎是這些爭執之中的共識）。[2] 但是在阿列格西看來還是沒有走出「明希豪森的三重困境」，也就是在事實與價值之間，還是無法理出一種有效的調節方法。

然而，這個被阿爾伯特稱為「明希豪森的三重困境」

---

1 根據舒國滏（Alexy, 2002：代譯序），阿爾伯特（Hans Albert）用「明希豪森的三重困境」來批判啟蒙時期的兩個哲學傳統：經驗主義與理性主義。阿爾伯特認為任何科學都會問「為什麼？」，而且是無窮盡地追問下去，最後會產生二種困境：1.無法確認任何論證的根基；2.形成相互支持的循環論證；3.在主觀意義上採取終極的斷然態度，如宗教信仰。這就是「明希豪森的三重困境」。

2 顏厥安（1998:227）認為在倫理學上採取強烈「不可知論」立場的學者如 Hans Kelsen 與 Alf Ross，認為實踐理性是一種自我矛盾的概念，根本不可能有所謂的實踐理性，更不可能將法律視為一種實踐理性。

（Munchhausen Trilemma）的處境並非完全無路可走。（Alexy, 2002:223）

爲了走出「明希豪森的三重困境」，阿列格西分別整合了維根斯坦（Wittgenstein）與奧斯丁（J. L. Austin）的語言哲學，黑爾（Hare）、圖爾敏（Toulmin）與拜爾（Baier）的語言分析倫理學（道德分析哲學），以及哈伯瑪斯、洛倫岑（P. Lorenzen）與施韋默爾（O. Schwemmer）與佩雷爾曼（C. Perelman）等的言說倫理學。

縱然盧曼（Alexy, 2002:33; 156）認爲理性論辯——像哈伯瑪斯的努力，注定是要破產，但是阿列格西依然認爲社會系統的複雜性，並未能阻止法律理性論辯理論的發展，事實上社會系統的複雜化正將過分重視形式合理化的實證主義法學，推向「形式且實質」合理化的理性論證。阿列格西（Alexy, 2002:362）認爲：

在一定情境中，同其他一些限制或者根本沒有限制相比較，這些限制條件將提供更大的機會，來獲得某種（或許在理想的條件下也會達到）結果；只有這樣，上述限制才是有證成根據的。由此，論辯理論就爲裁判程序及由此產生的裁判合理性本身的合理性提出了一種類似於依賴情境說明的標準。

顏厥安（1998:227）認爲阿列格西的法律論證理論是建立在康德的哲學基礎之上，承認實踐理性的存在，不過卻更進一步重視言說理論，特別是言說理論的程序特質。[3] 如前所述阿列格西正是試圖整合當前倫理學的新況：英島的語言分析哲學與歐陸的言說倫理學。但是康德的道德哲學還是深深影響著阿列格西，當

---

3 關於康德的實踐理性的解釋，可見於本章〈康德、邊沁與韋伯〉。

阿列格西（顏厥安，1998 ： 222）與豪爾斯特（Hoerster）的實證主義法學論戰時，基於康德的道德哲學的首要要件，證成任何法律體系必然包含「正確性的宣稱」（Anspruch auf Richtgkeit）。在正確性的宣稱下，法官即使援引道德來解釋法律，也不會被道德拎著鼻子走，法官是根據事實的正確性以及理性地「選擇」道德——進行一次又一次的理性論證，而不是讓道德決定法官的判決，因此法律與道德是可以關聯在一起的。[4] 事實與價值之間經由法律的理性論證，不見得可以達到百分之百的確定性，但是最起碼不會落入「明希豪森的三重困境」。

□這些爭議的背後，是否隱藏一個共同的社會基礎？

在西方法學發展有關法律與道德孰輕孰重的爭執過程，有一項是各家所普遍同意的事實，那就是法律已經成為西方現代社會的重要社會規範，甚至已經凌駕傳統教條化的道德，即使是現代的自然法法學也不否認這樣的發展。此外，在法律與道德輕重之間的爭執，「什麼是法律？」、「什麼是法律的道德（legal morality）？」雖然還是多有爭執，但是一種整體的圖像已經越來越清楚，有幾條線索依稀浮現：

第一，法律具有自主性的系統化的形成：哈特的實證主義法學所堅持的法律，作為一種「物性」的客觀性或是自主性，是西方法律至為重要的成就。這種法律的特質，與政治權力並立，雖然法律時而受到政治權力的干預，但是政治權力完全要操弄法律幾乎是不可能的事了。實證主義法學對於法律的客觀性的捍衛，也正是在於讓法律系統可以抗拒政治系統非理性的干擾。

---

4 事實上，阿列格西在法理學上的貢獻，是那些法律的理性論證的規程與程序，他甚至讓它們變得可操作化，礙於篇幅所限，也不是本書立論的重心，謹請參考顏厥安（1998）的詳細介紹。

第二，權利請求作為一種實踐理性：富勒的自然法法學對於實證主義法學的批評，正展現西方法學為西方法律的自主性的終極價值基礎，尋尋覓覓，從不鬆懈。這個終極價值原本是像神法的終極價值一樣，相信一種至高無上的自然法則（Nature Law），而後一度相信天賦人權的價值，但是最後卻以權利請求的價值作為法律的最終價值。

第三，法律藉由詮釋的實踐而存在：波斯納實用主義法學甚為推崇「效用」，以其作為法律最終的價值，甚至認為效用也僅僅是一種觀點，也不想去解釋什麼是效用，至於道德或價值對於法律的運作則沒有任何參考的意義。法律的基礎在哪裡？德沃金不見得完全反對波斯納對於道德的反感，但是實用主義法學對德沃金而言，僅僅是破壞而已，德沃金試圖借用迦達默爾的哲學詮釋學讓這種破壞變成比較有建設性一點。也就是說，德沃金還是相信法律本身有一個終極價值存在，但是這個終極價並非是傳統道德獨斷的認知方式，它是被詮釋出來了。

第四，慾望與利益藉由法律實踐而獲得社會的承認：波斯納的實用主義法學在德沃金看來是破壞了一切，但是相較於德沃金從「認真對待權利」來尋找重建之路，波斯納卻是勇敢承認慾望與利益，甚至認為「認真對待慾望與利益」才是認真對待權利與法律。

第五，法律是藉由理性論證而存在：阿列格西繼受倫理學的最新發展：語言分析哲學與言說倫理學，認為事實與價值之間的調和正在於法律的理性論證。同時，值得注意的事是，阿列格西以「正確性宣稱」作為理性論證的基礎。

以上這幾條線索，雖然是分別獨立，幾乎難有交集，但是同屬西方法律傳統，為何會有不同的基調，難道爭執便是這個傳統？還是這些傳統有一個共同的基礎？還是兩者皆是？這些線索

也呈現出幾個尚待追問的問題：

1. 法律的具有客觀性的社會基礎是如何形成的？
2. 權利請求作為的自然法法學所追尋的最終價值的社會基礎，是如何形成的？
3. 法律如果是被詮釋出來的？什麼是它的社會基礎？
4. 為何慾望與利益得以藉由法律的理性實踐，而獲得承認？
5. 什麼是「法律作為一種基於『正確性宣稱』的理性言說的論證程序」的社會基礎？
6. 前五項的問題，是五個互為獨立的問題？還是可以整合成一個問題？它們共同根植於一個問題？

### 哈伯瑪斯的整合：對於韋伯的理解與誤解 [5]

法律必須建立在效用的基礎上，法律必須是合理性，基本上哈特、富勒、德沃金、波斯納與阿列格西都是承認與接受的，只是在實踐的層次上，有很大的爭執，特別是表現在法律與道德的關係上。這項爭執，引起哈伯瑪斯的高度關切，他試圖解決，而且他認為這正是他的言說倫理學可以發揮的場域。哈伯瑪斯的《在事實與規範之間》這本書試圖藉由批判與整合法哲學、法律社

---

5 哈伯瑪斯（Habermas, 2003）藉由刻意誤解韋伯的法律社會學——將韋伯說成是讓法律變成形式合理化的始作俑者，認為他是盧曼系統理論法學的奠基者，以達到其整合法理學的目的。韋伯的確花了很大的力氣說明西方法律形式合理化的特質，同時也認為法律形式合理化所形成的法律的自主性，是西方法律發展的重大成就。但是不見得韋伯就同意與接受這樣的發展是非常完美的，事實上對於過於形式合理化的法律，韋伯是感到十分憂心的，韋伯是時時刻刻在關心法律實質合理化的可能性，特別是法律變成「形式且實質」合理化的可能出路。可以這麼說哈伯瑪斯的關懷與企圖心，也正是韋伯所要從事的努力之處。

會學以及法律理論，以建構「法律作爲現代社會系統的核心系統」的理論，便是從區分與重新安置法律與道德的關係開始。[6]

□哈伯瑪斯對於各家的的整合

在哈伯瑪斯（2003:683）看來，現代西方的法律是：

一個強制的、實證的，並且被認爲是保障自由的規範系統。

這些規範系統是用來保障「法權人」（Rechtspersonen）的自主性，在這種規範下的現代法形成兩個特質：一方面法律規範作爲一種命令（Befehle）：

也就是說，是對他們行動規範的限制，從而對可能出現的違規行爲的可計算結果採取一種策略性態度，……，並出於對於法律的尊重而加以遵守。（Habermas, 2003:684）；另一方面，國家確保對這種規範的合法產生的建制條件，從而隨時都可能出於對法律的尊重而遵守法律。（Habermas, 2003:684）

此外哈伯瑪斯（Habermas, 2003:698）更進一步認爲：

法律並不是一個自我陶醉的封閉系統；它要受到公民的「民主的倫理生活」的滋養和一種自由政治文化的呼應。

哈伯瑪斯對於西方現代「法律」的看法，融合了多種西方法學的看法，有詮釋學法學、經驗主義法學、實證主義法學、自然法法學、自由主義法學、韋伯的法律社會學、盧曼的系統理論法

---

6 關於哈伯瑪斯論法律與道德的關係，可以參閱 1986 年泰納演講〈法律與道德〉，收錄於《在事實與規範之間》。這篇論文也可以認爲是《在事實與規範之間》這本書的前身，細讀此篇講稿對於《在事實與規範之間》這本書可已有完整而概略的理解。

學、以及康德與黑格爾的法哲學思想。當然在《在事實與規範之間：關於法律與民主法治國的商談理論》這本書，哈伯瑪斯的企圖心不在於僅僅揪和百家之說，來定義法律的意義而已。哈伯瑪斯藉由百家之言的著實分析，對於西方現代法律的外在特質——法律系統化（與自主性），以及內在的積極目的——法律作爲實踐理性（交往理性），作了一種極爲清晰的勾畫，讓我們對於西方法律特質的理解，有了一個好的開始，哈特、富勒、德沃金、波斯納與阿列格西之間的爭執突然明亮了起來，似乎可以藉此引人入勝，緩緩步入西方法律文明的深層世界。

大師的論點不一定就是正確無誤，亮如皓月，普照黑夜。但是對於一種議題關心一輩子，而且著作如山的人，我們對於他的看法，就不能忽視。哈伯瑪斯對於西方公共領域的理論建構，幾乎是盡了一輩子的心力，近期的著作對於法律作爲形成公共領域的轉撃器的重視，不應該視爲理所當然，僅是「多此一舉」的著作。作爲被公認爲世界較爲成熟的法治社會的一員，哈伯瑪斯再提法律的重要性，不僅僅是舊話重提：主張依法行政（rule by law）或是以法治理（rule of law），更有其積極的倫理學建構的意義，也就是試圖將交往倫理學結合法律的實際演出，創造出重視交往理性的言說倫理學得以實踐的可能性。

沒有神、沒有王、沒有人（主體）決定一切的世界，權力該落在誰的手上？該由誰來治理？無疑地，一方面承襲黑格爾法哲學的傳統，另一方獨尊康德的道德哲學，在哈伯瑪斯看來就是法律與道德本身，就是無主體或是「主體之間」的社會交往本身。一個無主子的世界，往往讓人恐懼害怕，特別做作了一輩子奴隸的人，頓時之間，不作爲神的奴隸、不作爲王權的奴隸、甚至不作爲自己的奴隸，一個沒有權力繩索牽引一切的世界，該如何用作？

　　哈伯瑪斯一方面期待西方現代法律能夠作爲極爲抽象的系統
如道德一般，但是另一方面又期待西方的現代法律可以比道德更
爲經驗，更爲合理化，讓人得到眞正的解放。用韋伯的概念來
說，就是期待西方的現代法律不落入形式合理化的困境，讓法律
一方面具有自主性（系統化），一方面卻又具有切事性。哈伯瑪斯
並不全然反對系統理論的法律社會學或實證主義法學的看法，他
認爲西方法律的自主性就於在法律的系統系與實證性本身，不過
卻不能爲了維持法律的自主性而落入過分強調系統化（形式合理
化）的困境。系統理論與實證主義法學陷入形式合理化的泥沼，
讓法律無法切合事理，迎合日常生活世界的需求，法律將逐漸失
去其法律效力，最後也將會失去其自主性。

　　在哈伯瑪斯看來，西方現代的法律所要完成的境界是十分神
聖的，但是：

　　一個世俗的、徹底平等主義的大眾文化的清醒意識
（Nüchternheit），不僅僅熄滅了神聖性意識（heiliger Nüchternheit）
的那種只確保預言之事以社會地位的精神。政治交往中的日常事
務的必然的平凡化，也對這種交往還必須從中得到滋養的那種語
言潛力構成了威脅。（Habermas, 2003:650-651）

　　法律系統不能自絕於日常生活的合理化，如果日常生活世界
的合理化，藉由行政系統的行政程序合理化，適度引入系統化的
法律，法律系統將會變得實質且合理化。

　　哈伯瑪斯接受了康德追求平等的理想，也承認了康德的繼承
人：羅爾斯（Rawls）的《正義論》以及德沃金的《認眞對待權
利》，認爲法律不能離開道德而獨立存在。法律必須以羅爾斯的平
等原則作爲至上的美德，但是機會與差異的平等原則，則不能像
泰勒（Taylor, 1994）與羅爾斯（Rawls, 1997）一般交給本眞性

（authenticity）的承認原則，而必須進入相互承認的鬥爭的程序
（Habermas, 1994c）——富勒的「程序的自然法學」（Habermas,
2003:573）。[7]哈伯瑪斯是接受政治系統的擁有權力的事實，認為
法律的有效性是要以政治系統為後盾，但是生活世界的合理化以
及法律系統的合理化，會迫使政治系統作為法律後盾的事實而被
法律合理化，會在重視交往理性的實踐過程，發展為重視程序
（以言說倫理為基礎）的民主政治的法治國。

　　商談倫理學把合理的政治意見形成和意志形成過程的條件從
個人的或群體的動機和決定層次轉移到商議和決策的程序化過程
這個社會的層次，就此而言，引進一種現實主義成分的，正是商
談倫理學的進路。（Habermas, 2003:699）

　　本書所認為的「西方法律」的意義，是接受了哈伯瑪斯的積
極性見解，法律尚具有「權利」實踐的意義，而非僅僅限於條文
化與「形式合理化」的消極作為。本書是十分重視西方法律「實
質合理化」的意義，這不僅僅是認為法律必須切合日常生活的意
義，更加認為法律具有伸張色身（個體）的社會實踐意義；也就
是將法律視為「實踐理性」，藉此將「色身的利益及慾望」與「象
徵整體社會之理性的法律」相互穿透起來，形成「法律合理
化」：形式合理化且實質合理化的法律的意義。如此一來，色身

---

7 哈伯瑪斯（Habermas, 2003:270）的《在事實與規範之間》對於富勒的討
　論極少，甚至僅僅用這樣的字眼來指涉：「曾有人做過分析（比如 Lon
　Fuller）」。這究竟是哈伯瑪斯的無知還是刻意忽略，尚有待爭論。我的看
　法是後者，富勒的看法事實上與哈伯瑪斯關於道德的看法很相近，哈伯瑪
　斯（Habermas, 2003:573）自己也表示接受富勒的看法。哈伯瑪斯對於他
　的刻意忽略，也正顯示他「忌才」的「無知」，他對於韋伯也是如此對待
　（本書正文有詳細論述），不足效法。

的利益及慾望不僅僅是生物性的本能，而成爲社會性的慾望與利益；同時，作爲整體社會的法律也不僅是一種至高無上的美德，而且成爲一種可以彰顯色身的「理性」。

關於實踐理性這個概念，哈伯瑪斯（2003:34）採取比較保守的處理方式，改採「交往理性」這個概念，以避免落入過重的規範性宣稱。哈伯瑪斯（2003:557-616）認爲以透過將法律視爲交往理性，以達到「理性商談」的境界，讓色身（個體的慾望與利益）的實踐不僅成爲人權（Menschenrechte），甚至成爲社會主權（Volkssouveränität），也就是「色身（個體的慾望與利益）的實踐」與「社會的實踐」同一，形成以實踐理性爲基礎的自然法的理想境界，讓法律成爲實踐理性，藉此可以將色身與社會整合起來，卻又保有色身自由的法律。

在西方的前現代時期，人的慾望與利益被道德緊緊禁錮起來，法律是作爲這種禁錮的強制性力量與手段。法律與道德之間往往是一體，根本就是道德本身，法律沒有任何自主性，是依附在道德上。康德雖然將道德與法律區分開來，賦予法律的自主性，但是在哈伯瑪斯看來，康德將道德立於法律之上，法律還是從屬於道德，法律的自主性依據其依附於道德的深淺來決定，而非經由法律的合理化實踐來決定。哈伯瑪斯（2003:112）認爲：

道德規範調節自然人之間的人際關係和人際衝突，這些自然人之間彼此同時承認是一個具體的共同體的成員和一個不可以替代的個體。這種規範所訴諸的，是通過其生活歷史而個體化的人們。相反，法律規範所調節的則是這樣一些行動者之間的關係和衝突，這些行動者被承認是一個抽象的、也就是通過法律規範本身而構成的共同體中的同伴。這種規範也訴諸個體，但是這種個體是這樣的主體，他的認同的形成，不再是通過他的生活史，而

是通過一種採取社會態度（一個法律共同體中具有社會類型之成
員的態度）的能力。

　　但是他認為法律並非排斥道德或是如康德一般將道德擺置在
法律之上，法律與道德是互補的關係，哈伯瑪斯所認為的道德就
是對於追求平等的理想與執著，這種執著所形成的，對於追求
「相互承認的鬥爭」（Habermas, 1994c）所展現的實證精神：就事
論事的論理精神，就是交往理性的基礎，也是法律作為交往理性
的可能所在。哈伯瑪斯（2003:560）對於韋伯認為（不過我認為
這是哈伯瑪斯對於韋伯的誤解）實質合理化（向道德靠攏）可能
破壞形式合理性的擔憂，表示這是不足取的看法，也讓其所提出
的形式合理化的法律變成無法成就實踐理性的法律系統，那種迷
信法律系統自我生成（autopoiesis）的能力，可以讓法律變得合理
化的始作俑者。基本上，本書對於法律的看法是接受哈伯瑪斯的
見解，但是哈伯瑪斯的看法是屬於規範性理論的建構，有許多在
思想史與理論史上的交代，就異文明的我們，有必要作進一步的
理解與解釋，否則很容易深深地誤信或是蠻橫地拒絕重視「理性
商談」的言說倫理學作為現代法律的社會基礎，同時又是社會本
身的可能。本書希望藉由這樣的思想史與理論史的解釋過程，達
到對於西方法律文明的理解。哈伯瑪斯提供的理論只是一個解
釋，以達到理解西方法律文明的始點。

□哈伯瑪斯對於韋伯法律社會學的理解與誤解

　　本書所言的「法律」的意涵，事實上，尚包含海耶克的「法
律」的意義，不過是積極許多如哈伯瑪斯一般—試圖說明法律作
為西方現代社會的核心。海耶克（Hayek, 2000）將「法律」與
「立法」作了區分，他認為法律就是人類長期發展的社會規範本
身，有其內在的自發性，葛洪義（1999:314）認為海耶克

（Hayek, 2002:4）接受了康德的看法，認爲作爲「大社會」和文明的法律本身是不能由感性的體驗與知性的推論來得知的，是要藉由康德所提出實踐理性而體會。[8] 一般所認爲的法律是立法的觀念，是基於「建構論理性主義」的想法所完成的狹隘性法律，認爲人是理性的動物，一切的法律與制度都是人根據其理性所建構而成的，海耶克認爲這是立法，而非法律本身。由於屬於「個人的理性」的有限性，將使經由立法所制訂出來的法律，變得不完整，結果容易讓立法所得的「法律」隨時與任何形式的權力靠攏，進而危害到法律（海耶克所認爲的法律屬於「社會的理性」）本身的自主性。事實上，海耶克與韋伯的看法相近。

但是，哈伯瑪斯（Habermas, 2003:557-587）硬是把韋伯的法律社會學說成是海耶克所謂的「立法」，將韋伯與盧曼的「系統理論的法律社會學」劃上等號，說他是造成法律過分形式合理化的「始作俑者」。只要讀過韋伯的作品特別是《新教倫理與資本主義精神》，都不能接受哈伯瑪斯的刻意誤解。事實上，韋伯在《經濟與社會》的〈法律社會學〉一章，對於現代法律的形式合理化是充滿憂心。再者，這一章是韋伯的遺著，尚充滿爭議。但是若從《經濟與社會》全書看來，包括〈經濟行動的社會學範疇〉、〈宗教社會學〉、〈支配社會學〉以及〈經濟與社會規範〉等章看來，韋伯很清楚是在找尋西方現代法律過分形式合理化的出路。即使他是如此地重視「經濟行動」的意義，但是他並非是反道德的，他反而是想在康德的道德哲學——作爲近代自然法學的導師——追求法律的實質合理化，與邊沁的功利主義——推擠出實證主義法學——追求法律的形式合理化，兩者之間找出一條出路，也就

---

8 萬洪義的看法尚有爭執，基本上羅爾斯（Rawls, 2003:130-132）就不認爲休謨的道德哲學接受實踐理性。

是一方面承認法律的形式合理化，但是也不放棄法律實質合理化的可能。事實上，韋伯的企圖心與哈伯瑪斯是一樣的。這樣說或許也不爲過，哈伯瑪斯是在韋伯那裡找到出路，令人氣憤的是，哈伯瑪斯竟然絲毫未曾感謝韋伯，還落井下石，令人十分不解。

韋伯的「法律合理化」的意義與「法治化」極爲不同，這兩個概念的意涵往往被混淆著使用，即使海耶克也不例外，我覺得有必要將海耶克所認爲的法律，用韋伯的想法特名爲「法律合理化」，而立法則歸「法治化」，不要讓海耶克所認爲的「法治化」（就是本書所認爲的法律合理化）與海耶克所認爲的立法混淆了。法治化（rule by law）尚須將法律的效力依附在權力身上，不論是王權、神權還是現代國家本身，這是海耶克所言的「立法」的意涵，而非其所認爲的「法律」，不過海耶克卻往往用「法治」來指涉其所認爲的「法律」的行動意義。

韋伯法律合理化的意義甚至是超過「法律自在的統治」（rule of law），徹底揚棄統治（rule）的意義，而是作爲一種社會習慣，如布狄厄所言的 social habitus ——基於承認色身（個體）利益（interest）所形成的社會性的慣性——作爲「第二天性」（second nature）的實踐理性（關於實踐理性的意義，容後詳論），法律的效力是在社會本身，不從屬於任何色身（個體）、團體或階級的權力。或許各種形式的權力都會侵犯法律，也就是法律的效力永遠都會從屬於或多或少的權力，即便是民主國家的權力或是如由傅柯所論述的由「知識」所衍生出來的權力——如法官與律師本身的法律專業知識所形成的權力，但是法律合理化是一種「趨向反抗各種形式的權力，那些可能對於社會本身作爲法律的效力的侵犯」的過程，有一種讓法律作爲實踐理性的強烈實踐意圖與作爲。關於韋伯的法律合理化的意義，以下將先討論康德實踐理性的意義，以及邊沁的功利主義與實踐理性之後，再更進一步解釋

法律合理化的意義。事實上，韋伯的法律合理化就是在調和康德
的實踐理性與邊沁的功利主義，特別從作爲資本主義的生活世界
的生活態度——作爲經濟（職業）倫理的新教倫理，來考察兩者
的倫理學（道德哲學）。因此，在詳論韋伯的法律形式且實質合理
化的倫理學之前，是必須先搞清楚康德與邊沁的成就與遺留未決
的問題。

## 康德、邊沁與韋伯

什麼是「實踐理性」？這個詞在前幾頁的論述一直出現，與
西方現代法律的形成有很大的關聯，此處有必要再獨立一節來詳
論，不過幾段話是無法窮盡我對於實踐理性的理解，若要詳述幾
乎要專書處理。爲了讓讀者有初步的認識，我還是概要解釋說明
一下。讀者若是行家，這些微言大義，應該可以引起共鳴或批
判。接下來這幾段的解釋很濃，快速地分述及結合哲學與社會學
對於實踐理性的看法。

實踐理性這個詞是西方啓蒙以後的現代哲學的大問題，也是
社會學又喜歡又恐懼的字眼（係因馬克思主義與共產主義所引起
的軒然大波），深深代表西方現代哲學的最大特質——以人爲中心
的哲學正式取代神學，也是社會學之所以爲社會學的根本——實
踐理性若未獲得承認，一切的現代「社會」思想與建構都是免
談，因爲人的社會建構能力都被徹底懷疑了。[9]

---

9 涂爾幹（Durkheim, 2000）所建構的社會學，他自己認爲與孔德的社會學
　最大的差異，正是在於他的社會學比較像美國實用主義—重視實踐也就是
　重視人有能力建構社會秩序，社會事實的形成與人的社會實踐有很大的關
　聯，這樣的說法是比孔德將社會比擬成物理現象積極多了。派深思以後的
　社會學不論是巨視社會學如功能論或微視社會學如米德的符號互動論，都
　深受美國實用主義哲學的影響，可以這麼說，社會學的興起與實用主義有

「實踐理性」這個概念的起源甚早，亞里斯多德將理性區分爲理論理性（sophia）與實踐理性（phronesis）（包利民，1996:268-273）。[10] 文德爾班（Windelband, 2000:160-162）詮釋亞里斯多德的美德必須透過實踐理性而完成，但是文德爾班卻忽略了亞里斯多德對於修辭學的重視。海德格（Heidegger, 2002）認爲亞里斯多德的倫理學與修辭學有莫大的關聯，是他與蘇格拉底以及柏拉圖倫理學最大的差異之處，算是他對於兩者的倫理學的突破。亞里斯多德認爲蘇格拉底的「反問性」倫理學建構，雖然重視實踐的意義，但是卻是非理性的，流於瑣碎；而柏拉圖的倫理學雖是有系統卻是過於理念化。在經驗與理念之間，他結合兩者的看法，認爲倫理的實踐意涵乃在於「理性言說」，可以這麼說理性言說就是亞里斯多德主張的實踐理性的意義。亞里斯多德認爲公民的德行不僅是統治人與被人統治，還要有理性的修辭論辯的能力：三段論法的推論。

但是中世紀神權統治完全淹沒這樣的看法，也就是不承認人具有實踐理性，人是依照上帝的意志在行事，直到阿奎那之後，人的實踐理性才慢慢被重新拾回。啓蒙之初，人的實踐理性被過分的膨脹，認爲只要是理性行事，就可以取代所有的道德，並認爲人的理性可以認知與證明上帝或是一種至高無上的善的存在。但是教會組織形式非合理化，例如贖罪券引來的爭議，引發了宗

---

很大的關聯，之所以產生關聯，正在於實用主義所倡導的眞理就存在於實踐的過程，有很大的關係。事實上，深深影響歐陸社會學發展的詮釋學也甚爲重視實踐的意涵。不論是美國或是歐陸的社會學的發展，都十分重視實踐的意義，不承認人的實踐能力，社會學是無從興起的。

10 關於理論理性包利民是譯成思辨理性，不過本書採取較爲廣泛的譯法，譯爲理論理性。實踐理性，本身也帶有思辨的意義，我認爲譯成理論理性較有區辨力。

教改革運動。同時在哲學上關於「什麼是理性？」受到了批判，其中最重要的批判就是休謨與康德。

□康德的實踐理性與法律

休謨（Hume, 2000）不認為人的理性可以認知一切，唯有根據人可經驗的對象，理性的認知才有作用，休謨限制了理性的作為，例如上帝不是經驗可知，是理性無法認知的對象，對於上帝僅有信仰的實踐。康德受到休謨的影響，重新提出亞里斯多德對於理性（Vernunft）的區分，將人的理性區分為理論理性與實踐理性，但是相較於休謨，康德在《實踐理性批判》一書的結語，則有更強的企圖心：

> 有兩樣東西，我們越經常持久地加以思索，它們就越使心靈充滿始終新鮮不斷增長的景仰與敬畏：在我之上的星空和居我心中的道德法則。……。前者從我在外在的感覺世界所占的位置開始，……。後者則肇始於我的不可知的自我，我的人格，將我呈現在一個具有真正無窮性但僅能為知性所察覺的世界裡，並且我認識到我與這個世界（但通過它也同時與所有那些可見的世界）的連接不似與前面那個世界的連接一樣，僅僅是一種偶然的連接，而是一種普遍和必然的連接。……。與此相反，後者通過我的人格無限地提升我作為理智存在者的價值，在這個人格裡面道德法則向我展現了一種獨立於動物性，甚至獨立於整個感性世界的生面；它至少可以由這個法則賦予我的此在之合目的性的決定裡面推得，這個決定不受此生的條件和界限的限制，而趨於無限。

> 然而，敬仰和敬重雖然能夠刺激起探索，但不能替代探索。……。道德學發軔於道德本性的高貴性質，這種性質的發展和教

化指向一種無窮的益處，終結於狂熱和迷信。所有尚屬粗糙的嘗
試都流於此；在這些嘗試裡，絕大部分事務都取決於理性應用，
而這種應用不像腳的應用那樣，憑藉經常練習就自動發生，當它
關涉不會在通常經驗裡直接呈現出來時的性質時，尤其如此。但
是，在如下這個準則開始流行之後，即預先仔細地考慮理性準備
採取的每一個步驟，並且只許它們在預先反覆思考過的方法軌道
上前進，……（Kant, 1999:177-178）

　　康德回到了亞里斯多德的傳統，但是採取批判的立場，批判
了理論理性與實踐理性，他認爲過分狂熱地追求理論理性與實踐
理性，終將理論理性推向占星術而非天文學，同樣地也將實踐理
性推向迷信。僅就實踐理性的批判而言，康德認爲通過實踐理性
的作爲——預先仔細地考慮理性準備採取的每一個步驟，並且只
許它們在預先反覆思考過的方法軌道上前進，可以體驗到永恆的
道德法則，超乎個人的經驗世界，直指無垠的全體人類的終極價
值。[11]

　　康德（Kant, 1996）自己表示在寫完《實踐理性批判》之後，
就是接著撰寫《道德形而上學》。這部著作分成「正義的哲學原理」
與「善德的哲學原理」，根據他對於道德形而上學的分類分成
（Kant, 1996:35, 37）：法律與倫理。康德（Kant, 1997:39-40）認
爲法律不問人的行爲就是仁慈或是不友好，同時不需考慮別人的
看法，完全由個人自由意志來決定，例如購買貨物不需去問別
人，僅僅考慮交易的形式。然而倫理則不同，人的行爲則必須考
慮責任的問題，也就是必須考慮別人的價值（Kant, 1996:41）。即
使法律也有遵守法律的責任的問題，但是它並不成爲命令，我一

---

11 康德似乎認爲實踐理性還是可以體會到上帝的存在。

定必須遵守。即使法律產生不道德（倫理）的問題，也無法由法律的形式來解決，僅能藉由「良心法庭」（Kant, 1996:46）。

顯然康德有意將實踐理性區分為屬於法律的實踐理性，以及屬於倫理的實踐理性。雖然法律與倫理同時所構成的道德都是建立在實踐理性的基礎上，法律是一種實踐理性的表現，在康德看來，法律行動就是實踐理性（行動者根據自由意志的理性選擇）在經驗世界的活動，但是還是得根據先驗的實踐理性來進行實踐。康德（Kant, 1996:56）認為如果以為根據實踐理性在經驗世界活動，就可以構成法律的效力，那未免太天真。法律的效力必須建立在先驗（先於個人經驗，意指社會整體的經驗）的「允許法則」：

這種權限構成對所有其他人加強一項責任的權利，給他們的不是別的規定，而是規定他們不得使用我們自由選擇的某些對象，因為我們早已把它們置於我們佔有之內。

這種先驗的權利是無法從純粹的法律推論出來的，而是：

他們結合成一個文明的社會組織，這個社會的規則不是來自單純的經驗，即某些人發現他們的經驗對其他人是最好的一種生活指南，可是，一般地說，這個社會的治理規則必然是通過先驗的理性，從人們要依據公法去組織成法律聯合體的理念中獲得。（Kant, 1996:193）

康德特別提升法律的地位與倫理共同成為道德的一部分，無疑是要強調法律作為現代西方社會的一個重要的道德基礎，法律不再是強權的產物，法律有其自主性，一種先於個人經驗的社會整體的經驗作為實踐理性。康德特別強調法律作為一種實踐理性的意義，法律不僅僅一種命令的支配它還體現著色身（個體）的

自由。

不過，康德的實踐理性並沒有解決所有的問題，對於實踐理性的「先驗」並未解釋。但是卻是讓道德法則向理性，特別是實質合理化的理性跨越一大步。康德之後，最有資格論述實踐理性的哲學就是幾乎是與康德同時期的邊沁的功利主義哲學與之後的日常語言分析哲學，以及它們的嫡孫美國的實用主義哲學，但是三者先後並沒有建構得很理想，特別是關於「色身（個體）實踐」如何成為一種「社會實踐」，也就是對實踐理性的先驗特質，進行社會學考察。

康德雖然是重拾亞里斯多德的實踐理性的概念，然而卻是似乎回到柏拉圖的傳統——強調那種至高無上的理念，只是這一回他啟動了一種叫就做批判的哲學，但是批判的標準在哪裡？康德似乎認為就是心中那個自我清明的道德，雖然他是經由宣稱開始行動而產生，再藉由每次的審慎思辨來一步一步完成，但是這每一步如何完成，康德回答得極為抽象，他放棄了亞里斯多德的貢獻——理性言說的倫理學。

□ 英國功利主義的實踐理性與法律

德沃金在《認真對待權利》一書的導言清楚地表明，邊沁是英美法學的活水源頭，也是英美世界最後一位建構法律一般性理論的人，德沃金甚至指出邊沁曾經說過權利根本就是「虛構」的說法。[12] 功利主義顯然並不相信實踐理性的存在，邊沁信仰一切的價值規範都是建立在理性的效用估算上，但是他不相信有「先驗的」實踐理性的存在。邊沁雖然未曾直接批判實踐理性，但是他的思想所引起對於實踐理性的反動，造成往後學者對於康德實

---

12 中譯本將「虛構」譯為「胡言亂語」顯然是言重了，邊沁（Betham, 2000:209）本人也只是強調權利與責任以及義務都是虛構體。

踐理性的修正，卻值得我們仔細理解一番。

邊沁（Bentham, 2000:101）以「道德生理學」的比喻來說明
他對於道德分析的立場，認爲：

> 只有通過像數學那般嚴格，而且無法比擬地更爲複雜廣泛地
> 探究，才會發現那構成政治和道德之基礎的眞理。所用的術語人
> 所熟知，由此似可推斷事情輕而易舉，但這是個極端虛妄的推
> 斷。（Bentham, 2000:56）

哈特（Hart, 2000:7）認爲邊沁的立法科學的精髓在於：

> 條理分明地組合事實，準確嚴密地分析事實，這些事是已
> 知，但對它們的理解有缺陷，因爲它們被那些用來描述已知適時
> 的粗糙含糊的專業名詞搞混淆了，而普通語言又全然缺乏所需的
> 術語來明確顯示對於立法者至關緊要的種種相似相異之處。

邊沁對於道德與立法的分析，在傅柯（Foucault, 2001）《詞與
物：人文科學考古學》看來，恰恰是十八世紀中葉西方的典型思
想，試圖認眞「解剖」（追根究底探索）道德與立法，在十八世紀
中葉以前，是沒有人願意勇敢解剖道德，即使是林奈的分類學也
未敢如此。林奈表示他的分類只不過是再重述一遍上帝的安排而
已，只有上帝才有對於萬物與道德的解剖的權力。不過，從夏平
（Shapin, 2002）的《眞理的社會史：十七世紀英國的文明與科學》
看來，十七世紀的英國上流社會流傳著一種「講眞話」的文化生
活態度，這不僅僅是宗教信仰的結果，更是一種禮貌的文化修
爲。在這種重視誠實的道德生活裡，也就不太需要精確的科學來
分析每一項道德。

邊沁對於道德與立法的解剖，已經反省到語言的問題，普通
語言是無法充分顯示立法的精確意義。他認爲立法科學要進步就

要放棄那些可能激發情感的普通語言，必須嚴肅正經地建立與發明簡潔、清晰的法律專用語言，但是他也承認自己缺乏適用的方法（創造科學的法律語言的方法）而苦惱不已（Bentham, 2000:101）。哈特（Hart, 2000:9）認為邊沁的法學思想為實證主義法學奠定了基礎。

之後，奧斯丁（Austin, 2002:13）的《法理學範圍》延續邊沁的想法，在這方面有更進一步的發展——分析法學（analytical jurisprudence）的建立：

法理學的對象，是實際存在的由人制訂的法，亦即我們逕直而嚴格地使用「法」一詞所指稱的規則或者，是政治優勢者對政治劣勢者制訂的法。但是這樣一種法（或者我們所說的直接嚴格意義上的法），時常因為人們感覺到一些「相互類似」的緣故，或者，因為人們的類比修辭活動的關係，而被同於了其他社會對象，混同於了被寬泛模糊的「法」一詞所同樣指稱的對象，不論這些對象，是從準確意義的「法」來說，還是從並非準確意義的「法」來說。我用界定法理學範圍的方式，或者，用區別法理學對象和其他對象的方式，來開始講述我的課程。換句話說，我在盡力分析我打算處理的主要問題，以及其他所涉及的廣泛複雜的內容之前，我將界定法理學的範圍。

奧斯丁（Austin, 2002:13））進一步認為法律就是：

一個理性的存在為約束另一個理性存在而制訂的規則。

很顯然地，奧斯丁比邊沁更進一步確立法律的理性存在，法律一方面是理性的作為，一方面又是客觀地存在。休謨認為應該區分事實判斷與價值判斷的看法，也影響了邊沁與奧斯丁對於法律的看法，他們認為必須區分「實際存在的法律」與「應該存在

的法律」，同時認為作為實證主義法學必須剔除後者。功利主義傳
統的實證主義法學勢將法律的客觀性與理性確立了，過分尊崇休
謨的看法，也將法律作為實踐理性的可能剔除了。

事實上，邊沁功利主義的思想，不僅影響了英美法學的發
展，特別是英國實證主義法學與美國實用主義法學，對於經濟學
的影響更不在話下。休謨（1711-1776）、亞當斯密（1723-1790）
與邊沁（1748-1832）這三位在思想上十分相近的思想家，他們共
同存在的時間是 1748 年到 1776 年這段時間，分別在哲學、經濟
學與法學（包括倫理學）對英美思想造成重大的影響。他們之間
究竟是相互影響，還是有一個更大的「文明」發展，推動著他
們。牛京輝（2002 ： 34）認為邊沁承認他的功利主義的思想受到
休謨的啟發，並非他新創。休謨（Hume, 1999:97）有一段話可以
說明這樣的關聯：

　　一個人的人格價值完全由他具有的品質對其本人或與之交往
的人所具有的有用或愉悅性決定的，我對此觀點的堅信不疑勝過
我從推論或論證中得到的任何真理。

事實上，休謨與亞當斯密同為蘇格蘭人也有互有學術交往。
這三位深深影響現代英美倫理學發展的思想家，應該是互為影
響。

但是，羅爾斯（Rawls, 2003:13）也清楚表示休謨與亞當斯密
都是清教徒或是深受清教徒思想影響，至於邊沁他則未表示，但
是若從邊沁的思想看來，也是充滿了清教徒的思想——個人主義
的入世禁慾主義精神。若是仔細地研讀韋伯的《新教倫理與資本
主義精神》可以很清楚地感受，韋伯試圖與康德以及亞當斯密對
話，韋伯（Weber, 2001:46; 101; 233）認為康德的實踐理性與亞當
斯密的功利主義的效用理論基礎應該就是新教倫理，特別是喀爾

文教派。[13]

　　休謨、亞當斯密與邊沁的思想互有影響之外，他們的思想基礎也根植於一種生活的倫理：新教倫理。在韋伯看來新教倫理不是一種宗教思想或是神學，而是一種生活的態度（Lebensfuhrung），換言之，韋伯認為德國康德與英國功利主義的思想，後來分別主導歐陸與英島西方世界的思想，有其共同的根源：新教倫理。關於新教倫理、功利主義與康德的實踐理性，韋伯在後期的發展更進一步具體化為「經濟行動與法律合理化」。以下特別就韋伯這兩個概念，來討論其對於實踐理性的看法。韋伯整體性的視野，讓我們對於西方的實踐理性與法律的關聯，有更為清楚的理解。

□韋伯的經濟行動、法律合理化與實踐理性

　　相較於英國功利主義傳統，關於實踐理性到底存不存在？古

---

13 韋伯在《新教倫理與資本主義精神》並未正式提及邊沁，但是在本文中常常提及功利主義，認為亞當斯密的經濟思想以喀爾文的新教倫理與功利主義有很大的關聯。雖然經過作者的考據，韋伯在《新教倫理與資本主義精神》未曾提過邊沁，但是根據東海大學社會學研究所鄭志成教授（曾協助德國人編輯韋伯全集）的告知，經作者再仔細閱讀，韋伯（Weber, 1992a:88）在〈比較宗教學導論──世界諸宗教之經濟理論〉曾經提及邊沁，並將其功利主義與中國儒教的「理性主義」作一番簡要的比較。在此比較中韋伯指出中國的儒教思想的理性主義，雖然近於邊沁的思想，但是韋伯認為即使如此，中國儒教的理性主義還是不同於邊沁的思想。邊沁與其他的西方的理性主義是專獨屬於西方文明，在中國未曾發生過，即使是「理性的行為」也未能等同於西方的理性主義。關於此點韋伯在區分「經濟行動」（economic action）與「擬似經濟行動」（economically oriented action）的差異中，可以看出韋伯對於理性的特殊界定，也就是他認為獨屬於西方文明的「理性行動」（經濟行動）的意義，本文中將有詳論。

典社會理論並未放棄，反而積極試圖解釋實踐理性的「先驗特質」。馬克思論及「工人」（的個體存在）經由階級鬥爭的社會實踐轉變為「工人階級」（的社會的存在），就是一個很典型的分析。當然馬克思的理論架構深深受到黑格爾歷史辯證法的影響，認為工人階級的實踐理性的先驗特質是經由歷史過程慢慢建構出來，比起康德的「先驗的」實踐理性，黑格爾與馬克思的實踐理性是更具歷史實踐的意義。不過，馬克思卻是視為理所當然地認為經由階級鬥爭的歷史進程，工人將瞭解到工人本身在歷史過程的存在意義，而形成工人階級並形成實踐理性。色身（個體）如何經由社會實踐成為社會的存在，但是馬克思並未進一步說明，馬克思認為只要進行一場場的鬥爭就可以完成，這樣的看法似乎有些天真。

相較於馬克思的天真，韋伯反而更積極迎向實踐理性，不過黑格爾與馬克思的實踐理性從先驗的層次拉到具體的歷史實踐，韋伯也接受這樣的看法，不過對於歷史實踐的方向與過程確有很大的差異。至於另一位重要的古典社會學家涂爾幹幾乎就是認定實踐理性的存在，雖然也重視實踐理性的歷史實踐，但是在其《分工論》一書的表現，以有機連帶的集體意識為例，涂爾幹對於實踐理性的看法，還是帶有先驗的特質。相較於馬克思與涂爾幹，韋伯對於實踐理性的歷史實踐具有仔細與深邃的解釋，十分值得仔細理解。雖然韋伯並未正是針對實踐理性的概念作回應，但是韋伯的任何與西方合理化的研究，都是針對德國康德的實踐理性與英國的功利主義（反對實踐理性的存在）的批判，可以這麼說，韋伯的西方合理化的研究就是實踐理性的社會學研究。

關於韋伯的實踐理性的社會學研究的核心概念，就是經濟行動（econmic action），韋伯認為這是西方文明所獨有的產物，也是現代經濟學的分析單位：

經濟行動意謂著是一種可以和平地行使的支配權力。[14]

　　但是韋伯並不認爲經濟行動作爲實踐理性，像涂爾幹一般如此強烈底地承認它的實體性。在韋伯看來，新教倫理作爲實踐理性，成爲經濟倫理有其歷史實踐的意義，當然涂爾幹與馬克思也都承認這樣的看法，但是相較於涂爾幹與馬克思，韋伯卻是非常仔細地做了歷史進程的分析。

　　一般對於「經濟行動」的理解，往往與「擬似經濟行動」（economically oriented action）混淆。韋伯認爲並不是所有的「擬似經濟行動」都是「經濟行動」，都是「和平地行使的支配權力」。「經濟行動」是一種自律性（autocephalous）的行動，「擬

14 英譯：「Economic action（Wirtschaft） is any peaceful exercise of an
actor's control over resources which is in its main impulse oriented towards
economic ends.」（Weber, 1978:63）德文原文：「Wirtschaft soll eine
friedliche Aüsubung von Verfügungsgewalt heißen, welche primär.」（Weber,
1980:31）本書作者根據德文原文的中譯：「經濟行動意謂著是一種可以
和平地行使的支配權力。」

Verfügung 的意義是：支配，gewalt 的意義是：權力。Verfügungsgewalt
則應該譯成支配的權力，若要譯成具有法律意義的「支配權利」則應該
是指 Verfügungsrecht。此外，韋伯也用過 Verfügungsmacht（Weber,
1980:192; 200; 403; 406; 408; 409; 414; 424; 425; 435; 498），特別是在論及
有關法律秩序與經濟秩序的關聯時，分別《經濟與社會》第二部分第一
章〈經濟與社會規範〉以及第八章〈法律社會學〉。gewalt 與 macht 都可
以稱爲權力，但絕對不可以稱爲權利（Recht）。gewalt 比 macht 感覺更
強，有時也含有暴力的意義，例如革命的暴力（revolutionäre gewalt），或
是（較爲婉轉的）強暴婦女（einer Frau gewalt antun）的意義指涉上，或
是像是「強權勝於權利」（gewalt geht vor recht）的諺語。但是「強權勝
於權利」的諺語，也可以說成 macht geht vor recht，macht 與 gewalt 有
相近的用法，不過 macht 可以用來指涉國家的權力，gewalt 則較少使
用，若用來指涉國家權力時，則表示爲國家獨裁的權力。

似經濟行動」則未必如此，可能會動用脅迫或動之以情的方式，
來進行經濟活動，同時「擬似經濟行動」本身也可能是「理性
的」。韋伯認為「經濟行動」就是現代經濟學的研究單位，但是經
濟學只研究「單獨的」經濟行動，而社會學對於經濟現象的研究
則注重具有「社會交往的經濟行動」。「擬似經濟行動」也重視社
會交往，但是與經濟行動重視社會交往極為不同。並不是所有研
究具有社會交往的經濟活動，就是等於「社會交往的經濟行動」
的研究，它的分析單位必須是經濟行動而不是「擬似經濟行動」。
例如對於台灣從事經濟活動的社會網絡的研究，不一定就是具有
社會交往的經濟行動的研究，或許只是一種「擬似經濟行動」的
研究。

　　韋伯對於經濟行動的形成，有很詳細的研究，是基於對西方
經濟社會史與宗教社會史的雙重理解。首先韋伯在《新教倫理與
資本主義精神》闡述了西方現代資本主義的初始「生活態度」
（Lebensführung, conduct of life）：入世禁慾主義，一種極為強調
自律（self control）的生活態度。這種生活倫理是一種極為「自私」
與「理性」的社會行動，同時充滿了內在的緊張性。韋伯認為喀
爾文教派作為英國功利主義思想的基本倫理精神，相較於路德教
派、虔信宗、循道宗與浸禮宗，更具個人主義的色彩，喀爾文教
派外的新教倫理，在韋伯看來還是具有天主教重視兄弟或姊妹之
愛的集體性的倫理，但是喀爾文教派卻是極度的「自私」，那種
「我愛鄰人只是因為我愛自己」的精神，在所有的基督教倫理，是
非常獨特的。這種個人主義的宗教倫理，是基於「上帝預定論」
的救贖、「恩寵」以及「上帝不可被人所認知」的神秘主義所構
成的。喀爾文教派切斷所有可能經由人的努力，而能證明被神所
救贖的任何可能，包括教會組織與神職人員，人本身只能珍惜上
帝的恩寵，盡力去完成上帝所交付的職責（就是你的工作的角

色），其餘的，沒有任何人可以證明你做的事，即使是善事，也不表示可以被救贖。這種宗教倫理每日的實踐就是透過辛勤工作來實踐上帝的恩寵，至於可不可以上天堂只有神知道。這樣的入世禁慾主義充滿了緊張性，一種「前不著村後不著店」的心態，讓這些喀爾文的信徒只能眞誠地面對自己，事實上即使是家人可不可上天堂已經不是他們所能關心之事了。可以如此說，喀爾文教派試圖切斷一切過去被教會所道德化的一切規範，重建一種自己直接面對上帝的規範，自己對自己負責也就是自己對上帝負責，沒有任何人可以評價你的存在價值，這樣的新道德是十分個人主義的。然而，透過內在自我的緊張性，每個人向上帝負責，結果就是向「大家」負責，原有的社會性還是存在，只是不再那麼具有強迫性。

　　《新教倫理與資本主義精神》的結語，韋伯認為入世禁慾主義的生活態度已經漸漸褪去了，剩下來的只是自私與沒有實質理性的形式理性，西方文明終將囿於「鐵的牢籠」，但是在字裡行間韋伯也緩緩流露他試圖對於「鐵的牢籠」的抗拒。在《經濟與社會》第二章〈經濟行動的社會學範疇〉，我們可以清楚感受到他已經找到抗拒的途徑──「經濟行動」。韋伯一方面分析經濟行動的意義，一方面則強調「經濟行動」的「自律性」（autocephalous）（Weber, 1978:49; 61），相對於「他律性」（heterocephalous）（Weber, 1978:49），韋伯認為現代資本主義社會最大的特質，就是個人與組織可以根據自己的規章，和平地控制與移轉社會資源，無須靠「他律性」如暴力脅迫或是親屬的連帶。在這層意義上，韋伯是繼「鐵的牢籠」的憂慮之後，對於現代資本主義社會的新倫理基礎──當新教倫理的入世禁慾主義漸漸遠離之後，所提出的積極看法。

　　在「自律性」「經濟行動」基礎之上，法律發展變得異常重

要，法律系統的自主性也越來越強勢。法律系統的自主性使得
「經濟行動」更加的「自律」，而「經濟行動」的出現也加深了法
律系統的自主性。可這麼說，韋伯的經濟行動是一種基於「法律
作為實踐理性」的「自律」。除了自律的意義之外，韋伯認為經濟
行動：皆有特殊的主觀意義存在，正是此種意義建構了相關過程
的統一性，使得行動因而得以理解。

對於主觀意義的重視，是韋伯的「經濟行動」的另一項特
色，也是韋伯認為被經濟學所忽視的地方。韋伯對於「經濟行動」
的理解是詮釋學的解釋方式──承認經濟行動者的主觀意義，認
為唯有解釋經濟行動者的主觀意義，才可以理解「經濟行動」。經
濟行動不是全然的「自然本能的」利益與原始慾望的反應。經濟
行動的意涵，必須透過解釋而達到理解的意義分析，才可以被理
解。在此理解過程，理性經濟行動者那種估計與盤算得失與成本
的想法（行動意義），便不僅僅是自然生物個體的反應，而是基於
自律並重視自我認識的「欲求」所產生的意義。每一筆交換都是
一次又一次的自我認識與理解的過程，「經濟行動」不僅僅是純
粹的「擬似經濟行動」的理性交換，每一次的經濟行動都表示一
次對於自我的再認識，確認自我行動的意義，因此每一次的理性
經濟行動，是一次又一次對於自身認識的解釋，整個經濟行動的
過程就是一個對於自身的整體的認識。

「經濟行動」就像喀爾文教派的信徒，基於強烈的自律來面對
上帝，只是這回他們是認真面對價格。「經濟行動」在市場裡彼
此互動著，每一次的交換就是一次又一次的價格主觀意義的交換
與詮釋，每一次的交換就是一次的解釋的實踐，每次的交換就是
一此又一次的認真對待自己的自律。在某種意涵上，「經濟行動」
就是邊沁所信仰的功利主義的社會行動，特別是在《新教倫理與
資本主義的精神》一書中這樣的感覺甚為強烈。但是，韋伯的經

濟行動的意義並非僅止於功利主義，若是如此韋伯不必特別強調
經濟倫理作爲一種生活態度的意義，特別是將新教倫理與經濟倫
理關聯在一起。雖然新教倫理特別是喀爾文教派深具功利主義的
特質，若說功利主義的倫理基礎是喀爾文教派的神學思想所轉換
的生活態度，一點也不爲過，韋伯就是這樣認爲的。但是，韋伯
強調喀爾文教派的宗教倫理與功利主義的關聯性，並不是要說明
喀爾文教派的功利主義特質而已，反而是要強調並批判邊沁的看
法。按照邊沁爲首的功利主義的論點，社會秩序是由個人追求最
大幸福，相忍犧牲小我的利益所組成，根本沒有所謂的實踐理
性，只有個人的理性。但是韋伯認爲喀爾文教派的宗教倫理，轉
換爲一種生活態度，也就是一種生活倫理，這種共同生活的方
式，形成普遍價值與規範，深深影響著喀爾文教派的經濟生活與
日常生活。由此可見，韋伯不是完全向功利主義靠攏，康德的實
踐理性還是深深影響著韋伯。但是韋伯對於西方現代社會的實踐
理性，不是將其視爲一種先驗的形式，而是著著實實的歷史實
踐」。韋伯不見得同意有一種社會的「實在論」，但是對於「社會
的存在」他並不否認。

　　韋伯藉由對於英國功利主義與德國康德傳統的實踐理性對
話，從「生活態度」（日常生活的倫理）出發，並藉由宗教倫理與
經濟倫理的關聯，來說明西方現代社會的主要特質：經濟行動，
並特別指出這是西方所獨有的特質，將實踐理性的社會性格完全
凸顯出來。實踐理性在韋伯看來，是一種生活態度，是一種歷史
產物，絕非先驗或是不存存。韋伯對於經濟行動的詮釋與理解深
深影響他對於現代法律的看法。韋伯對於西方現代法律的過分形
式合理化的擔憂，正是其研究經濟行動作爲實踐理性的理由之
一。現代法律形式合理化（法律的系統化）的特質，一方面顯示
法律的自主性提高了，但是另一方面形式合理化卻削弱了實質合

理化，也就是造成過分形式合理化。韋伯在分析新教倫理與資本
主義精神的關聯時，特別擔心作爲功利主義的倫理基礎的喀爾文
教派的宗教倫理褪去後——入世禁慾主義漸漸喪失時，所留下來
的僅僅是唯利是圖，形式合理化最後成爲工具性的理性，對於整
體的倫理價值（原來是屬於信仰的救贖與對於恩寵的珍惜）的追
尋不再感興趣，只遺留一片貪婪，成爲「鐵的牢籠」。

對於「鐵的牢籠」的形成，韋伯一方面感到憂心，另一方面
卻是急於尋求突破。在形式合理化與實質合理化之間，韋伯試圖
找到它們的平衡點。哈伯瑪斯認爲韋伯是法律形式合理化理論的
始作俑者，這是十分刻意的誤解，不論在《交往行動理論》或是
《在事實與規範之間》，哈伯瑪斯對於韋伯的詮釋都是誤解，唯一
的理解：對於形式與實質合理性的整合，卻成爲他的理解。

在〈法律社會學〉這一章韋伯的確說明了西方法律形式合理
化的趨勢，但是並不一定就是表示他支持實證主義法學，忽略道
德的重要性。事實上，法律社會學這一章是韋伯的遺稿，他尚未
正式交給出版商，同意出版，甚至章節的安排都尚未決定。基本
上在《經濟與社會》這本遺著中，透過宗教社會學以及相關著
作、支配社會學、經濟社會學這幾部分，還是可以看到韋伯的企
圖心：試圖整合形式合理性與實質合理性。經濟行動的提出就是
一個整合的開始，經濟行動是西方文明所獨有的，即使甚爲理性
的中國也沒有出現經濟行動。如前所述經濟行動是對於英國功利
主義與德國實踐理性傳統的整合結果，但是韋伯（Swedberg,
2003:17）進一步說明，基督教本身的切事性特質，以及不斷朝向
系統化的發展，以及科層制的支配類型的出現，都表現已經由單
獨經濟行動發展爲制度與組織的經濟行動，甚至是市場的經濟行
動。

再一次強調韋伯的觀點經濟行動是西方所獨有的文明特質，

在中國與其他非西方文明迄今依然在發展當中，同時經濟行動對
於現代西方法律系統化的發展有很大的影響。在韋伯看來，現代
西方法律系統化的基礎，與其說是功利主義，不如說是經濟行動
──兼具功利主義與實踐理性的意涵，不僅重視個體的理性而且
還承認社會整體的理性。關於整體社會的理性韋伯並不採取先驗
的態度，折衷功利主義與康德的先驗思想，在本體論上很像涂爾
幹的集體意識的看法，但是全然不同。韋伯的經濟行動是一種歷
史建構的產物，是一種生活態度，一種生活倫理，不像集體意識
如此具有「實在性」，而是建立在互爲主體的意義詮釋之上的社會
性實踐。

□哈伯瑪斯的生活世界的合理化、交往理性與實踐理性

　　哈伯瑪斯初期對於詮釋學的反抗，也是認爲迦達默爾的詮釋
學對於藉由自我生活歷史的理解，讓色身（個體）存在邁向「社
會的存在」的可能途徑，也是一種觀念論的看法。不過哈伯瑪斯
（Habermas, 2003:119-120）後來接受迦達默爾的看法，十分重視
自我生活歷史的理解的重要性，也成爲他的言說倫理學的重要基
礎，許多人對於言說倫理學的誤解或不深刻的理解，也正是在
此。自我生活歷史的理解讓社會行動者的知識，作爲詮釋自身與
他身的理解，這種理解過程不是他身知識的強迫性的灌輸，而是
基於對於自身知識的適用──用來解釋他所接觸的對象，也因對
自我生活歷史的理解的尊重，也會承認他身的自我生活歷史的理
解這就是互爲主體的社會實踐的基礎。如此一來，色身（個體）
之間的共同性也就是色身的社會性存在才有可能發生，也正是西
方現代社會形成的基礎。當然迦達默爾認爲對方與彼此就是「文
本」理解，而哈伯瑪斯則認爲是「對話」，一是文本的詮釋學，一
是言說的修辭學（哈伯瑪斯稱爲語用學）。在互爲主體的「社會的

存在」的建構過程，究竟是文本理解爲重，亦或是語用學爲重，我想語用學是積極許多。在哈伯瑪斯看來，實踐理性就是基於互爲主體的言說倫理的「交往理性」。他認爲實踐理性背負著過重的規範性宣稱，他比較偏好「交往理性」這個概念，強調規範的遵守是基於一場場眞誠的交往與言說的理性考量。

但是，「眞誠如何可能？」是哈伯瑪斯的《交往行動理論》一書出版之後備受爭議的問題，不過哈伯瑪斯在《在事實與規範之間》一書的開始，便做了修正。原來在《交往行動理論》哈伯瑪斯只是將「眞誠性」視爲一種假設，也就要發展言說倫理學的最根本的假設。在《在事實與規範之間》哈伯瑪斯（Habermas, 2003:19-21）則認爲「眞誠性」已經不是假設，他藉由皮爾斯的「學術共和國」的概念，認爲「眞誠性」是有其社會基礎，在學術共和國裡每一位學者在言說交往的過程，都必須做眞誠性的宣稱，不一定每次的發言都必須宣稱他是眞誠發言，每位學者都默默接受了這樣的基本立場，這已經不是一種假設，而是基本的立場。哈伯瑪斯認爲這樣的眞誠性的言說交往已經有其社會基礎，只要像其他社會系統擴散，全社會的將交往理性是指日可待。

如前所述，全社會的交往理性的建構必須透過生活世界的合理化、然後藉由法律系統化的過程，迫使行政系統也合理化，不但形式合理化也實質合理化，如此一來，生活世界與系統之間特別是以權力與金錢爲媒介的政治系統與經濟系統將與生活世界重新串連。如此一來，生活世界傳統不再受到教條化的道德牽制，在生活世界裡的人的慾往與利益，可以變得比較合理化。

基本上哈伯瑪斯並未否定韋伯所提出來的經濟行動的意義，特別是以經濟行動爲基礎的生活世界與系統的合理化。不過，不論在《交往行動理論》或是《在事實與規範之間》，哈伯瑪斯都刻意地讓韋伯成爲系統與生活世界合理化過程，所造成的相互疏離

的始作俑者，如前所論，這是刻意地栽贓。事實上，哈伯瑪斯的成就是建立在韋伯的經濟行動概念與合理化理論的基礎之上，哈伯瑪斯（Habermas, 2003:645）雖然宣稱他的交往理性的想法，是深受阿倫特（Arent）的影響，但是韋伯陷入在西方社會的系統與生活世界各自合理化的過程，所產生的弔詭（雖然韋伯選擇責任倫理做爲解決的出路），卻給予哈伯瑪斯很大的想像空間，這是哈伯瑪斯必須「眞誠」承認之事。試想韋伯如果尚未眞正指出經濟行動在西方文明所扮演的特殊意義，系統與生活世界各自合理化所產生的疏離困境，怎能是哈伯瑪斯借用了阿倫特的「具有公共實踐的交往權力」，就能夠解決問題，畢竟公共實踐的交往權力還是建立在經濟行動的基礎之上，一種理性化的社會行動的基礎之上，而後公共實踐才能合理化地「就事論事」的交往，進行一場場合於哈伯瑪斯的想法——基於交往理性的言說。可以這麼說，沒有韋伯就沒有哈伯瑪斯。

### 「未明的韋伯」作爲航向西方法律文明的入口

對於西方法律文明的理解，只要看到那個「經久不絕的爭議」——「什麼是法律？」，就可能令人膽怯而未敢探索。再看韋伯與哈伯瑪斯的著作等身，簡直就要啞口無言，特別是一位「非西方文明之子」，除了要透徹理解這些理論與爭議之外，它們背後的生活世界的歷史更是不能偏廢。但是就算遍讀相關的西方理論與歷史，也不見得就可以理解西方法律文明。必須要找到一個入口，作爲理解的始點。但是究竟要選擇哪一個或哪些理論作爲入口？

如前所述，目前現代法理學關於「什麼是法律？」的爭議，大致上有五種看法：

1.法律作爲一種「客觀存在」的事實（哈特的實證主義法

學)。

2.法律是一種自律與重視權利請求的道德（富勒與d’Entréves
的新自然法法學）。

3.法律是一種藉由解釋的整體理解（德沃金的詮釋主義法
學）。

4.法律是一種效用——對於慾望與利益的承認（波斯納的實用
主義法學）。

5.法律是一種理性論證（阿列格西的理性論證理論法學）。

以上這五種爭議，形成法理學的五個主要派別，可謂眾說紛
紜。但是，這五種派別彼此如此激烈地爭辯，為何未使西方的法
律分崩離析？反而成為一種系統，有其自主性，不必被政治系統
與經濟系統所操弄？難道這些爭議的背後有一種整體的基礎？或
是這五個爭議恰恰是西方法律的五項特質？到目前為止，我們對
於西方法理學的理解，還是支離破碎，未曾有過整體性的理解，
即使哈伯瑪斯早已成功地進行整合，但是在國內卻是空語的迴
響。藉由哈伯瑪斯對這五項爭議的整合成功，正說明它們是一個
整體的五個部分。以上這五項爭議被哈伯瑪斯整合為以下的論
述：

西方的法律作為一種客觀事實的存在，使西方的法律成為一
種具有自主性的系統，這是西方法律最高的成就——法律形式合
理化。但是西方的法律也有其實質合理化的另一面，那就是法律
作為一種交往理性，在交往過程基於主體（色身）的自律的精
神，承認自己與他人的利益——成為權利請求，然後經由合理化
的言語辯論或溝通，確立自己與他人的立場（意見或看法）。最
後，並藉由這種一系列的交往行動達到一種社會的存在——完成
了自我認識，也理解了整體社會的存在意義。

法律系統作爲形式合理化的最高成就，藉由交往理性，讓生活世界的實質合理化可以修正法律系統的過分形式合理化，同時法律系統的形式合理化也藉由交往理性，讓生活世界的實質合理化變得比較形式合理化。系統與生活世界之間與之內都朝向形式且實質合理化發展。

　　以上的敘述，從西方法理學關於「什麼是法律？」的五項爭議到哈伯瑪斯的成功整合，可以抽離出三個構成西方法律的核心要素：

1. 色身自律的生活態度（實證主義法學與實用主義法學的立論基礎）。
2. 權利請求作爲具有公共性的實踐理性（新自然法學與詮釋學法學的立論基礎）。
3. 合理化理性言說（理性論證理論的立論基礎）。

　　這三個核心要素彼此互相牽連影響，缺一不可，一方面讓西方法律朝向形式合理化發展，成爲法律系統（實證主義法學的貢獻）；另一方面讓西方的生活世界朝向實質合理化發展（新自然法法學的貢獻），最後藉由「合理話理性言說」（理性論證理論法學）讓系統與生活世界合爲一體，成爲形式且實質的合理化社會。

　　哈伯瑪斯的整合雖然成功但是卻無法解釋這三個核心要素的社會基礎，也就是無法解釋它們是如何形成的？哈伯瑪斯的理論是無法理解西方法律文明，只能作爲尋找理解入口的線索。哈伯瑪斯的法理學是建立在對於韋伯的法律社會學的批判所導引出來對於法律形式合理化的批判所整理所得。的確是哈伯瑪斯讓韋伯與現代西方法理學關聯起來，這是哈伯瑪斯最重要的貢獻。但是

哈伯瑪斯並未珍惜韋伯最重要的貢獻，那就是對於西方法律朝向
形式且實質合理化發展的可能，所進行的社會考察。因此，哈伯
瑪斯的理論並無法將西方法律視爲一種整體的發展，以文明的視
野進行理解。中國與台灣要繼受西方的法律，對於紛擾的西方法
理學，若未能提出一個整體性的解釋，理解其共同的根源。那
麼，所謂的法律繼受，也僅僅是「法條繼受」，而非法律繼受。無
怪乎，我們的「法律繼受」竟是如此千奇百怪。

　　韋伯所論述的法律形式合理化被哈伯瑪斯說成是實證主義與
系統理論法學的同路人，反對西方法律實質合理化發展任何可
能。事實上這是哈伯瑪斯刻意的誤解，任何細讀韋伯理論的人都
可以輕易感受到那個「未明的韋伯」，亟欲調和形式合理化與實質
合理化的韋伯。韋伯對於宗教倫理作爲一種生活態度的研究，正
是要探討西方法律形式合理化之後，法律的實質合理化將如何發
展？韋伯對於西方宗教倫理的研究，首先提出色身自律的生活態
度作爲西方現代資本主義社會基礎的重要意義，其後再提出「理
性的」經濟行動，特別強調經濟行動者之間的主觀意義的詮釋，
作爲西方現代資本主義最核心的社會行動單位。其中「理性的」
與「行動者之間的主觀意義的詮釋」是兩個互爲矛盾的觀念，但
是這兩個觀念被韋伯連起來，也就是功利主義與詮釋學的傳統並
置在一起。這樣的並置讓經濟行動成爲一種具有權利請求的社會
行動，成爲法律行動而非僅僅是經濟行動，也就是說理性的經濟
行動就是法律行動。因爲，如果功利主義的理性經濟行動是不考
慮行動者之間的主觀意義的詮釋，但是若涉及行動者之間的主觀
意義的詮釋，功利主義所宣稱的效用則轉化爲權利，同時是一種
具有實踐意涵的權利，成爲權利請求。同時在權利請求的過程，
是如此重視行動者之間的主觀意義的詮釋，言說的交往變得很重
要，同時又是理性的經濟行動，所以言說必須是合理化的，成爲

合理化的理性言說。

　　哈伯瑪斯的貢獻是站在韋伯的基礎之上，韋伯雖然未曾發展出基於交往理性的言說倫理學，但是他的理論卻已蘊涵這樣的意義。哈伯瑪斯藉由當代法理學對於韋伯法律社會學理論的整合，正可以讓那個「未明的韋伯」變得鮮明可見，而韋伯所進行的社會學考察所呈現的歷史社會學，對於西方法律文明的經驗描繪，正可以作爲理解西方法律文明的入口。韋伯雖然找到理解西方法律文明的入口，但是理解的航線卻還得藉由現代社會理論與古典社會理論的連接與整合，才可以拼湊出來。

## 我對西方法律文明的感覺

　　台灣工業化的過程也不例外地跟著西方過去工業化的腳步發展，像是生產關係的改變，進而發生社會生活結構的轉變──「個人主義」崛起了。[15] 資本主義化或工業化所帶來的時間與空間的轉變，讓我們個人的慾望（那種原始情慾）、利益（人情網絡與經濟計算相互糾結的利益），有機會在陽光（公共領域）底下伸展開來，不再畏畏縮縮地躲在陰暗的角落（私人領域）。這種慾望與利益是十足個人主義的，有時候簡直就是一種「特權」，對於這種「權利」我們都希望享受，然而卻又以打壓別人不能享受這種「權利」爲武器，與敵人鬥爭。[16] 我們不斷追尋那一場場平等公正的理想，結果竟是夢境！我們一直以爲把所有的社會行爲與關

---

15 這裡必須說明此處所用的「個人主義」概念應該比較是指向自我主義（egoism），與西方個人主義（individualism）的意義相去甚遠，我所認爲的西方個人主義，是具有公共性的個人主義，台灣社會所形成的個人主義比較是過份強調私人性的個人主義。

16 在這裡我將特權與權利都加上引號的用意，乃在於凸顯台灣所認爲的特權及權利與西方法律文明下的意義，相去甚遠，我們常常將特權視爲洪

係法律制度化了，就是代表平等公正，就像那句俗話「法律之前人人平等」，有時候似乎很天眞地認爲西方的法律文明，就僅僅是寫出那些法條與習慣，當自己將風俗習慣法律化（合乎邏輯的文字化），也就法律合理化了。這樣想眞是天眞，但是我們卻是曾經這樣堅信過與實踐過，至今依然如此。更奇怪地是，大家都不相信這一套，卻又拚命這樣忙著幹。[17]

中國大陸不斷以香港與澳門的回歸後，仍然繼續將「法治化」

---

水猛獸，是一種侵犯公共利益的罪惡。但是西方的權利（right）就是特權（liberties），就是私人的特權，經由這樣的特權請求，西方法律個體被發展出來，成爲自由的民主政治的基礎。例如特許權就是一種商權，商人的權利；事實上女權也是一種特權，女人特有的權利；或像是失業保障的權利，就是工人的特權。

百年來的中國很害怕特權，害怕特權危害了公共利益，但是很弔詭的，西方的公共利益恰恰是建立在這種強調私人利益保障的特權。讓人羨慕的是，西方社會的特權是具有社會性的特權，也就是具有公共性的特權。中國社會在人人害怕特權的情況下，也扼殺了自己的特權，自己的權利。百年來的中國一直在這個困境轉不出去，我認爲就是不承認特權，一味要求不具特權的集體權利的認同，結果最後只有神與獨裁者可以完成這個任務，可是當神與獨裁者都不再馬上出現，或許永遠不再出現時，那怎麼辦？我們似乎一直找不到那條路，或許那條路就是先從（公開）承認自己的慾望與利益開始，乃至藉此與他人（公開）鬥爭開始。這種理論中國共產黨也堅持過，最後失敗的原因，就是不能承認私人的慾望與利益。

17 像台灣的修憲就是一個很好的例子，國大代表所修出來的憲法，各黨派都不「承認」，隨意做解釋，根本不尊重大法官，再者大法官有時也太趨炎附勢，跟隨著政黨輪替在起舞，缺乏作爲大法官的獨立超然的原則。此外，各式各樣法律的超前立法或是延遲立法不勝枚舉，例如家庭暴力防制法的超前立法，或是像保險法規的延遲立法，我們的法總是法，沒有貼近日常生活，這種原來就是法律制訂上的通病，在台灣更爲嚴重。或是像司法改革，我們一直期待當事人或律師與檢察官可以形成對抗的辯論局面，但是只要到法院看看，就可以看到法官與檢察官相敬如賓的

（rule by law）作爲統一台灣的說服手段，認爲法治化就是兩岸統一的基礎，但是台灣人卻不相信這一套，中國大陸的「文攻武嚇」或是「祖國情節的柔情勸說」對我們實在沒有說服力，一方面我們都不尊重法律遊戲，一方面是清末以來中國大陸在法律化的表現，總是原地打轉。[18] 兩岸一直無法做眞誠性的溝通，我們不願承認彼此的特殊利益，進而讓兩者理性的鬥爭，並經由法律來進行理性的實踐，相反地兩岸卻是一味地相信政治的認同，不論是統一或是獨立的認同，都是一種強暴性的認同。但是我們的人民，又「公開」呼喊過什麼？那種將自己的利益在陽光下伸展的勇氣，竟讓政客百般的蹂躪還甘之如飴。我們要的不是「法治化」，而是要法律合理化——讓法律作爲實踐理性，讓我們色身（個體的慾望與利益）得到徹底的保障。法律的效力在社會本身，而非在國家或少數人的權力本身。

不僅僅是在兩岸統一的政治事務上，在形形色色的日常生活裡，我們對於法律制度化的感覺，就是忍耐再忍耐？這是法律制度化的意義嗎？我想這簡直就是漠視，麻木不「法」。[19] 像是小

---

局面，有時候檢察官根本未出席，就看著法官唸檢察官的蒐證結果，給當事人聽，當事人（律師）與檢察官根本沒有辯論的機會。我們的法官與檢察官根本還是一體，球員兼裁判的情況還是很嚴重。司法改革不是把制度改改就好了，那些法律的承攜者，實踐與理解法律的方式的改變，才是根本。

18 改革該放後中國大陸對西方法理學的重新接受，速度很快，例如後現代法學的內容在中國大陸的法學界，就比台灣的發展來得快。但是就法學所觸碰到的生活世界的問題，台灣法學的發展就前進許多，例如台灣宗教信仰的法律問題的處理方式，就比中國大陸進步許多，例如以法輪功與宋七力做比較。但是若與西方比較台灣有關宗教法的發展，還是得加強。

19 在台灣的日常生活裡道出充滿著權利的衝突，師生的關係、夫妻關係、

的生活問題，也不見得就可以處理的好，可以處理的像是法律的
作為，例如我們生活周遭的交通問題、環保與衛生的問題等等，
也都無法進行法律的社會實踐，那種基於自律與競爭以及承認他
人的權利，並經由公開討論制訂出一套大家在生活上都接受的法
律。或許台灣也有自律與競爭的個人主義，也有權利的觀念，也
會辯論，但是總是「整合」不起來？法律一直是我們失望之餘的
最後選擇。

2001 年春天經由台灣國科會與德國 DAAD 的補助，我到德
國做短期訪問研究時，德國波昂大學社會學研究所韋豹教授
（Professor Dr. Gephart）（韋伯全集法律社會學的主編）知道我對
法國年鑑史學很有興趣，便建議我到法國 École des Hautes Études
en Sciences Sociales，看看這個試圖整合社會科學與自然科學的高
等研究機構，有那些新的議題及其發展狀況，布狄厄（Bourdieu）
去世前就任職在這個研究機構。

正式到這個機構參觀之前，我走在巴黎的路上，趁著巴黎尚
在熟睡時，清晨拂曉我便開始走著，仔細端詳她的容貌。一大早
我也不免俗地到羅浮宮看了一下，才發現這個羅浮宮真不少中國
人（中國大陸）與日本人。[20] 羅浮宮的展畫區一開始就是一幅巨
大的畫，繪畫著法國大革命爭平等、自由與博愛的事蹟，中國人
鮮少佇足，卻是見他們一路勇往直前，停在蒙娜莉莎畫前，擁擠

---

親子關係、交通事故與違規、旅遊、雇傭關係……等等，都充滿著需要
經由法律來處理的衝突爭議，但是法律總是最後無可奈何的選擇，絕望
後的選擇。

20 原本我是想多看看巴黎的建築空間與生活百態，驗證年鑑史學在《私生
活史》的精彩描繪，未曾計畫進羅浮宮逛逛，畢竟太多人去走馬看花，
當時我在巴黎的時間只計畫停留五天，實在不想浪費這種可以在網路或
畫冊上便看得到的畫（當然我承認看真跡的感動，不過時間有限的情況

地搶著與她合照。代表法國大革命的畫作作爲法國的象徵，在這群旅客的匆匆身影中，不斷地被擠入俗民所記憶的歷史的陰暗處，成爲歷史課本中必須被迫記憶的內容。對於熟悉法國大革命的我，不知該說什麼？然而，依然自忖：法國大革命就像弗朗西斯科・福雷（François Furet）所言，不應該再把它當作「遺囑史學」！宣布法國大革命結束了，那種以古鑒今的態度應該告終了。或是如哈伯瑪斯（2003:621）的反思：「法國大革命的導向能力是否已經窮盡。……。對 1789 年的理念革命，我們有無能力作一種還能影響我們自己對導向之需要的理解。」

　　在巴黎花都有很多人趕忙著看艾斐爾鐵塔、遊塞納河、看紅磨坊，我卻是想去 1968 年 5 月學生運動的聖地──巴黎第一大學（原巴黎 Sorbonne 大學），看看二十世紀中葉學者與學生爭學術自由的神聖運動場地。作爲一位社會學者，也曾經是一位學生，更是對於法國大革命精神的崇拜者，我遙想著當年的情境。但是，景致依舊，「人事皆非」，那種革命的景象到哪裡去了？當時，我深深地思索著：塞納河左岸的人文浪漫，究竟如何與暴力革命結合起來？我正在想著布勞岱（Braudel）所言的「暴力人文主義」的意涵。[21] 但是，只要在腦中翻閱傅柯（Foucault）的「必須保衛社會」，可以感覺到「暴力人文主義」還是活在巴黎，活在這個時裝名模與一流學者共存的地域。

---

下，我僅能選擇其一）。

21 布勞岱在 *A History of Civilizations* 一書中認爲西方的人文主義精神有一項深遠的傳統，那就是「暴力人文主義」。這個詞聽起來挺嚇人的，人文與暴力怎能結合起來呢？但是如果想想中國的大革命與法國大革命或是與西方宗教改革與反改革之間的鬥爭，或是基督徒與異教徒之間的纏鬥，對於暴力人文主義作爲西方人文主義的傳統便自然可解，也就容易理解馬克思的階級鬥爭理論，在中國的文化大革命，竟然成爲劊子手。

　　巴黎是一個狂妄之都，諧和與混亂並存，理性與慾望合一，展現人文的熱情。人來人往十分陌生，這裡的流浪漢與乞丐比台北多，一出巴黎火車站北站，就是一處處的流浪漢與到處要錢的乞丐。對於初訪巴黎的我而言，算是「怵目驚心」，我很難想像「花都」有這麼一層的「落後」。在德國也是如此，只是德國的流浪漢看起來平和，也似乎乾淨的多。我的好友鄭志成（目前任教於東海大學社會學研究所）在德國求學多年，初到德國求學時也曾經有相同的感觸，曾不經意地問他的博士論文指導教授韋豹：「為什麼德國有那麼多的流浪漢？」他的教授回答：「有何不可？那是他們所選擇的生活。」我的朋友（以及我聽到他的回憶）聽到這個回答有很大的感觸。歐洲的日常生活已經是一種十分強調艾利亞斯（Elias）所說的自律，當然也有布狄厄所說的文化上的彼此分類競爭，兩種文化交織在一起，成為彼此尊重的生活態度（Lebensführung, conduct of life）。我踏上歐洲的土地才正開始對照著林林總總社會理論，一時之間我枯燥已久的海綿，到處盡是吸收。

　　在巴黎大學附近閒逛看看他們的課程時，我也走到附近的盧森堡公園與羅浮宮的廣場上，在那裡有許多椅子讓民眾坐著發呆休息，很悠閒。許多中國人都先後到過這個城市旅遊，但是我發現許多中國人來這裡旅遊，並不是關心這個城市的理想：自由、平等與博愛，或許也知道這裡的悠閒，但是多半只是喜歡她的美麗外表，對於她的內在很少有人去關心她。從外表看來，這是個慾望之都，那種原始慾望盡情地綻放，她所展現的不僅僅是平等、自由與博愛的口號，那到底是什麼？……，她的慾望如何與法國大革命的理想兼容並蓄？這是我一直在歐洲訪問與旅遊時，周遭的人物景致不斷刺激我思索的問題：在私人慾望與社會秩序之間，他們是如何取得平衡的。我們都知道是他們的法律文明讓

他們可以如此，但是，在他們日常生活所呈現的特質，也不是凡事都是採取形式化的法律，像在德國也不是什麼事都僵硬的綁在法律裡，但是不論是在巴黎或是在德國，我們都承認那是法律的國度。那麼，他們所呈現的法律文明的意涵是什麼？當前台灣不論是研究法律的或是執行法律的「專家」，好像都忽略到這一層的思考。我們的法學者與法律工匠都被綁在法律條文上，動彈不得，似乎忘記了那種與法律息息相關的日常生活的意涵——不僅僅是法律融入生活，而且就是一種生活。[22]

---

22當然，我也贊同盧曼（Luhmann, 1985）的說法，現代法律的特質必須先建構出以法律學者與法律工匠的法律系統，這個法律系統有自己的遊戲規則，可能是關起門來自己創造法律的情況，但是這是現代複雜社會分化的結果，現代社會需要一個像法律系統這樣的社會次系統，專門創造法律，現代社會的生活也必須不斷學習法律的語言。盧曼認為現代法律比古代的法律更抽象，以因應日益複雜的社會，也就是說法律系統本身與社會之間的關聯是密切的。不過盧曼強調法律系統作為現代社會的一個次系統的重要性，是十分值得省思的，特別是我們一直批判法律過於形式主義或是閉門造車的同時，似乎也忽略了當前複雜的社會的確需要一群閉門造車的法學者與法律工匠所組成的法律系統。台灣社會事實上已經開始出現這種法律系統，但是比較令人遺憾的是，台灣的法律系統尚在尋找與學習切入社會的途徑，台灣的司法改革正顯示這樣的意義。

# 第二章　認真對待西方法律文明的視野 [1]

費弗爾認爲，社會學一詞可惜被哲學家先採用，使得新史學喪失最適當的新名字。在涂爾幹倡導下，社會學掘起，對整個社會科學來說無疑是一種徹底的變革，一場哥白尼式或伽里略的革命，其影響至今還令人感覺到。Henri Berr 當時指出經過實證主義多年的沉悶統治，現在是回到整體觀念去的時候了；社會學重新把哲學引入歷史學。今天，在我們歷史學家看來，社會學家對整體觀念未免過分熱衷，而它最欠缺的偏偏是歷史意識。……
*The Structure of Everyday Life, Civilization, and Capitalism 15th-18th Century*（Braudel, 1979:458）

「歷史」這個詞兒十分古老——古老得有時令人生厭；雖然還沒有過分想把它從語彙中拿掉，即使是涂爾幹學派的社會學也遺留了點餘地。然而他們之所以如此，只不過是想把歷史貶到人之科學的一個小角落……《史家的技藝》（Bloch, 1989:27）

……對於世界史全部歷程的理解只能從流傳物本身才能獲得。但是，這一點卻正是語文詮釋學的要求，即文本的意義由文本本身才能被理解。所以，歷史學的基礎就是詮釋學……《眞理與方法》（Gadamer, 1993:274）

……如果沒有過去，現在視域就根本不能形成。正如沒有一

---

1 本章原於 1997 年以〈年鑑史學之長時段的方法論及其對於社會學的反思意義〉的篇名發表於：《思與言》，第 35 卷，第 3 期。不過，本章已大幅修改。

種我們誤認爲有的歷史視域一樣，也根本沒有一種自爲（fur sich）
的現在視域。理解其實總是這樣一些被誤認爲是獨自存在的視野
融合（視域的融合過程）。……《眞理與方法》（Gadamer,
1993:400）

## 拒絕膽怯與無知，勇敢迎向長時段與視野融合

法國年鑑史學的「長時段」——作爲實證科學的歷史與德國
迦達默爾詮釋學的「視野融合」（Horizontverschmelzung）
（Gadamer, 1995:401）——作爲精神科學的歷史，在這裡被交錯在
一起，是一種偶然的必然……，是因爲東海大學高承恕教授的緣
故。

長期以來，高承恕教授在研究所的課程是以年鑑史學與韋伯
研究爲主軸，幾乎是以「查經」的方式進行討論與研究（我非常
懷念這樣的日子）。作爲他的學生都非常熟悉這兩種視野，以我而
言，這種交錯已經成爲我的社會學視野，我的社會學的想像力。
表象上看來，這是一種偶然，高老師教書，學生修課，都是偶
然。但是跟隨他多年的學生都很清楚，是韋伯讓兩者交會，卻又
是必然如此。任何熟讀韋伯作品的人，越是深讀越是清楚感受到
韋伯的歷史社會學，一方面是反歷史主義與歷史哲學，重視歷史
經驗；一方面卻又是反對過於細瑣的歷史經驗，重視主體意義的
整體理解以及長時段的視野。

作爲高老師的學生也都很清楚，他十分重視韋伯作爲「西方
文明之子」對於自身文明理解的熱情，韋伯的熱情也在高老師的
內心深處緩緩流露，不知是高老師選擇了韋伯，還是韋伯選擇了
高老師。兩者對於自身的認識有一種熱切的急迫感，然而有時卻
是如此的小心翼翼，令讀者與學生等待許久，才能仔細領會他們
所要表達的意義，在這等待過程，不斷地解釋韋伯的作品，對於

西方文明，特別是西方的法律文明，彷彿就快要達到視野融合的
境界。

　　有些未曾讀過深具整體視野的經典或是蜻蜓點水的人，對於
這樣的視野往往視之如敝屣，不知是他們膽怯了，還是無知。年
鑑史學、迦達默爾（包括胡賽爾、海德格、狄爾泰與施萊爾馬赫
的一脈相承）與韋伯三者要同時搞懂，並不容易，對於西方社會
生活史、經濟史、政治史與哲學史都要有很深厚的基礎，特別是
具有與承認一種整體的想像能力。我很幸運，在高老師的教學過
程，年鑑史學與韋伯我都親自受教於他，至於迦達默爾的詮釋學
《真理與方法》與海德格的存在主義詮釋學如《存在與時間》，在
高老師的啓發下（關於存在主義的啓發）我也自習完成。我很珍
惜這樣的本領，如今我也有勇氣這樣說：那些將長時段與視野融
合視如糞土的人或是膽怯理解的人，他們只能期待來世，才有機
會把它們讀完、讀懂。這些年來，對這樣的視野的養成的動力，
就是一股不服輸的心態，我不願隨波逐流，當一位庸俗的社會學
家，那樣的小氣，還自以爲謹愼，結果竟是無知。

　　對於西方法律文明的理解，是近代中國社會學、政治學與法
學，乃至經濟學的首要任務。但是過去的理解多屬片段與零星，
缺乏一種整體的理解。古典社會學本來就是具有整體性的社會理
論性格，但是近代社會學的發展竟然讓它成爲一種恐懼，只要提
到整體性的理解大家便是小心翼翼，深怕自己又掉入派深思
（Parsons）理論的困境：大而無當。不知道現代社會學家的小心翼
翼，是變得比較「科學」了？還是變得保守？害怕自己變成大而
無當的人，盡是空談。這的確是社會學所必須警醒的事，但是，
千萬不要讓謹愼成爲膽怯的藉口，成爲害怕理解的合法性言說。[2]

---

2 傅柯（Foucault, 1972）在《知識考古學》一書中對於整體性理解的批判，

當前社會學家的謹慎的確值得讚許，社會學變得更爲「科學」，但是也讓我們失去很多觀看社會的視野，有時候就快要讓我們失去社會學的想像力，那種強調整體的社會學想像力，那種社會學之所以成爲社會學的理由。

　　百年來中國不是從法國大革命來理解西方的法律，就是從民主政治的角度來理解西方的法律，或是從自由競爭的市場來理解西方的法律，不論是法國大革命、民主政治乃至市場，就本書而言，都只是西方法律文明的化身。可惜至今在社會學界鮮有這樣的認知，深刻體會法律作爲西方的重要社會規範，「法律與社會」

---

我是同意的。他認爲必須注意斷裂性的問題，必須注意到各個時段的差異性。蒙納特里（Monateri, 2002:148-149）也接受了這樣的看法，認爲所謂的西方法律傳統的整體性理解，充滿了西方白種人種族主義的偏見，所謂的羅馬法優良的法律傳統，那種被日耳曼民族或是美國人所極爲推崇的法律傳統，被大部分的西方法學者認爲是優秀的西方白種人所獨創的。對於這樣的看法，蒙納特里極爲不贊同，他認爲羅馬法事實上深受閃族與北非埃及的影響，他以〈黑色的蓋尤斯〉爲題，試圖打破那種以羅馬法，甚至追溯到希臘時期，自成一種西方之子自然天成的優秀羅馬法的法律傳統。對於這樣的見解，作爲非西方人的我們當然不能再以民族主義的心態，天真地欣然接受，這樣的說法替我們出了一口氣，打破羅馬法作爲西方法律傳統的迷思，我們得珍惜我們的法律傳統，可以不管西方的法律傳統了。事實上蒙納特里（Monateri, 2002:119）還是認爲羅馬法的優越性，他只是不滿那些將羅馬法恣意妄爲地想像爲像日月一樣地神聖的說法，作爲西方法律或非西方法律發展應該是可以承認法律的移植的可能性。他甚至引用龐德的說法：「法律史大抵是一部自其他法律制度借鑒素材的歷史」（Monateri, 2002:151）。當日耳曼民族形成普魯士王國與美國這個國家形成的首要工作，就是替其立國精神延續到西方法律的傳統，都急著找尋羅馬法與其自身的法律的關聯，都急著要告訴別人他們是純正的優秀西方之子。在這種急切的過程中，羅馬法被拱爲他們一切法律的根源，一切社會關係的起源。事實上，我也同意蒙納特里的說法，但是我不願意以天真的民族主義來歌頌，我寫這本書恰恰是要去證明西方有個極爲堅實的法律文

或「社會與法律」，兩者簡直就要同一了。[3] 但是台灣的社會學家
還是將其分給法學家，說這是法學家的事，社會學要研究的是法
律之外的事，或是補足法律的不足，也就是讓法律更貼近社會生
活。但是當西方的法律文明簡直就是其社會規範時，這樣的學術
分工是有問題的，深深阻礙社會學的發展。台灣的社會學界即使
是對於社會思想或理論的理解也多是獨尊一家之言，我們很少有
那種整合西方歷史與思想史的能耐。

　　當前法學界與社會學界對於西方法律文明的理解，多半界定
在法律繼受的問題，也就是西方的法律如何被移植到中國的社會
之上。這是很好的研究方向，刻不容緩地就要去進行。但是就本
書看來，在繼受的問題上，有一個更爲根本的問題，那就是我們
把西方的法律文明搞清楚了嗎？特別是其社會基礎。如果搞不清
楚時，要繼受什麼？可能也就眞搞不清楚了。

　　大部分的法學家與社會學家並不會問西方的法律文明是什

---

明基礎。羅馬法與子產鑄鼎是一樣的，法律的形式很早就形成了，但是施
行形式合理性法律的實質合理性的基礎，就西方而言，的確有其漫長的形
成過程。事實上，羅馬法只是提供一個法律的形式合理性，他的實質合理
性如自律的個體、權利請求的觀念以及合理化的理性言說，這一切作爲西
方近代法律最根本的社會基礎，的確有長期發展的傳統，的確是西方文明
獨特的文明傳統，是我們必須以整體的視野來理解。過早接受傅柯斷裂性
的主張將扼殺眞正理解西方法律文明的機會。

3 長期以來，不論是西方或是中國都是將法律視爲社會的一個次系統或是一
　個部分。就中國而言，大部分的社會學家也只是將法律視爲一種社會規
　範，我想只要翻翻台灣較暢銷的社會學課本就可以瞭解，不論是譯本或是
　本土學者撰寫的課本，也未曾見到任何特殊的論文，論述反對這樣的看
　法。事實上，對於西方民主政治的理解不可以不理解法治，對於西方自由
　市場的經濟活動也不可以不理解產權（私有財產權的相關法律），就連對
　西方家庭的理解，也不可以不搞清楚西方家庭與兩性關係以及兒童的相關
　法律。西方的社會與法律，簡直就要同一了，根本不爲過。

麼？因為普遍認為法律文明就法律化的社會規範，或是進行司法過程的社會規範，一種在法庭上進行言詞辯論的程序，透過兩造公平的辯論來體現正義，也就是程序正義；或是再加上科學的舉證原則，這些就構成西方的法律。基本上，有兩種聲音幾乎成為共識地潛藏在我們的社會各界，包括政治界與學術界：一是法律是社會規範的一種，現代化的社會必須發展出法律，現代化的社會只要經過陣痛之後一定會生出法律（是如此簡單嗎？）；二是法律就是依法行政，不斷創造法律就可以解決紛爭，從政爭、社會福利到經濟發展，只要不斷製造法律就可以成為法治國家。這兩種天真的聲音，簡直就是社會的共識。只要稍微在西方社會的土地上或影片上稍做逗留，都可以感覺到西方的法律文明，但是我們卻天真的認為，只要假以時日我們也可以如此，因為經濟與政治上的現代化，相信我們一定也可以如此！是嗎？

社會發展幾乎要直接碰觸到最根本的問題：社會關係的改變，必須從人治邁向法治。我們的民主政治、經濟發展都還可以依附在舊有的社會關係下發展，也成功的發展出來像是「樁腳」的民主政治與「協力」網絡的生產方式。但是最讓人擔心的就是，我們竟然認為依附在舊有的社會關係上的「成就」，將來社會關係在本質上的轉變也將是輕而易舉的。

西方法律文明的形成是經由長時段的歷史建構而成的，一條相當漫長的旅程，我們必須從西方封建社會，或是更早的古希臘與古羅馬社會理解起。將論述的過程拉得這麼長，並不是要一網打盡所有可能的原因，其實這不是整體或長時段的本意。回溯如此長的歷史空間無疑就是要把西方的法律文明當成一種社會的實體，要理解她的發生與成長過程，這個道理很簡單，就像是理解一個胚胎的成長，只不過是西方法律文明的發生與成長過程，遠大於胚胎成長的歷史。

　　「長時段的視野」與「視野融合」是本書想像西方法律文明的
基本視野，這種本來就屬於社會學的視野，在 1970 年代之後逐漸
從社會學的陣營中敗退下來，但是卻在史學界復活──分別由年
鑑史學與迦達默爾催生了，分別從實證科學的歷史與精神科學的
歷史各自出發。當社會學家視如敝屣時，年鑑史學與迦達默爾卻
視若至寶。[4] 如果根據年鑑史學的態度，對於西方法律文明的理
解必須在歐洲的歷史經驗裡耙梳，在堆積如山的檔案與史料裡仔
細地考證與歸納。但是作為異文明的我，就像韋伯面臨中國文明
一樣，有其限制陷入實證主義史學的困境。傅柯（Foucault,
1998:123）在進行西方性經驗的歷史研究時，一開始就面對類似
的問題：

　　……危險還處在於我接觸到了各種不熟悉的文獻。沒有經過
多少考慮，我就冒險把他們與並不合適它們的各種分析的形式或
質疑的方式結合起來。……。為了努力熟悉這些古代文獻，我還
冒著失去我要提出的問題的線索的風險。……。這些年來，維尼
（P. Veyne）經常幫助我。他瞭解真正的歷史學家的探究真理意味
著什麼。但是他還知道，我們把歷史看成真與假的遊戲之後，我
們進入了怎樣一種迷宮之中。他是當今極少數坦然面對真理歷史
的問題帶給一切思想的危險的人之一。……

　　如何面對歷史，事實上傅柯與維尼原來是有極大的差異，傅

---

4 在國內社會學界關於介紹年鑑史學長時段這種整體研究方法論的文章，已
　有許多論述（如顏建發，1983；周樑楷，1984；翟本瑞，1986，
　1987；張家銘，1987；高承恕，1988；馬彥彬，1989；賴建誠，
　1986，1991，1992；姚蒙，1995 等等），本章不再贅言作背景性的介
　紹。不過，關於長時段之方法論的反省，卻尚待進一步討論與反省，特別
　是如何應用在對於西方法律文明的理解上，必須再做一番解釋。

柯在《詞與物：人文科學的考古學》，特別是在《知識考古學》所表現的看法是比較傾向實證主義史學的態度，但是也流露了「問題史學」的觀點，這是後來他可以接受維尼建議的基礎。但是傅柯與維尼對於如何解決研究者的問題、史料的眞實性與歷史的整體性之間的窘境，就如同傅柯的困擾：「爲了努力熟悉這些古代文獻，我還冒著失去我要提出的問題的線索的風險。」但是，德國的迦達默爾詮釋學對於歷史的看法，卻提供了一個出路：

　　基於自我認識的欲求，藉由對於西方經典的專注閱讀與解釋，就是投入於法理學與法哲學經典的不斷解釋。在這不斷的解釋過程，不見得可以完全解釋各經典的原意，但是對各經典的不斷解釋過程，可以達到一種視野融合的整體性理解。

　　年鑑史學的長時段立基於經驗主義，雖然是反實證主義史學，但是並不反對實證主義史學的研究方法論，只是試圖擴大史學研究的對象與範圍，例如將車匪路霸、女人、兒童、死亡等過去被將相帝王史所忽略的人物，或是重視總體性將地理、氣候、經濟、政治、與社會作總體的研究。基本上，對於歷史還是很強調對於史料眞實性的考據，只是這一回特別強調史料之間的關聯性意義。

　　當我們面對西方法律文明，試圖去論述這樣的「文明事實」的存在與特質，沒有史料的堆砌，我幾乎就要啞口無言，束手無策。傅柯的性經驗史的研究，將史料擺在次要地位，以研究者的基於自我認識的研究問題爲準心，航向過去關於性的言說的分析，在史料闕如的窘況中，依然可以進行整體性的歷史解釋與理解，的確讓我雀躍不已，我們還是有機會解釋西方法律文明。事實上，韋伯的歷史社會學——理念型的歷史建構，早已蘊涵對於研究者的主體性的承認的特質，也就是研究者自我認識的欲求，

只是被實證主義所刻意曲解的「價值中立」所蒙蔽了。

## 年鑑史學的長時段

布勞岱（Braudel, 1979:458）曾言：「費弗爾認為，社會學一詞可惜被哲學家先採用，使得新史學喪失最適當的新名字。在涂爾幹倡導下，社會學掘起，對整個社會科學來說無疑是一種徹底的變革，一場哥白尼式或伽里略的革命，其影響至今還令人感覺到。貝爾（Henri Berr）當時指出經過實證主義多年的沉悶統治，現在是回到整體觀念去的時候了；社會學重新把哲學引入歷史學。今天，在我們歷史學家看來，社會學家對整體觀念未免過分熱衷，而它最欠缺的偏偏是歷史意識。」

再如布洛赫（Bloch, 1989:27）所言：「『歷史』這個詞兒十分古老——古老的有時令人生厭；雖然還沒有過分想把它從語彙中拿掉，即使是涂爾幹學派的社會學也遺留了點餘地。然而他們之所以如此，只不過是想把歷史貶到人之科學的一個小角落……。」

布洛赫與布勞岱強調社會學家必須重返歷史，不過並不是要社會學家去記錄社會事件的發生過程，或作短時段的因果分析而已，而是要有整體事實的觀念，這才是歷史。關於此點布勞岱的整體事實的觀念，除了強調一種水平式的總體性（如以政治、經濟與社會乃至日常生活……等等來對歷史作全面性的理解）之外，更強調一種長期綿延的歷史實體。水平性的總體觀念社會學本身至今並不缺乏，但是對於垂直式之長時段的分析卻不多見。歷史分析雖然是史學家所長，不過布洛赫（Bloch, 1989:32）卻認為只會考究事件，還稱不上是史學家，充其量只是博聞強記罷了，能夠分析事件與事件間所存在的人倫關係（社會結構），特別是一種長期綿延的社會習慣，才是史學家的重要工作。

現代社會學家艾利亞斯（1992）對於年鑑史學（特別是第三代年鑑史學如《私生活史》五大冊的集合巨著）有深遠的影響與啟發，也曾討論過時間本體論的問題，對於整體事實的觀念與年鑑史學有相近的討論。他認為時間有三種類型。第一種類型是自然性時間，如地理環境及宇宙的變遷，因為其變動緩慢，超乎人類現有的知覺範圍。因此，人類對於這種時間的感覺是幾乎不變的感覺。第二種類型是生物性時間，如生物體生老病死的變化，這是人類最容易感覺到的。第三種是社會性時間，是人類自己創造出來的時間，卻不知不覺認為這種時間就是自然的時間，艾利亞斯認為這就是康德的時間哲學的問題所在。艾利亞斯對時間的分類與區分，警醒社會學家不可以用生物的時間去等量社會性時間與自然性時間，社會學家往往用人類自己創造出來的時間意識去理解社會的發展。社會本身的發展是超越人類當下所處的時間。唯有對時間有所認識，才能開拓社會本體的視野，才能對社會有較為「真實」的認識。天文學就是對宇宙本體論（時間部分）的重新認識後，才一日千里。

就艾利亞斯的社會性時間而言，與布勞岱（Braudel, 1993:33-36）不期而遇，布勞岱也將時間區分為三種：事件時間、社會時間與文明時間。事件時間是用人類所創造出來的時間，去度量事件所形成的歷史，傳統史學的編年史就是用這種時間理解過去。社會時間是基於社會本身的發生與發展過程而形成。文明的時間則是一種比社會更長壽的實體的存在經驗所構成。這三種不同的時間，正是三種不同實體成長所呈顯的變化記錄，分別為個體事實、社會事實與文明事實。

對於三者的關係，費弗爾（Febvre, 1973:240-241）曾用基佐（Guizot）之「文明事實」的觀念，做以下的說明：「基佐一開始便說文明是一種事實（fact），如同其他事實一般，也是可以被研

究及解釋……但是事實如整體事實，是隱而不現、複雜、難於描述及解釋，而且離不開歷史事實的範疇，離開歷史就像被截肢的軀體，如基佐所知，整體事實如同海一般，是任何民族的全體財富、是任何民族的生活要素、操弄任何民族生活的力量。更值得注意者，他也認爲事實或許不應稱爲社會事實，而是整體事實，是關懷人類精神，而諸如宗教信仰、哲學理念、科學、文學及藝術的非公共生活，能夠及應該從文明的觀點來考查。他的著作更可以再評估社會學眞正的勝利，也可以瞭解長時段對於清楚理解事實的重要性。」

　　費弗爾用整體事實進一步概念化基佐的文明事實，認爲整體的觀念，雖然社會學界普遍認爲是由涂爾幹首創（如社會事實的概念），但是就他所知，涂爾幹並非是最早提出整體事實分析觀念的學者。如基佐在 1828 年到 1829 年先後完成的《歐洲文明》與《法國文明》的作品中，已提出整體事實的研究觀念。費弗爾如此韃伐涂爾幹，並非只是因爲基佐的「整體事實」比涂爾幹的「社會事實」更爲廣袤而已，而是將歷史視爲整體事實，也是一種外在於人且強制於人的實體，如同社會事實的特質一般，散落在日常生活之中。

　　進一步而言，過去的歷史與當下對涂爾幹而言，是被共同結構化──由某種功能結構所普遍決定，忽視歷史的再生性與累積性。就費弗爾而言，對於現在的理解，不能僅僅由當下來理解，布洛赫（Bloch, 1989:40-50）也認爲當下是由過去的歷史逐一堆砌而成。許多看似超越時空的結構，正是從歷史的發展當中，不斷累積與再生而成。對於特別是經由長期歷史所發展出穩定文明之理解的社會，更應把握其歷史之再生與累積的過程。因此，布洛赫與費弗爾所強調的整體事實絕非是一種結構主義，所謂的整體事實與社會事實最大的差異便是長時段的觀念──強調社會習慣

的綿延性與再生性。

年鑑史學家維拉爾（1988:97-148）曾批評法國當代結構馬克思主義學者阿圖色（Althusser），已經褪去馬克思主義最光鮮亮麗的色彩——結構是由歷史累積而成，將馬克思涂爾幹化（維拉爾未曾如此比喻，是筆者的比喻），矮化歷史的創造過程。如布洛赫所言，整體事實對於歐洲文明的理解並非只是一種預設的觀念。布洛赫（Bloch, 1995a:11-63）認爲九世紀末，最後一次蠻族入侵以後，遊牧民族馬札爾人逐漸離開馬背生活，定著在農地之上；來自北方更遠的日耳曼人也在現今英國及北法等地建立王國；在地中海及利比亞半島流竄的阿拉伯海盜也慢慢回到他們的故鄉。雖然，從第一次到最後一次的蠻族入侵，將羅馬帝國賴以建國的城市完全踐躪，歐洲文明彷彿完全癱瘓。但是，來自北方之斯堪地那維亞人的航海技術將西北歐的河海連貫起來（這種航海及造船技術，將在十六世紀發生驚天動地的效果）。在南歐掠奪的阿拉伯海盜，則打開由南歐（利比亞半島）通往西北歐（法國東南方）的通道，另外鑄幣及金融技術也傳入歐洲，替十六世紀的資本主義市場奠下良好的基礎。再加上「蠻族」服膺於基督信仰，現代歐洲整體文明大致底定，鮮少再受到外來文明的重大撞擊，而能穩定地自我成長，現代歐洲文明開始成長。[5]

從布洛赫的封建社會（feudal society）到艾利亞斯的宮廷社會（court society），甚至是哈伯瑪斯的布爾喬亞社會，不難發現歐洲文明自九世紀以來便持續穩定地發展，雖然經由十一世紀至十三世紀之間，歐洲文明已有所變遷，固然有其再生的社會型態產生，如由封建社會轉入宮廷社會（王權國家），甚至到十七、十八

---

5 其實所謂的日耳曼蠻族，一點也不是落後的蠻族，他們的航海與造船技術十分的進步。本章使用蠻族一詞，純粹只是行文的效果。

世紀經由布爾喬亞的再轉換，形成個人主義社會（按艾利亞斯語），十九世紀以後歐洲全體社會（包含工人階級）變高度自律的社會。但是，其中卻隱藏著傳統不變的因素存在，試想如果沒有封建社會所形成的互惠原則以及挑戰不義王權的習慣，艾利亞斯筆下之宮廷社會的階級競爭，乃至馬克思所念茲在茲之資本家與工人階級之間的鬥爭得以如此和平轉換嗎？

　　從布勞岱及其老師布洛赫與費弗爾的觀點來看，具有悠久歷史的文明，便像一塊岩石，其本身所隱藏的古代性比短暫的文化更具史學乃至社會學研究的意義。布勞岱更進一步將其師所發展出來之整體事實的觀念，轉變為長時段的事實，徹底有別於涂爾幹的社會事實。

　　布勞岱（Broudel, 1991）曾感嘆布洛赫之《史家的技藝》一書未能在布洛赫有生之年完成，一種呼之欲出的整體史方法論卻成為僅僅是觀點的說明。然而，布勞岱更感嘆於他的另外一位老師費弗爾，在布洛赫為法國殉難之後，獨立領導的年鑑史學並未能積極建構整體事實的研究方法論。感嘆之餘，這些使成布勞岱終身為年鑑史學安身立命的重責大任。長時段、局勢與事件等是布勞岱之史學研究方法論最為核心的的概念，特別是長時段。布勞岱承繼基佐與費弗爾之文明（習慣）的觀念，並結合布洛赫之時間的觀念（研究過去是為了理解現代，研究現代是為了理解過去），再加上結構人類學與存在主義的衝擊（整體與個體之間的爭辯），而將新史學的首要任務（也是其在社會科學所劃出的新研究對象），就是研究一種幾近不變的結構，一種難由事件甚至局勢的綜合所能理解的社會事實，它是橫亙歷史而存在，特別是存在於日常生活之中。就布勞岱而言，這個研究對象就連向來強調總體的社會學也未曾注意過，甚至是社會學家難以理解的研究對象。

　　對於長時段的本體論年鑑史學並沒有因布勞岱而成異言堂。

如馬魯（間接引自：Ricoeur, 1994:16）的反省：「歷史知識建立
在證據觀念的基礎上，它只不過是通過第三方面（即文獻）對真
實存在所進行的調解，因而歷史知識既不能證明，也不能說明一
門科學，而僅僅是一種出自信仰的知識。」維尼（同上：42）更
把史學看成一種近似於小說的文學：「歷史研究是一種智力活
動，它採用傳統的文學形式，為滿足簡單的好奇心服務。」

當然這些話語充滿浪漫主義之唯名論的色彩，不過維尼的史
學並非如小說是完全由作者的感情所決定，對於史學情節的敘述
維尼強調必須經過合理化思考的問題為導向，也就是認為歷史固
然深受史學家主觀意義的影響，但是基於理性的考據之下所建構
的史學問題，正是可以引導史學家近於科學性的研究。維尼並不
冀望史學能夠成為一門科學（Ricoeur, 1994:48）。維尼所建構的史
學是「問題史學」，是以問題作為引導之情境敘述的史學
（Ricoeur, 1994:38）

相對於維尼，布勞岱及其老師布洛赫與費弗爾則積極認為歷
史並不僅僅是史學家主體意識的建構而已，當然歷史的建構免不
了受到史學家主體的影響（費弗爾所言「沒有歷史，只有歷史學
家」），然而他們更深信有一種外在於人，甚至是外在於社會的整
體事實長時段地存在。作為新史學的史學家所要積極投入研究
者，正是這個整體事實。

其實，維尼與布勞岱等人的立場並沒有任何方法論上的對立
性存在，唯實與唯名是哲學家最喜歡用的分類原則，利科本人也
不例外。但是，哲學家的習慣性卻將年鑑史學的貢獻窄化掉了。
布勞岱（Braudel, 1979）對於資本主義歷史的重建，曾錙銖算計
船隻的能量，大力倡導量化史學。不過卻感性地表示其對於資本
主義歷史的實體建構，也只是在造一艘可以讓讀者在資本主義歷
史之海上航行瀏灠的船隻而已（當然這是一艘具體而微的實船）。

這種史學的態度並沒有異於維尼，由問題（理性思考後的結果，而非一時興起的疑問）來重構歷史以解決長時段所涉及的空曠，是長時段研究方法的的基本理論。因此，年鑑史學之長時段的研究方法論並非是毫無目的地航向歷史之洋，而是有其問題的導引，而此長時段與問題導引的結合也正是年鑑史學與傳統史學最大的差異所在，而其對於長時段之整體事實的指涉，更是對於過分強調社會事實之社會學的突破之處。這種認識論的態度正是年鑑史學作爲新史學，而徹底揚棄苑囿於啓蒙之眞實（理）主義的實證史學。這種對於認識歷史與社會的勇氣，絕非匹夫之勇，除了重新思索人類理性認識歷史的限制，特別是長時段的限制之外，更昂然面對這種橫越數百年乃至千年的文明習慣。如此一來，就作爲一種現代知識而言，已在啓蒙之外，在問題化的長時段之下來重新安置理性與知識的問題，便更是實質合理化了，而非局限於其理性主義的形式合理化。

## 迦達默爾詮釋學的視野融合

當法國年鑑史學用長時段的視野與實證主義史學奮戰之時，在德國的迦達默爾正試圖恢復浪漫主義哲學來重構歷史主義與歷史哲學。年鑑史學與迦達默爾的歷史視野是一致的，都是深具整體的視野，都強調過去、現在與未來的整體性。同時兩者也都不排斥研究者的主體性，甚至承認主體性作爲理解歷史客體性的重要途徑。即使如此，年鑑史學與迦達默爾的詮釋學的歷史，還是有很大的差異，這種差異與他們所選取的哲學立場有很大的關係。年鑑史學雖然是反實證主義史學，但是並不全然反對歷史的經驗主義，只是進一步強調歷史的經驗可以推砌出一個整體的歷史，特別強調諸多歷史經驗之間的關聯。相反的，迦達默爾的詮釋學對於歷史，則不如此地經驗主義。如果說年鑑史學是積極向

自然科學靠攏一點也不爲過，例如量化史學的發展。迦達默爾則不如此看待歷史，在德國詮釋學的傳統，歷史是屬於精神科學，不屬於自然科學，也不必向自然科學靠攏，歷史的精神科學自有其特有的科學理路。迦達默爾不反對歷史作爲一門科學，但是絕非自然科學，而是精神科學。

迦達默爾（Gadamer, 1996）認爲近代自然科學理解知識的目的是爲了應用，將科學知識變成一種科學技術。這種科學知識對於自身的認識不感興趣，例如一位醫師對於醫學科學的理解，是技術的運用重於透過醫學知識對於自身與整體社會的理解。迦達默爾對於自然科學的解釋，也表明他對於歷史作爲一種精神科學的態度。歷史的基礎就是詮釋學（Gadamer, 1993:274），歷史是一種解釋，歷史是一種理解，藉由不斷的解釋，來達到對於歷史整體的理解。

但是要解釋什麼？也就是，什麼是解釋的起點？總不能漫無目的地解釋，但是又不能過於目的性地解釋，否則又落入歷史主義的困境。如何解釋？以及解釋的目的、可解釋的程度和解釋後的結果，讓迦達默爾以海德格的哲學爲基礎——以語言哲學將浪漫主義哲學的重構，並藉由整合與批判康德的美學、藍克與黑格爾的歷史主義、狄爾泰與施萊爾馬赫的詮釋學，以及胡賽爾的現象學，來完成他的哲學詮釋學。解釋本身，就迦達默爾而言，不是方法而是眞理本身。

但是，在《眞理與方法》一開始，迦達默爾（Gadamer, 1995）引用了里爾克（Rainer Maria Rilke）的一段話：

> 如果你只是接住自己抛出的東西，
> 這算不上什麼，不過是雕蟲小技；——
> 只有當你一把接住

永恆之神

以精確計算的擺動，以神奇的拱橋弧線

朝著你拋來的東西，

這才算的上一種本領——

但不是你的本領，而是某個世界的力量。

　　從這段引文裡，迦達默爾似乎很清楚地告訴我們：在歷史世界裡有一種自在的整體力量。這樣的看法彷彿又回到了歷史哲學與歷史主義，但是並非如此，這種整體的力量是可以藉由解釋作為真理本身，而被理解。迦達默爾與年鑑史學都預設了歷史的整體性，但是前者並未採取經驗主義的理解途徑，反而是接受了胡賽爾的超驗路徑。然而，在追尋歷史整體性的過程，卻又比胡賽爾具體許多，特別是藉用語言哲學的輔助，讓實踐的路徑更為清楚。同時相較歷史主義與歷史哲學，迦達默爾不走經驗主義的路徑，在方法論立場與經驗主義截然劃分，對於歷史整體性的追求，反而不會落入「如何具體畫出那片整體？」的困境——如同試圖用經驗感知神的存在的困境。對於歷史整體性的理解，發展出一種特有並值得參考的方法，對於重視想像力的社會學，別有一番滋味，當然這時你應該不屬於獨斷經驗主義的人，才有領略的機會。

　　迦達默爾（Gadamer, 1995:31-32）首先重新重視義大利哲學家維柯（Vico）（一位在台灣社會理論發展過程，極為不被重視的社會哲學家）的修辭學，強調語言與實踐（phronesis）的關聯——形成共通感（sensus communis）。迦達默爾詮釋維柯的修辭學，認為「絕妙的講話」不僅僅是一種修辭的理想，它也意味著講真話，即說出真理，藉由真誠的修辭，形成共通感——維柯認為這是一種對於合理事物和公共福利的共同感覺。迦達默爾

（Gadamer, 1995:42）認爲這就是英語與拉丁語世界的「國家公民的共同品行」。事實上，共通感就是涂爾幹所講的有機連帶的集體意識，不過維柯與迦達默爾對於共通感的形成與涂爾幹有極爲相反的看法。涂爾幹所認爲的集體意識幾乎是先驗地存在，與存在者（社會行動者）本身無關，但是維柯與迦達默爾卻認爲共通感是由存在者當下的存在，藉由言說所「脫自」而成。維柯與迦達默爾想藉由對於當下言說的承認，特別持柏格森的看法，認爲「健全感覺作爲思想和意願的共同泉源，就是一種社會感（sens social），這種社會感既能避免形而上學的玄想，又能避免社會科學的獨斷論。」

維柯與柏格森的理論被迦達默爾大膽的採用，這種看法是社會科學——那種急於成爲自然科學小妾的社會科學的獨斷論所無法想像與接受的。迦達默爾更藉由對於康德美學判斷力的批判，進一步說明共通感——以作爲視野融合的基礎，指出美的認識並非自然天成的先驗認知能力，而是一種藉由專注所形成的一種投入感，就像玩遊戲一樣地專注。同時這種專注的投入感是以自我認識爲主體，迦達默爾繼受胡賽爾的現象學與海德格的「此在（Da Sein）存有論」，承認現象的存在，而將本質「存而不論」，認爲現象才是存在本身，因此他們並不排斥「成見」——長期被實證主義視爲偏見的不智之舉。迦達默爾不把成見視爲偏見，反而認爲這是認識的泉源。這樣的說法很鼓動人心，長期以來，人在理性的束縛下，不敢相信自己的看法，總是以爲外來的看法才客觀，非常殘忍地對待自己。海德格（Heidegger, 2002:11）對於「此在」的承認，啓發了迦達默爾的想像，承認存在的問題必須先接受「人」作爲存在的事實。

　　我們向來已生活在一種存在的領悟之中，而同時，存在的意

義卻隱含在晦暗之中，這就證明了重提存在的意義是完全必要的。（Heidergger, 2002:8）

　　海德格認爲在他之前的哲學家對於存在的問題早在亞里斯多德與柏拉圖之時就有很好的提問，但是往後的哲學家，特別是到黑格爾把存在的問題搞得越來越不清楚，充滿了許多晦澀的理論與概念。事實上，海德格認爲要釐清存在的意義，首先就是要確定「本己」，就是存在者本身，那個可以領會存在的存在者。在領會存在之前要先「發問」，藉由「問之所問」（Gefragtes）、「被問及的東西」（Befragtes）、「問之何所問」（Erfragtes），來問「其存在與如是存在」（Heidegger, 2002:8-10）。海德格受到胡賽爾的現象學的影響，認爲事實上我們根本不知道「存在是什麼？」，海德格重新詮釋亞里斯多德的「理性言說」的意義，而進一步認爲：當我們問道「存在是什麼？」時，我們就已經活在對「存在」的領悟之中了。

　　因此，徹底解答問題就等於說：就某種存在者——即發問存在者的存在，使這種存在透徹可見。……。我們用「此在」這個術語來稱呼這種存在者。存在的意義問題的突出而透徹的提法要求我們事先就某種存在者（此在）的存在來對這種存在者加以適當解說。（Heidegger, 2002:10）

海德格又說：

存在總是某種存在者存在。（Heidegger, 2002:13）

　　海德格認爲存在是以存在者的發問爲主體，也就是存在者在想什麼，說什麼的存在才是存在。海德格已經深切地表達存在不在於存在本身，而在於存在者怎麼藉由發問的「說存在是什麼」

而產生的「領悟」那裡。

以歷史研究為例，海德格（Heidegger, 2002:15-16）認為歷史學是「問題史」而非「文獻史」，作為一門精神科學（Geisteswissenschaften）的歷史學不是要構造歷史學概念或是理論，而是要闡釋歷史上的存在者的歷史性。海德格（Heidegger, 2002:17）認為「此在是一種存在者」，「此在在它的存在中總是以某種方式、某種明確性領會自身」，「對存在的領悟本身就是此在的存在規定。」海德格的看法深深影響著迦達默爾，迦達默爾也不避諱這樣的影響，而且徹底承認，相較於哈伯瑪斯「無情」地對待韋伯，反而令人敬佩。

海德格徹底承認存在者怎麼看世界的看法就是存在，而具體的表現就是在存在者的言說上，在於存在者對於想要發問與說明的存在對象的解釋上。迦達默爾對「成見」的看法，很顯然這樣的看法深受海德格的影響，但是千萬不要用俗見來看待成見，儘管有那種意涵，迦達默爾如海德格（Heidegger, 2002:47）一般，接受現象學的觀念：「讓人從顯現的東西本身那裡，如它從其本身所顯現的那樣來看它」，「走向事情本身」。在現象學的觀念下，「成見」就是那麼簡單，就是主體（存在者）的生活經驗，就是對於其本己的生活世界的解釋。但是「成見」既然是一種現象，也有可能是一種「偽裝」，一種假象，究竟如何區辨「真正的成見」與「假象的成見」？海德格的處理方式是建立在胡賽爾的「意向性」研究的基礎上（Gadamer, 1995:326）。

但是迦達默爾（Gadamer, 1995:338-339）認為胡賽爾的意向性只是一種極為先驗的自我反思，在約爾克伯爵的啟發下，他將海德格的現象學抽離出胡賽爾而導向詮釋學。

約克爾伯爵卻在黑格爾的精神現象學和胡賽爾的先驗主體性

現象學之間架設了一座一直被忽視的橋樑。（Gadamer, 1995:339）

迦達默爾藉由約克爾伯爵左打胡賽爾右擊黑格爾，在先驗的主體與具有整體性的自我認識之間，認爲就是「生命是自我肯定」（Gadamer, 1995:336）。雖然黑格爾在《精神現象學》與胡賽爾都重視生命存在的意義，但是卻是各自發展屬於自己的路徑，然而卻讓主體與客體之間造成一個巨大的斷裂，也就是自我的主體的生命如何具有整體的歷史與社會的意義。黑格爾認爲生命存在的意義不是人爲的，對於自我的可達成性持保留的態度，而胡賽爾的先驗主體，也是如此「不可知」。在海德格的影響下，迦達默爾（Gadamer, 1995:337）認爲：

自我認識即明白使所有東西成爲它的知識的對象，並且在它所知的一切東西裡認識自身。因此，自我認識作爲知識，它是一種自身與自身的區分，但作爲自我意識，它同時又是一種合併，因爲它把自己與自己結合在一起。

迦達默爾認爲（Gadamer, 1995:346-347）理解不是方法而是眞理本身，理解就是人類生命本身原始的存在特質。所有的理解最終都是自我理解。基於自我主體的生活世界的「成見」，進行遊戲式投入感的專注，不斷對於流傳物（如哲學與社會理論的經典）的解釋，一方面是產生自我認識的知識，以及藉此所產生的自我理解，一方面則是產生一種整體的理解，達到視野融合的境界。

以哲學爲例，在海德格的影響下，迦達默爾認爲哲學史作爲一種整體的歷史存在，就像文德爾址對哲學史的看法，但是它絕非是像康德的看法，認爲它是先驗存在，也不是如黑格爾的看法，認爲是「非人」的歷史建構。在迦達默爾看來，哲學史的整體性是建立在哲學家作爲存在者，不斷藉由哲學經典的解釋，產

生自我認識的知識，並形成自我理解，同時在解釋的過程，與過去的流傳物形成一種視野融合的境界，完成對於哲學史本身的整體存有的理解，這就是哲學史裡的真理。哲學史的真理不在被解釋對象的現象本身，而是在於對於現象本身意義的理解，一種視野融合的理解。

## 韋伯的歷史社會學

任何熟悉韋伯著作的人，都可以清楚感受到有兩種矛盾的力量——歷史的客體性與研究者的主體性在韋伯的論述中爭鬥，而韋伯也試圖調和這種矛盾，提出理念型（ideal type）的歷史社會學。

我們已經把這一理念型故意看作是基本上的（即使並非是完全）一種心智建構，其目的是為了對某些具體類型作詳盡的研究並系統地刻畫其特性。（Weber, 1992b: 112-113）

誰要是認為歷史事實知識可能、或者該是「客觀」適時的「非預設」的複製品時，他就會否認這種理念型的價值。（Weber, 1992b: 104）

面對德國歷史主義（重視歷史的理念特質）與實證主義史學（重視歷史的經驗事實）之間的纏鬥，韋伯並未放棄其中的一方，反而是極力調和兩方的史觀。順著歷史哲學傳統韋伯接受了「歷史性」——一種整體史的觀念，但是他反對黑格爾的史觀，不相信歷史本身就存在一個被用來實現的歷史理念，也就是說歷史並非因歷史理念而存在。歷史性作為一種歷史的整體性存在，韋伯認為充滿了許多的偶然性。歷史性是根據歷史的承攜者在「選擇性的親近」下，偶然地被結合起來。顯然韋伯並不相信有一種「真」的歷史性存在，歷史性充其量只是一個理念型。不過韋伯並

非就此自絕於實證主義史學之外，他認爲歷史性的理念型基礎還是得建立在經驗事實之上。但是在歷史經驗之間的連結，形成一種理念型的歷史性，韋伯並不認爲它們之間有必然的邏輯關係。這種關聯是要「通過根據已知的觀點來解釋已知的事實去創造新知識的能力而表現出來。」（Weber, 1992b:124）。韋伯對於歷史學派的健將藍克（Ranke）是甚爲推崇的，重視歷史概念的建構，但是「概念不是目的，而是達到理解現象的手段，……。理念型與歷史事實不應當彼此混淆。」（Weber, 1992b:119）。韋伯所建構的理念型歷史並非歷史事實本身，而是作爲分析歷史事實的工具，具有歷史理念的工具。

以韋伯的新教倫理與資本主義精神的研究爲例，他對於新教徒的生活倫理的研究，並非要窮盡所有新教徒的生活經驗。事實上就算窮盡了新教徒所有的生活經驗，也不見得可以把新教倫理與資本主義之間的關聯講清楚。究竟是不是要窮盡歷史經驗才可以把歷史性呈現出來？

目前要把以往浩若煙海的古代文化全部作一番「本質性」探究，不但不可能，而且也是毫無意義的。但求具有良知的廣大人民擁有一個崇高而有價值的目的，並且又能以一種美學方法來享受這種優美的先進文化就足夠了。（Weber, 1992b:182）

當我們需要歷史學家和社會研究者把次要而瑣碎的事情與重要的事情區別開來，要求他們對這種區分法有必要的「觀點」時，他們必須懂得如何把現實世界中的事件有意識或無意識地與普遍的「文化價值」聯繫起來，選擇出那些對我們有意義的種種關係。如果繼續不斷反覆產生這樣的想法，認爲這些觀點可能從事實本身得來，那麼這是由於這個專家天眞的自我欺騙，他不知道正是他無意識地運用了這種評估觀念探討了他的主題，他才從

絕對無限紛繁的現象中挑選出了一小部分作為他自己關心的研究
對象。（Weber, 1992b:95）

顯然韋伯反對瑣碎性的經驗歷史性的研究，特別是那種無知
的宣稱，認為這種對於事實本身的研究，可以完全瞭解到歷史本
身的意義。過去的歷史經驗本身並不會表示意義，一切歷史經驗
之間的意義是被詮釋出來的，是根據研究者自己的主體性所詮釋
而成的。進入被研究者的行動意義是韋伯的理念型歷史社會學的
重要方法，對於行動者的行動意義的理解，不一定要窮盡經驗現
象才可以獲得。但是要如何取得歷史經驗裡的關鍵性角色（歷史
承攬者）？

其考慮方式，正如法官的思考方式一樣，不是從一一詳述某
案情的全部事件過程來考慮問題，而是按照法律規範，只考慮與
歸類前提有關的那些事件的組成部分，更不用說那些無窮盡的瑣
碎細節了。（Weber, 1992b:90）

關於歷史承攬者的選取，韋伯認為無法從瑣碎的歷史事實的
全面考察而得。以宋巴特與韋伯的爭執為例，宋巴特認為猶太人
與資本主義的興起有莫大的關聯，但是韋伯卻認為是中世紀基督
教的主要信眾：布爾喬亞才是歷史的承攬者。細讀韋伯的作品將
發現他對於歷史承攬者的選取是經由學術論戰建構而成的，他所
選取的歷史承攬者絕非「自然天成」，而是在學術社群的論戰中逐
漸建構出來。

此外，還有一點是很重要，卻往往被忽略的方法論，就是韋
伯對於研究者的主體性的承認。韋伯認為一位教授在課堂上不可
以表白自己的政治或宗教信仰的立場，卻被大肆渲染為「價值中
立」（value free）的最佳例子。這個例子往往被實證主義社會學者

拿來作文章，認爲社會學的研究者必須完全採取價值中立的態度，不可以把自己的價值放入研究之中。一位社會學者有沒有辦法完全價值中立，完全沒有自己的立場而進入所要研究的社會生活世界裡？對於大一的學生可能會相信這是可能的，但是任何進行過社會學研究的人，都無法自信自己可以做得到，除非水準像是大一的學生。

> 歷史學家藍克是憑他的直覺對過去的歷史進行推測；但是，假如他不具有這種「直覺」的才能，那麼甚至比他地位低的歷史學家在知識方面取得的進展，他也難以提供。（Weber, 1992b:196）

崇拜價值中立的實證主義社會學者，很少認眞看過韋伯的著作，當然也忽略了他對藍克的推崇之情。別忘了韋伯深受詮釋學傳統的影響，他是承認研究者主體性的社會學者，並非如實證主義社會學將研究者本身視如枯木，麻木不仁。作爲詮釋學傳統的信徒，韋伯並不否認社會學或歷史學研究者本身的主體性，作爲西方文明之子的宣稱，便展現這種對於研究者本身主體性承認的熱情。理念型歷史社會學的建構一方面是警惕研究者必須小心翼翼地進行科學的宣稱，但是也無疑地承認了研究者本身的主體性。研究者本身的主體性不被承認，只是躲在虛假的眞理謊言裡，自我宣稱自己是價值中立，那是一種欺瞞，反而是低賤的且褻瀆眞理的神聖性。唯有眞正承認自己無法完全價值中立，才有可能接近眞理。

在新教倫理與資本主義的研究以及往後一系列關於宗教社會學的研究，韋伯所考察的對象就是康德的實踐理性與以休謨的經驗主義爲傳統的功利主義（包括亞當斯密與邊沁），我們可以在《新教倫理與資本主義》一書，非常清楚地感受到，除非是對於當

時代的哲學完全陌生的人。雖然羅爾斯並未交代他的觀點是否受到韋伯的啓發，但是羅爾斯（Rawls, 2003; 13; 218; 206）認爲不論是休謨還是康德都深受新教倫理的影響，前者是喀爾文教派，後者是虔信派宗。事實上韋伯早已注意到羅爾斯的發現，而這樣的發現正是韋伯對於研究者的主體性的承認所得到的結果。

但是韋伯面對自己作爲一位研究者的主體性，並非如此地坦然自在，反而是深陷於「價值中立」與「對於研究者的主體性的承認」之間，一方面他時時刻刻警醒讀者要不要過分膨脹自己的主體性，讓歷史變成自己的歷史。但是另一方面他又十分珍惜研究者主體性的熱情。韋伯所遭遇的問題，以及所要處理的問題正是年鑑史學的長時段與迦達默爾的視野融合之間的爭執，也就是歷史作爲一種自然科學？還是作爲一種精神科學？韋伯雖然在研究態度上徘徊於實證主義史學與詮釋學史學之間，但是他顯然是選取了詮釋學史學的立場，接受李凱爾特（Rickert）對於自然科學與精神科學的劃分。不過對於研究者的主體性，韋伯卻未曾公開承認過，不如後來的海德格與迦達默爾如此激進。當時德國詮釋學的傳統還是浸淫在狄爾泰的詮釋學世界裡，注重對於文本的眞實理解，這種方法用在史學的研究則成爲對於歷史的「眞實」理解。但是，狄爾泰的詮釋學受到海德格（Heidegger, 2002:67）存在主義詮釋學的攻擊，迦達默爾火力全開，認爲狄爾泰縱使注意到「生命整體」研究的重要性，但是由於不願意承認研究者或是解釋者本身的主體性，那種對於自我認識的欲求的承認，結果對於所解釋生命整體卻是與解釋者沒有任何的關聯，而陷入歷史主義之中。

若要說韋伯的理念型歷史社會學深受狄爾泰的影響，那是不恰當的，韋伯事實上宣稱作爲西方文明之子便是以自我認識爲起點，以對於西方文明進行解釋，以達到自我認識與對於西方文明

的整體理解。韋伯的理念型歷史社會學在實質的意涵上，如同海德格與迦達默爾一般是深受尼采的影響，重視解釋者本身主體的意義，只是韋伯深受當時歷史主義的殘餘影響力，未能振筆疾書。韋伯那種作爲西方文明子的研究者的主體性，那種對於自我認識的欲求，讓他航向基督教的歷史，從古猶太教、天主教與新教的宗教倫理──作爲一種生活態度的生活倫理，進行一種整體的解釋而達到一種整體的理解，一種文明的理解。最後韋伯以自我認識的欲求與這種整體的理解連成一體，如此宣稱西方文明之子的意義，便不再只是一種情緒的宣稱，而是一種哲學詮釋學的歷史性的宣稱了。

## 就承認活在歷史與社會當下吧！

如布洛赫所言的西方社會，特別是歐洲社會自封建社會以後便有其長期穩定發展的性格，一種爭特權的法律文明的文明習慣，在長期穩定的歷史中發展。這種發展是由國王與貴族、布爾喬亞之間擴散到工人階級、女人及兒童，已經不只是上層階級的社會習慣，更是擴散化爲全體社會的習慣。此種文明習慣並非是一朝一夕便能底定，也非幾次的革命事件便能取消，正有其頑強的慣時性存在，特別是已融入日常生活之中。除非是日常生活的全面性變革，否則文明習慣是很難改變的。

年鑑史學的歷史本體論──長時段，正是作爲新史學的基本立場。布勞岱固然提倡長時段史學的觀念，但是爲避免落入歷史主義或結構主義的困境，在他的經濟社會史的幾本主要著作中，他並不明顯強調一種「社會性的長時段」，其長時段最主要的意義是指地理與經濟活動所結合而成的經濟地理空間。不過在 *A History of Civilizations* 一書中，也就是其晚期的作品則大膽呼出歐洲社會的長時段社會性格，至此布勞岱對於社會家的批評則更加

清楚，在他看來現代的社會學家如果不去掌握社會本身的時間，乃至超大型社會的時間像是「文明的時間」，充其量也只是以井觀天。關於自然的時間、社會的時間與人的時間，社會學家艾利亞斯比布勞岱有更爲社會學的剖析，不過如今大部分的社會學家已經完全沒有社會的時間觀念了。

　　儘管如此，十八世紀的歷史主義或許有空洞不實之罪名，但是並無礙於其對於長時段歷史社會學的發展。畢竟，社會乃至文明都有屬於自己的發展時間，那麼用人的時間去感受它，便有很大的問題。可惜古典的心靈，在實證主義過分發展的情況下，多半被當成神話，一種巨型理論的神話。中程理論的研究固然有其學術分工的重要性，但是學術的分工之後，只是恣意用人的時間去切割社會，那麼這種社會學的研究成果，也只是用人自己的角度去看社會，而非用社會的角度去看社會本身。

　　社會本體論的唯名與唯實之間的爭論，到歷史本體論都是同樣的問題。啓蒙以來，西洋的學術傳統不斷試圖與傳統哲學與神學的思想方式決裂，從理性主義與經驗主義的爭辯→康德將理性與經驗各安其位的整合→浪漫主義的消極迴避→到黑格爾以更爲歷史與辯證的積極整合→到古典社會學，對於「社會的存在」的追尋都是最高指導原則，這種知識論的態度也深深影響他們對於社會與歷史的看法。

　　年鑑史學家的內部固然對於歷史方法論有對立的聲音，但是這主要是涉及如何表現歷史方法的爭議，對於歷史的眞實存在性，卻是鮮少懷疑的。年鑑史學正因爲其對於歷史史料解的豐富性，而小心翼翼地對待歷史，也正因爲如此而進一步感受到社會乃至文明的時間與存在性。對於歷史複雜性的掌握不夠，使得現代的社會學家不是僅能假設社會的本體性，要不就是徹底懷疑社會的存在。我想布洛赫、費弗爾與布勞岱師徒批評社會學家沒有

歷史的觀念，並不是說社會學家沒有考據與回溯以往人類經驗的觀念，而是批評社會學家並沒有搞懂社會本身的時間與存在性。年鑑史學經由對於歷史複雜性的充分掌握，已經感受到社會與文明的時間與存在，而且已經重構他們的文明與歷史。

本書固然無法像年鑑史學那樣根據實證主義史學的精神，以及對實證主義史學的批判，提出長時段的歷史視野，來建構西方法律文明的特質。作為非西方文明的我們，實在沒有那樣的機會，最主要的原因就是語言與空間隔閡的問題。但是年鑑史學對於長時段的重視，倒是提醒了我們，西方可以用長時段來對待，而且她是個文明事實，絕非虛構。

對於這個長時段的文明事實的理解，迦達默爾的視野融合的哲學詮釋學史觀，提供一個理解的途徑，我們幾乎是束手無策之時，這樣的史觀恍如黑暗裡的一盞明燈。透過對於西方社會理論與思想經典的流傳物的解釋，可以產生一種整體性理解，在這個認識態度上，正大光明地作為我們想像西方法律文明的視野。從年鑑史學的角度來看，我們的古典社會學理論幾乎是不及格的，即使他們有長時段的史觀，但是對於歷史經驗掌握的細膩的確不如年鑑史學大師們。在此「窘境」之下，不免令人氣結，頗有壯志難伸之苦。我們幾乎忘了在哲學詮釋學的傳統之下，已悄悄地為我們拉開視野，只是我們竟然都忽視了，任憑實證主義宰割，連一點喘息的機會都沒有。胡賽爾、海德格與迦達默爾這一脈相承的精神科學的歷史學，讓歷史研究不必完全向實證主義靠攏，不必完全屈服於實證考據而坐以待斃。

以作者的自我認識為起點，藉由一種專注的語言遊戲——對於經典文本的閱讀，那種對於經典的認真解釋，迦達默爾清楚地告訴我，歷史的真理就在這裡，我那種往往被視為放肆的想像，找到活下去的出路，有一種重生的感覺。歷史不僅僅只有實證主

義史學一種，還有承認主觀意義詮釋的史學，當然這是一種認眞的浪漫主義，而非無的放矢的傲慢與無知。對於經典的認眞解釋，是可以掌握長時段的西方法律文明事實。

　　韋伯雖然在學術上的活躍期先於海德格與迦達默爾，在方法論上有關價值關聯的問題，也未能像他的後輩海德格與迦達默爾等人，全盤拖出並承認研究者的主體性是可以完成歷史性的認識，但是爲韋伯的歷史社會學已經呼之欲出，只是未能完全承認。可能是韋伯的謹愼，也可能是他的膽怯，但是這種在研究者的主體與歷史的客體之間的緊張性，讓韋伯發展出理念型的歷史社會學。藉由歷史概念的建構，作爲理解與分析歷史事實的工具，一來保有了研究者的主體性，另一方面也拉近了與歷史客體性間的距離。雖然這樣的理念型是保守的，但卻是誠實地面對人對於歷史事實認識的有限性，很弔詭地，這樣的路子反而開闊了，不必再像實證主義的信徒那般自欺欺人，墜入一種非常不自在的淵藪──害怕承認自己（研究者的主體性）。

# 第Ⅱ篇

西方法律文明的特質

# 第三章　色身自律的生活態度 [1]

　　……因爲，清教徒文獻中所經常指出的，上帝從未命令人要
「愛鄰甚愛於己」，他只是要求愛鄰若愛己。所以自我尊重也是一
種責任。引自《新教倫理與資本主義精神》（Weber, 1962:266）

　　無疑地，自律（self control）是西方法律文明最重要的特質，
自律不立，西方現代社會的一切法律將無所立足。在第一章〈什
麼是西方的法律？〉所提及的實證主義法學（哈特）、新自然法法
學（富勒）、詮釋學法學（德沃金）、實用主義法學（波斯納）、法
律論證理論（阿列格西）與哈伯瑪斯的交往倫理學等法哲學，如
果不建立在自律之上，都將是空中樓閣。但是這些法哲學思想並
未認眞討論自律（如何形成？），僅是將自律視爲理所當然地存
在，即使是哈伯瑪斯的交往倫理學對於眞誠性的重視，也未曾認
眞分析自律，即使自律是眞誠性的首要要件。

　　但是自律卻是康德的道德哲學最爲重要的立論基礎，哈伯瑪
斯的法哲學思想極爲推崇康德的哲學，但是也僅僅將康德的道德
哲學視爲一種最高的指導原則，承認自由與平等作爲一種道德。
關於自律，哈伯瑪斯並未接著仔細分析，反而轉向對於盧曼的系
統理論的批判，同時也是對於韋伯的法律形式合理化的批判，以
建立他關於法律實質合理化的論述——以對於道德的承認來彌補
法律形式合理化所帶來的缺憾——法律系統與生活世界之間的異

---

1 本章原於 1995 年以〈從階級態度到個人品味的轉換：Elias 與 Bourdieu 論
　西方日常生活特質之比較〉的篇名發表於：《思與言》，第 33 卷，第 4
　期。

化。不過哈伯瑪斯僅僅將道德視爲在遙遠處，猶如一盞明燈指引著系統化的（形式合理化的）法律，讓它比較實質合理化一些。哈伯瑪斯嫁接富勒（Fuller）的程序自然法學的渴望性道德，用以取代康德的責任性道德。

事實上，他所要論述的理論，盧曼早就提出了，也就是說盧曼早就承認「程序」法可以彌補法律過於系統化所造成生活世界異化的問題，而韋伯也同意程序正義作爲現代法律的重要特質。哈伯瑪斯刻意將系統化與形式合理化對等起來，而將盧曼與韋伯各打兩巴掌，把他們貶成實證主義法學的同路人，認爲他們與實證主義法學一般，極端貶抑道德在法律的作爲。但是道德作爲法律的基礎，韋伯並未忽視，反而比哈伯瑪斯更積極地解釋與分析。哈伯瑪斯僅僅就韋伯在《經濟與社會》的〈法律社會學〉這一章的理解，對於韋伯的宗教社會學完全忽視。結果，哈伯瑪斯並未眞正理解韋伯的法律社會學的貢獻，只是亟欲將韋伯劃爲盧曼的同路人，讓人誤解韋伯的合理化與系統化是同義的。的確，韋伯的主要著作中即使是宗教社會學的研究，也會讓人誤認合理化的意義就是系統化。但是如果把色身（個體）的自律的生活態度（Lebensführung, conduct of life）的研究擺進來理解，韋伯的合理化就不僅僅是系統化的意義而已。

韋伯從新教倫理的研究開始，就擺明他要研究是一種宗教的生活態度或是生活倫理，後來他也稱之爲經濟倫理，有時候更稱之爲整個西方文明的倫理，這是一種極爲重視自律的生活態度。可以這麼說，社會的系統化是西方文明（包括宗教、法律、政治、經濟，乃至音樂等等都系統化了）所獨有的，但是社會整體的系統化，是建立在色身自律的生活態度基礎之上。也就是生活世界必須形成自律的生活態度，否則社會的系統化將造成「鐵的牢籠」，每個人都被「由形式合理化的貪婪所轉成的工具理性」所

宰制了。色身的自律生活態度的形成讓西方法律或是整個現代社會的合理化，變得形式且實質合理化，而非單純的形式合理化而已。

　　哈伯瑪斯若要解決西方近代法理學（包括法律哲學與法律社會學）的爭議，應該從康德的貢獻入手——對於自律的道德哲學的研究，而非從法律的系統化或形式合理化入手。哈伯瑪斯並未把韋伯的研究搞清楚，特別是韋伯對於自律的研究的貢獻。韋伯一方面承繼德國康德自律道德哲學的傳統，一方面繼承功利主義的傳統，同時對於兩者進行社會學的批判，對於兩者的先驗假設：人是自律的，不論是康德繼受理性主義的傳統，認為自律是基於先驗的實踐理性，或是基於經驗主義傳統的功利主義，認為趨吉避凶的自然經驗法則，將使人學會自律而去維護公共的利益。哈伯瑪斯背離康德的哲學傳統，以及未能珍惜韋伯對於自律道德哲學的社會學研究，因此他建構的「法治國」，將陷入一個困境：終究人將如何「真誠地」與他人進行基於「言說倫理」的交往？人如何真誠？我們總不能預設每個人都該真誠，一旦連人的真誠性都作為預設的基礎，那一切的論證也都太容易了，最困難的，就是人如何真誠？哈伯瑪斯連第一步都講不清楚了，一切的論證都是無效。最後，哈伯瑪斯也只能期待再回康德的道德哲學，尋找心中那個清明自在的我，但是如何尋得呢？哈伯瑪斯利用了韋伯，卻未能發揮韋伯，反而是將韋伯說死了，也將自己推向死胡同。

　　康德所提出的自律是一種真正的自律，任何假手其他道德約制的自律都不是真正的自律，例如完全遵守宗教教義的自律，不一定就是真正的自律。康德認為「人就是實踐理性」，每個人的內心都有這樣的實踐理性，只要你承認它的存在並宣稱願意去實踐，它就越發的明亮，指引著我們在道德實踐上的方向。但是，

什麼是實踐理性？康德並未具體指涉。這樣的看法黑格爾經由浪漫主義哲學的反動，對於康德道德哲學的反動，他並不喜歡談實踐理性（顏厥安，2002）。黑格爾認為實踐理性是存在的，但不是先驗的，也絕非靠「個體的」實踐便能夠完成。黑格爾（Gadamer, 1995:21-31）認為必須先形成自律甚嚴的教養（Bildung），先形成一群具有自律甚嚴的教養階級，[2] 再由這群教養階級經由歷史的實踐，逐漸擴散到全體人類社會，如此一來康德所認為的實踐理性，才是真正屬於人類的實踐理性，此時人類的自律是一種「自在且自為」的自律。從康德到黑格爾關於自律的道德哲學，深深影響著德國的法理學，不過這回並不在法律哲學而是在法律社會學，韋伯的法律社會學便是最主要的代表，卻是被長期忽略的，過去韋伯一直被標上視關於法律形式合理化的研究先鋒，但是這是誤解。

---

2 關於黑格爾的教養（Bildung）觀念，我是得自於對迦達默爾的《真理與方法》一書關於此概念的討論而得到的啟發。迦達默爾引用了黑格爾在《哲學綱要》與《精神現象學》關於教養的相關討論，我則隨著翻閱原典的相關段落來閱讀。就迦達默爾的詮釋而言，黑格爾的教養係指人超越動物性，使人的自身成為具有「普遍精神」的存在。以勞動為例，係指人放棄為滿足本能性的慾望而勞動的想法，將勞動視為一種對於某種普遍性精神的追求。事實上，黑格爾所強調的「勞動的普遍性精神」，就是中世紀的行會組織的專業倫理，一種具有普遍性精神雛形的專業倫理。在《法哲學》一書，黑格爾很明確地指出，這種普遍性精神的雛形——中世紀行會組織的專業倫理，將隨著布爾喬亞階級進入國家體系而普遍，成為普遍精神。對於教養的問題，黑格爾作為文科中學校長時對於這個概念所做的哲學詮釋，試圖尋求其普遍的意義，但是若從現代社會學的觀點看來，事實上黑格爾所講的教養的確就是「階級的」教養，而非教養的普遍性意義，只是黑格爾用當時流行的哲學用語，尋求普遍性的意義。黑格爾忘了他是校長，他是對於其所屬階級建構教養的哲學基礎，這樣的解釋也只是為符合他所屬的階級的需求，並非普遍性的教養哲學，例如對於當時正要興起的

韋伯的「經濟行動」作為現代法律社會的核心基礎，正是長期被忽略的觀點。過去經濟行動被限制在韋伯關於經濟社會學的分析，事實上如第一章〈什麼是西方的法律？〉有關韋伯的經濟行動概念的分析：經濟行動是指涉一種極為自律的社會行動，但是，經濟行動的自律特質，很少用來理解韋伯的法律社會學——西方法律文明的特質。韋伯所認為的現代法律的形式合理化，不僅僅是建立在法律條文的法典化而已。具有「自律」性的經濟行動，更是整個現代法律合理化的基石，也就是說沒有經濟行動，現代法律將僅僅是中世紀宗教化的「形式非合理」而非「形式合理化」，經濟行動的自律性讓形式的法律具有合理化的特質。但是很弔詭的，卻也是宗教倫理的實質合理化（新教倫理），才推擠出經濟行動。

現代法律的特質就是法律個人主義——重視自律，這是法學界普遍的看法，但是卻很少人去問「為什麼？」。自律的問題長期以來就是道德哲學裡的重要問題，一個令任何文明的任何道德哲學家思殫慮竭的問題，除了上帝以外，沒有一位道德哲學家「敢」也能夠「被」承認完全可以回答自律的實踐方向。自律的問題自

---

工人，黑格爾應如何解釋？這是馬克思的反擊，也顯示黑格爾的資產階級的屬性，黑格爾的教養哲學滿足了當時普魯士王國上流社會的需求。但是就戈德曼（Goldman, 2001）而言，當時的德國的神權控制，也就是神的意旨作為人的自律的依靠逐漸喪失時，自康德的自律哲學開始，便試圖尋求在知識（哲學）上的實踐路徑，根據知識來建構自律的原則。然而康德與黑格爾在尋求哲學的普遍性意義時，都忽略研究者受其生活世界的限制，也就是說康德與黑格爾的道德哲學深受其宗教信仰與階級屬性的影響。然而以黑格爾為例，他所提出的教養哲學雖然受其生活世界的影響，但是他亦是在建構所屬的生活世界，也就是說黑格爾的教養哲學的出現，也反映出當時德國的上層階級試圖建立一種屬於其階級的教養，屬於其階級的普遍精神——階級的公共性（publicity）。

希臘哲學以來一直困擾著他們的哲學家,十七世紀啓蒙運動將人的理性推到最高境界,人只要仔細思維就可以控制一切,即使是自律的問題,也可以藉由理性的分析來獲得。但是「什麼是理性?」卻未被認眞理解過,大部分是假設這是神性,是神在造人的過程,傳給人的一種力量。關於人本身的動物性便是要藉由這種「神性」來約制,這是自律最素樸的看法。這種含糊不清的看法受到休謨嚴厲的挑戰與批判。休謨認爲理性是根據經驗世界的感知所形成的,理性不是作爲感知的先決條件,也就是說,人的理性是以人的經驗爲基礎,與神沒有任何關聯。人性或道德不是根據那種「神性的」理性的判斷而成,而是完全建立在經驗感知的基礎之上。關於神的理解休謨認爲那是信仰的問題而非經驗認知的問題,他並不否認神的存在,只是認識的途徑不同,過去是混淆在一起的。

休謨的區分,的確驚醒康德,讓康德限制了人的理性的無限性能力,人的理性如果不建立在內省的自我批判,形成一種自律的批判,那麼理性也可能造就無窮的迷信。但是在休謨經驗主義純粹影響下的功利主義,連人的實踐理性都不相信,人完完全全是以經驗的效用行事的動物,沒有契約的理性思維,即使是有類似社會契約的行爲,也只是基於最大效用的考量而犧牲小我的利益所達成的,這也是一種自律。對於兩者的爭論韋伯注意到一個「社會事實」,那就是:康德是虔信派的宗教倫理,而休謨則是徹徹底底的喀爾文教派的宗教倫理,兩者都是新教倫理,都分重視自律,只是從不同的新教派別有不同的哲學論述,但是對於人的社會事實的要求卻是一致的。

韋伯在《新教倫理與資本主義精神》闡述了西方現代資本主義的初始「生活態度」:入世禁慾主義的自律(self control),作

爲西方現代社會的主要生活倫理。[3] 這種生活倫理是一種極爲
「自私」與「理性」的社會行動，同時充滿了內在的緊張性，一方
面對於「可不可上天堂的不可知」的茫然，一方面又要珍惜上帝
的恩寵，這種緊張性讓新教徒形成一種入世的禁慾主義，形成一
種個人主義的自律生活態度，這種極爲緊張的自律生活態度，喀
爾文教派更爲明顯。雖然，這樣的生活態度最後可能成爲「鐵的
牢籠」，僅僅剩下自私與理性，沒有那種禁慾主義的緊張性，韋伯
對此流露出悲觀的態度，但是他並未自陷於這個「鐵的牢籠」。[4]
在《經濟與社會》第二章〈經濟行動的社會學範疇〉，他說明了
「經濟行動」的意義，強調了理性的經濟行動的「自治性」（auto-
cephalous）（Weber, 1978:49; 61），這個概念相對於「他律性」
（heterocephalous）（Weber, 1978:49）。韋伯認爲現代資本主義社會

---

3 關於 Lebensführung（conduct of life）的譯法在國內有幾種譯法：簡惠美譯
　成生活態度或生活樣式，也有人主張譯成生活引導。不過對於這個概念有
　較爲深入研究的社會學者劉維公（2000）則譯成生活組合，他認爲這個概
　念含有實踐的意義，一種如何安排日常生活的意義。生活組合的「組合」
　的意義在劉維公用法是動詞，而不是名詞。但是這樣的譯法卻往往會以名
　詞的用法來理解，無法體會實踐的意義，除非特別說明。韋伯對於這個概
　念的用法，所指的就是一種生活倫理，像爲韋伯所論述的新教倫理就是一
　種生活倫理，而非宗教教義，是一種安排生活方式。Lebensführung 譯成
　生活倫理是最恰當的，但是在中文的使用上很容易被誤認爲一種道德。生
　活態度的譯法我認爲比較符合中文的意義。生活組合的譯法雖然很完美，
　但是不實用。
4 關於自律與競爭這個概念是分別屬於艾利亞斯與布狄厄的兩組概念；自律
　與自我競爭。對於相似的概念，哲學詮釋學如迦達默爾比較偏好「自我認
　識」、「自我理解」這樣的詞彙，深受哲學詮釋學影響的哈伯瑪斯則選擇
　了「自我決定」、「自我實現」。這些概念雖然在細部上各有所指，但是普
　遍指涉如哈伯瑪斯（Habermas, 2003:119）所言，西方社會在十八世紀以
　後的轉變，一種重視個人生活反思、約制與實現的規範，這是完全不同於

最大的特質，就是個人與組織可以根據自己的規章，和平地控制與移轉社會資源，無須靠「他律性」如暴力脅迫或是親屬的連帶。在這層意義上，韋伯是繼「鐵的牢籠」的憂慮之後，對於現代資本主義社會的新倫理基礎——當新教倫理的入世禁慾主義漸漸遠離之後，所提出的積極看法。

在「自治的」經濟行動基礎之上，法律發展變得異常重要，法律系統的自主性也越來越強勢。法律系統的自主性使得經濟行動更加的「自治」，這是一種極為強調基於「法律作為實踐理性」的「自律」，這是現代西方法律個人主義的社會基礎，例如民法上的行為能力與權利能力，或是刑法上的刑事責任都是一種經濟行動。但是對於這種可以將自私與理性結合起來，卻又不至於成為「鐵的牢籠」的「自治」經濟行動，究竟如何普遍，成為全西方社會的主要生活態度，韋伯並沒有做充分的解釋。這個工作留給了艾利亞斯與布狄厄，從「階級的禮儀與態度」到「個體的品味」，一種極為重視色身自律的生活態度，在西方社會流傳。[5] 自律是西方社會得以推行形式合理化的法律的基礎。韋伯雖然對於新教

---

十八世紀以前，那種重視集體的生活規範。「隨著道德問題與倫理問題的逐漸分化，以商談形式過濾出來的規範內容也越來越表現為自我決定與自我實現這兩個向度。」（Habermas, 2003:122-123），哈伯瑪斯（Habermas, 2003:117）甚至認為自我之間的權利（承認個人的差異性的利益或功利）的競爭，才是理解或建構具有道德（將追求平等視為至高無上的美德）基礎的法律的正確路徑。在此，簡言之，自律與競爭從哈伯瑪斯的言說倫理學看來，與西方法律文明的形成有莫大的關係。此外，「生活世界的自律與競爭」與西方前現代時期的「道德的自律」有很大的差異。後者是從屬於集體規範遵守的自律，而前者則是屬於個人主義的自律與競爭。

5 戈德曼（Goldman, 2001:160）認為艾利亞斯與韋伯關於「自律」的研究，有其共同的社會根源，十八世紀末德國新教倫理作為資產階級的自律規範，已漸漸失去其影響力。康德的自律道德哲學的形成，便是試圖彌補這

倫理的色身自律的生活態度，如何普遍化為整個西方社會的生活態度，並未做深入的敘述，但是對於色身自律生活態度的研究，例如合理化的生活態度與對於色身（個體）「利益」的承認，對於艾利亞斯與布狄厄都有深遠的影響。從康德與邊沁對於自律的重視，所產生的哲學論述，經由韋伯藉由對於基督教倫理的社會學考察，形成色身自律的社會學研究，再到本章的論述，可以感覺西方近代對於色身自律的重視。關於康德、邊沁與韋伯對於色身自律的理解，可以參考本書的第一章的相關論述，在此不再贅述，只是提醒必須一併理解，才能欣賞到本章的貢獻。

西方生活世界的芸芸眾生是如何產生「自律」的能力，而且這種自律的能力又不至於畫地自限，成為社會發展的阻礙，也就是在這種一方面強調自律的生活世界，一方面卻又讓這個生活世界變得生生不息的原因所在為何？中國的儒家思想也是強調自律如「克己約禮」，強調經由對於禮制的遵守來訓練自我的控制，誠意正心修身也正是這個道理，但是中國的自律卻在現代化的過程，成為社會發展的阻礙。西方社會如艾利亞斯的文明化歷程的研究，西方禮儀態度的社會全面化過程，卻是一股可以進行社會建構的自律力量，也就是西方的自律可以對社會的整體性發展產生助力。但是，艾利亞斯的理論僅僅涉及自律的形成，社會整體力量的提升，如何從階級如何經由彼此的競爭，發展為一種具有自律能力的色身（個體）競爭，卻是要引入布狄厄的理論來補充解釋，他有關品味的研究——自我競爭（色身在品味的相互區辨）的形成，這也是本章立論所在。

對於這樣的生活世界，到底與西方法律文明的社會基礎有什

---

種規範的失落，固然新教倫理已失去其影響力，但是由新教倫理所推出的「自律」的生活態度，並未消失，只是由宗教轉為哲學，到了韋伯與艾利亞斯更是要尋求其社會學的基礎。

麼關聯？有必要在正式進入分析西方法律文明的社會基礎前，如
此長篇大論？我想原因很簡單，法律文明的任何社會基礎如果不
建立在最根本的自律上，一切都是枉然。西方現代法律文明的最
主要的特質就是法律個人主義，這種精神是遠離神權與王權的統
治與干預，完全是建立在個人對於法律的「相信」，有時候感覺到
就像是一種宗教的信仰，但是卻又不是如此狂熱。

　　繼受西方的法律文明，只要是台灣人變得比較理性（rational）
就可以達成嗎？很可惜我們的社會竟是如此認為，或許理性的作
為是法律條文在邏輯完整上的因素，但是理性的作為不完全是法
律文明的生活基礎。[6]

## 為何是艾利亞斯與布狄厄？

　　在十九世紀與二十世紀初的社會學，主要還是延續古典政治
經濟學與古典政治學的議題，從政治與經濟乃至宗教的範疇，來
討論私人與公共之間的問題，對於日常生活還是以瑣事來對待。
雖然古典社會學家齊末爾（Simmel）開始重視瑣碎的日常生活，
也希望從中理解西方的社會，但是所問的問題大致上還是屬於政
治經濟學的問題。

　　但是作為古典社會學與現代社會學的接駁者艾利亞斯由「生
活」重新理解西方社會，在晚年大獲重視，有很大的迴響。但是
他的研究剛出版的時候，在德國境內卻是一點也未受重視，對於

---

6西方法律條文的法典化與邏輯化是建立在合理化理性言說的傳統之上，希
　望藉由邏輯化的條文降低在法律原引上的爭議，但是這也無法完全消除彼
　此間在法律認知上的爭議，還是必須透過法律上的爭辯，來降低爭議。亞
　里斯多得的修辭論述有一部分就是在處理這樣的問題。很可惜中國社會對
　於法律的認知，竟是過分相信法律條文只要夠理性，就可以解決一切的爭
　議，這是很天真的想法。

這樣生活取向的研究，似乎難登大雅之堂，即使是他的老師們法蘭克福學派對於生活世界的研究，還是「文必載道」：必須直視古典社會學的延續。雖然艾利亞斯在文明化的歷程研究中也不時回應韋伯合理化的問題，也重視馬克思階級鬥爭的問題，但是在政治經濟學上的合理化與階級鬥爭，已經不是艾利亞斯論述的主要論點。艾利亞斯的關懷或許也延續著古典的關懷：個人主義如何創造出具有公共性的社會秩序，但是論述的風格已經完全沒有古典的味道，充滿了是現代社會學的特質，將社會學更貼近生活世界本身。艾利亞斯認為西方個人主義的基礎：自律是建立在生活世界，這種基礎遠較政治經濟制度的基礎更為重要。

二十世紀後期興起的法國社會學家布狄厄，雖然與艾利亞斯的研究沒有直接的關聯，但是若是將兩者擺入西方的歷史時空中，不難發現兩者的論述是有相應性，前後呼應著。艾利亞斯以日常生活的食、衣、住、行、育、樂，乃至房事的「態度」（manners）為研究對象，探討自律是如何從階級的生活禮儀的競爭發展出來，而布狄厄則從生活鑑賞的「品味」（taste）著手，談出西方文化色身（個體）相互區辨的特質。兩者正刻畫著一段相互延續的歷史，從階級競爭的自律，到色身（個體）相互區辨的自律，前者說明了階級社會形成，雖然也論及歐洲整體社會特質的出現，但是這種整體社會特質的形成，卻是布狄厄解釋得更為詳細。相較於古典社會學，艾利亞斯與布狄厄對於西方社會自身的理解有很大的突破。古典社會學家對於西方社會的理解，不論是馬克思、韋伯，還是涂爾幹，雖然都承認「生活」研究的重要性，也使社會學走出哲學的象牙塔——從經驗事實來理解社會。但是真正將生活世界引起社會學的重視，卻是艾利亞斯與布狄厄。

艾利亞斯對於宮廷社會生活的研究應該深受宋巴特

（Sombart, 2000）對於宮廷社會生活的研究影響。當時的宋巴特試
圖從宮廷社會的生活，特別是奢侈的生活態度解釋資本主義的興
起。[7] 當然也可以很清楚地理解到艾利亞斯的企圖心，他想對於
馬克思的歷史社會學做更深入的解釋，在封建社會與資本主義社
會之間，艾利亞斯認爲還有宮廷社會的存在，若是與布洛赫的封
建社會的研究相連，布洛赫與艾利亞斯兩者的社會史研究恰好構
成一個九世紀到十九世紀的社會史圖像。然而艾利亞斯的學術作
爲並沒有馬上得到當時保守的德國社會學界的認同，艾利亞斯的
宮廷社會與文明化歷程的研究，像這樣的題材，是在德國的學術
傳統之外，反而更近於法國，特別是法國年鑑史學的手法，也難
怪年鑑史學大量接受他的理論觀點。[8]

　　布狄厄由日常生活重新理解社會，深受民族誌學（法系國家
稱爲民族誌學，英系國家稱社會人類學）的影響。涂爾幹認爲有
獨立於人而存在的社會事實，深深影響著人的社會生活，在某種
程度上，人是受制於社會事實。此種過於唯實論的觀點——失去
人的主體性，涂爾幹的學生牟斯（Mauss）（李幼蒸，1994:213-
214）對此有所修正，認爲人與社會之間，還有一個中間地帶，這
是一種相互作用的網絡，藉此以解決社會事實與色身（個體）之
間的問題。換言之，牟斯認爲社會事實是存在於人與人的相互作
用之中。李維史陀對此觀點深表推崇，並結合英國人類學研究生
活經驗中的功能的特色，主張人類學家必須從日常生活經驗之
中，去尋找在一切可能組合之背後的共同關係，這是涂爾幹傳統

---

7 對於宋巴特的說法布勞岱並不贊同，他認爲宮廷的奢侈生活猶如空轉的馬
　達，沒有用，唯有物質文明與形形色色的交換場所如股市交易所，產生結
　合，奢侈才不是空轉的馬達。
8 像是《私生活史》第三冊與第四冊的基本論點有一大部分便是屬於艾利亞
　斯的理論貢獻。

對於社會事實的觀點。

　　此種觀點與存在主義先後各曾在法國學界引領風騷數年，主
體與客體之間是當代法國學界最大的爭議，並深深影響著布狄
厄。其實，主體與客體之間的問題也是古典社會學的主要爭議之
一，布狄厄反省古典社會理論如韋伯之「利益」的觀點、馬克思
「鬥爭」的論點，與法國學界當代的爭議，並將它們整合起來，認
為主體與客體之間的區分是錯誤的，社會本身並沒有主客體之
分。社會是由許許多多的場域（fields）所構成，每一種場域均有
其自主性。場域的自主性是由社會人（agent）依據個人的利益，
以及在實際生活中發展出的社會習慣（social habitus）所鬥爭而
成。布狄厄保留韋伯與馬克思最抽象的理論，認為社會人是因利
而爭；也保留人類學家對於「生活」的重視。

　　布狄厄離開傳統的「制度」研究，不從宗教、經濟、政治及
法律等制度著手，改由「生活」切入社會是有其社會學發展的重
要性，但這並非取代或否定古典社會學。如阿希爾斯（Ariès，
1989:1-11）所言，十六世紀以後，「生活」變得異常複雜成為歷
史研究不可忽略的事實，比「制度」隱藏更多的社會真實面貌。
宗教、經濟、政治及法律等「制度」離普通老百姓很遠。主要是
屬於貴族、布爾喬亞與教士的社會規範。在整個普羅大眾尚未取
得正當性的權力之前，這些制度與階級間的利害關係，尚具有高
程度的整體社會代表性，不過還是不能代表整體社會，這是古典
社會學的困境所在。十六世紀以後，普羅大眾慢慢取得權力的正
當性，也積極參與社會整體的再生產過程，自難排於整體社會之
外。然而，普羅大眾離傳統既得利益階級所創的「制度」還是很
遠。從「制度」來理解整體社會便有極大的不完全性，再者「制
度」也並不等於既得利益階級的全部社會活動的縮影，艾利亞斯
正是由此來重新理解西方社會。因此，從「制度」來理解整體社

會是不足的。

艾利亞斯對態度史研究的背景有其獨特的社會學傳承，因而無法與布狄厄直接比較。艾利亞斯在相當程度上，是在反省韋伯論西方「制度」合理化的問題（雖然艾利亞斯並沒有直接與韋伯對話）。韋伯認為西方社會的合理化，是從「制度」面的一連串改變而成，形成一種合理化的「法律文明」，有別於其他文明的主要社會規範。艾利亞斯認為現代西方社會並非走合理化的制度所形塑而成，反而是由最為一般學者所「鄙視」的生活態度所構成。在某種程度上，也反省馬克思的階級鬥爭論。西方階級與階級的鬥爭並非僅限於生產工具的爭奪，日常生活的競爭與區辨意外形成現代社會的基礎——自律社會行為。將經濟「制度」存而不論，改由「生活」出發，竟然解釋近代西方社會文明的基礎，有別於馬克思，階級鬥爭也產生了「正面」的效果！

艾利亞斯與布狄厄各自延續該國社會學的傳統與爭議，研究方法也有很大的差異，甚至所問的問題也不一樣，而且「態度」與「品味」之間，也是貌似而神離。然而，從整體性角度看來，兩者卻有其互通之處。艾利亞斯以長期的歷史研究法，以及以階級競爭與區辨為理論核心，解釋十三世紀至十九世紀之間，西方日常生活文明化（civilizing）如何由宮廷社會擴散到布爾喬亞社會，進而擴大到全體西方社會（包括工人階級）。第一層由宮廷擴散到布爾喬亞家庭，艾利亞斯費力頗多，從外部條件——絕對王權的興起以及內部條件——國王、貴族與布爾喬亞之間的相互競爭，說明宮廷文明向布爾喬亞文明的擴散過程。但是在第二層由布爾喬亞向工人階級，乃至全體社會的擴大，卻著墨甚少，只認為是再一次階級競爭與模仿的結果。有關此點，布狄厄的研究正可以解釋之，不過並非可以完全相連。

雖然布狄厄（Bourdieu & Passerson, 1979:76）同意艾利亞斯

之文化民主化的論述，但是對於文化救贖是悲觀的，西方文明並沒有真正的平等化，文化的不平等性即使透過國民教育還是固著難變。在布狄厄前期有關文化生活的論述如：《藝術之愛》（*The Love of Art*）、《承繼者：法國學生與文化的關係》（*The Inheritors-Franch Students and Their Relation to Culcure*）以及《文化生產的場域》（*The Field of Culture Production*）等作品中，布狄厄是十分強調文化的階級不平等性與強制性，認為工農階級深受布爾喬亞文化的強制。但是在《區辨──品味鑑賞的社會批判》（*Dstinction ── A Social Critique of the Judgement of Taste*）中，有很大的轉變，布狄厄不再強調階級文化的不平等性，也懷疑階級解釋現代社會的適宜性，而以「文化在我」與「文化為我」（culture in itself; culture of itself）（Bourdieu, 1984:4），取代階級的概念。「文化在我」與「文化為我」的社會基礎是色身（個體）而非階級，文化的區辨是具有色身的主體創造性，然而色身的主體創造性並非是完全的主體性，經由社會場域的影響，在同屬場域的色身是具有相同的品味鑑賞。現代社會的美學基礎，就布狄厄而言，是建立在深受社會場域影響的個人主義。換言之，布狄厄對於西方生活世界雖然已經逐漸遠離階級的影響，文化的主體性已經產生，但是文化上的不平等性還是存在。不過，現代西方生活世界的問題已經不完全是不平等的問題，在這不平等中，還可以感受到色身在文化選擇與創造的自主性。

布狄厄並沒有言明他的論述是針對艾利亞斯做反省，不過就西方社會整體而言，我認為兩者的論述恰好可以相互連接的兩個歷史社會，一是階級社會（十三至十九世紀初），一是十九世紀以後的個人主義社會。在這兩個社會之中（intra）與之間（inter）各有其特殊的社會邏輯，但也有其連續性，恰好構成一個可以讓我們想像西方生活世界的參考體。

## 艾利亞斯論自律

1530 年伊拉斯模思（Erasmus）為巴黎宮廷以外的貴族的小
孩，寫一本有關生活禮儀的手冊，出版後六年內再版三十次，前
前後後共出版一百三十版以上，其中有十分之一持續到十八世紀
還在出版，可謂盛況空前，這種現象在艾利亞斯看來，並不是伊
拉斯模思個人的大賢大德鼓動風潮，帶動大眾走向文明生活，反
而是一種社會現象，正反應社會對這種書的需求，表示宮廷禮儀
是巴黎以外的貴族及十七、八世紀時的布爾喬亞階級爭相模仿的
日常生活態度。對於這種社會現象我們不禁要問，為何宮廷社會
的生活禮儀會變成大家爭相學習模仿的對象，成為生活的重心？
為何不是宮廷社會以外的廣大農民社會或是十六、七世紀布爾喬
亞的商業社會、或是大學社會、或是在當時依然具有影響力的宗
教社會等等，成為大家爭相學習的生活方式？

其實，早在羅馬時代就有所謂的宮廷禮儀，可是當時的宮廷
禮儀並不是各地王公貴族爭相模仿的對象，進而將各地的宮廷共
同形成一種語言及生活態度相同的社會，明顯有別於其他社會
（宗教社會、鄉鎮社會等），一種具有社會影響力的新社會類型。
艾利亞斯（Elias, 1982b:8）認為這與近代西洋社會結構變遷有
關，其中最主要的因素是武力收受於國王的手中，即近代絕對武
力國家的形成，一種新的權力平衡關係，使得宮廷社會得以凌駕
其他社會形式（social formation），如宗教社會等等，不僅成為政
治統治上的帝國，更是文化生活支配上的帝國（Elias, 1982b:3），
十八世紀中葉後經由布爾喬亞擴散，十九世紀穿透到每一個社會
階層。

□外部條件──絕對王權的興起

在封建時代除了國王及領主諸侯之外，還有一群武士階級的貴族，這個階級為領主出生入死，以攫取采邑作為經濟生活的基礎。但是，當金融經濟制度（money economy）興起之後，原有的以物易物交換形式或是簡單的貨幣交換，被複雜的金錢交換形式所取代。武士階級的經濟生活本來是十分依賴土地，主要的經濟利益就是土地收成，但是金融經濟的抽象交換活動，使得這些不熟悉新經濟遊戲規則的貴族，只能眼睜睜的讓土地效益隨著金融循環而貶值，使得他們越來越窮。

其次，瑞士及德國有些地區經濟生活改善，產生許多剩餘人口，使得國王或領主可以用錢買到武力傭兵，不必完全依靠武士貴族來作戰或保護國王。而且，當時的作戰技術也改變，原來最不被重視的步兵，取代馬背作戰的武士階級成為主要的火力。結果，從十一、二世紀開始到十五、六世紀，武士階級在經濟利益及社會威望受到雙重的打擊後，有些貴族甚至淪落為貧民，有的則被逼上梁山落為草寇，有的則依附到宮廷作朝臣（Elias, 1982b:ll）。

依附在宮廷的武士階級開始由生物性約制轉為儀式化的階級約制（社會性約制），原來的武士貴族在經濟、政治及軍事有充分的自主權，此時已為朝臣，凡事皆有朝儀，不可妄為。原來十分地方主義的封建制度瓦解，這些居住在自己采邑的貴族紛紛遷移聚集到宮廷裡，依附國王的經濟支助並接受國王的控制。

經濟制度的變遷雖然使得武士階級沒落，但是，卻助長國王及布爾喬亞的財力。善於操弄金融經濟的布爾喬亞，不但逐漸成為社會的新貴階級，國王也藉由他們對金融操作的專才，推展稅制及管理財政，累積不少財富。財富的增加更使得國王有充足的財源來雇用傭兵，確保國王本身的武力。

□內部條件──宮廷社會內緊張的階級競爭關係

原來國王是由貴族相互推舉產生，國王本身的才能，體力及機緣都是決定性因素。但是當國王可以用錢請傭兵時，依賴貴族作戰的程度大幅降低，再加上貴族日薄西山的財政，使得貴族必須依附國王，此時國王的權力便完全獨立於貴族階級之外，產生絕對武力的王國。相較於中古的封建時代，十六、七世紀絕對武力王國的領土遠大於封建領主的采邑。在領土的控制上，艾利亞斯（Elias, 1982b:258）認為東方文明與西方文明的帝國對於帝國的控制手段相同，除了用絕對武力及稅收來控制宮廷以外的領土外，生活禮儀（態度）的標準化也是重要的控制方法。由於領土廣闊很難完全用武力或稅制直接控制，而且舊有封建的忠誠也轉化為服從，已難再用情感的連帶來統治。因此，國王必須以一套複雜的宮廷禮儀向外擴展作為層級的控制手段，企圖在日常生活及事務上，表現權力層級的區別以彰顯國王權力的絕對性。

封建時代權力的區別是依據采邑大小而定，有些貴族的領土與國王不相上下。十七世紀絕對武力國家形成，階級內與階級外之間的區別由土地大小（政治經濟性）轉為日常生活態度的區別，國王永遠都是在日常生活最具權威的人。這種原來是對國王尊敬的標準，後來意外發展為階級之間的日常生活區辨的標準（Elias, 1982a:159）。

雖然協助國王管理稅務及財政的大布爾喬亞階級與國王有合作的關係，但是往往富可敵國，無時無刻不威脅到國王的權威及權力。國王便利用宮中貴族來對抗大布爾喬亞階段。這群並非生活在宮中的布爾喬亞，在日常生活的互動上，並不諳宮中的生活禮儀，貴族便利用此點來與布爾喬亞階級作鬥爭，往往窮其財力擺出奢侈的生活態度。這種惡性競爭使得原本就不善理財的貴族面臨破產的局面，並在經濟生活上越來越依賴國王的資助。相對

地在宮中的權力就越來越受制於國王，國王一方面是貴族的壓迫者，另一方面也是資助者。原來宮廷禮儀只是作為對貴族的象徵性控制，卻意外發展為階級之間區別鬥爭的工具。雖然，布爾喬亞與貴族之間，時有鬥爭，但是，當國王的權力過分擴張時，彼此也相互聯合以對抗國王。國王、貴族及布爾喬亞等三者之間的權力平衡關係（也是一種緊張關係），便成為形成宮廷社會的內部條件。三者之間的權力鬥爭所造成的極度緊繃，忽略來自宮廷社會以外廣大群眾經濟生活的困境，進而發生法國大革命，正式結束宮廷社會。在大革命之前中小布爾喬亞的力量已逐漸強大，他們的財富迫使財政越來越壞的國王出賣貴族頭銜，產生所謂的「配劍貴族」及「穿袍貴族」，前者是原來的真貴族，後者是布爾喬亞買來的貴族身分，沒有配劍只賜代表貴族身分的衣袍。最後大革命便由這群早已在近代歷史門外等候多時的布爾喬亞，領導推翻舊有宮廷社會的政治結構，進入布爾喬亞社會的新世紀。

□文明化的擴散歷程

簡言之，金融經濟、剩餘人口及軍事作戰技術的改變等等是造成武士階級宮廷化，形成宮廷社會的外部條件。而國王、貴族及布爾喬亞之間的權力緊張的平衡關係則是內部條件。除了內、外部條件之外，宮廷禮儀的擴散也是構成宮廷社會的重要條件。法國成為十七世紀歐洲文明的重心之前，羅馬與西班牙帝國宮廷是主要的重心。羅馬代表天主教文明（巴洛克文化），而西班牙帝國宮廷則代表貴族文明或是宮廷社會文明。隨著由地中海（熱內亞及威尼斯）的經濟重心，向北移往低地國（今荷蘭等國），文明的重心也移往法國。雖然，羅馬的天主教文明與西班牙帝國的宮廷文明同為十六世紀地中海時期的文化霸主，但是，宗教文明在往後的發展上，隨著西方海洋文明逐漸由地中海向大西洋的拓展

過程，西班牙帝國的宮廷文明逐漸取代宗教文明成爲西洋文明的
重心之一。不過宮廷文明眞正成爲西方文明的霸主之一，是到法
王路易十四時才完成。

十七世紀開明專制國家（即絕對武力國家）形成，整個歐洲
宮廷的貴族及各國爭相學習模仿法國的宮廷禮儀，地中海以北的
西歐各國不僅在經濟上取代南歐的地中海，在文明的發展也取而
代之。這種擴散效果當然是伴隨前述的內、外部條件才逐漸完
成，來自於廣大中小布爾喬亞的在生活態度上的模仿競爭更是近
因。

巴黎宮廷內的貴族面臨來自布爾喬亞的壓力，這些中產階級
在經濟及政治上（因財政上的優勢）已超越過貴族階級，貴族唯
一能夠與布爾喬亞有所區別以證明自己的優良血統，就只剩下生
活方式，但是，布爾喬亞階級也在生活方式上急於趕上貴族階
級，有了錢，有了權，也想進一步擁有社會地位，布勞岱
（Braudel, 1992:517）對十六世紀地中海時期的社會研究，表示當
時的布爾喬亞已厭倦高風險的商業投資，想轉爲貴族清閒的生
活，不惜巨資購買貴族的頭銜，以及收購落難貴族的土地。貴族
面對被布爾喬亞吞沒的壓力，只能不斷創新生活方式，希望能明
顯與布爾喬亞有所區辨，不知不覺地將生活方式作爲階級的區辨
方式。巴黎宮廷內不斷創新生活方式，而巴黎地區以外的貴族，
也面臨與巴黎宮廷內相同的階級競爭，更將巴黎視爲模仿的重
心，這種長期階級競爭的生活創新過程，無意地產生心理習性。
後來的追求創新並不見得是爲了與布爾喬亞競爭，反而是對自我
生活方式的約制。

十八世紀中葉以後，布爾喬亞社會逐漸繼十二世紀以來，取
得經濟上的優勢後，進一步取得社會及政治上的優勢，尤其，在
法國大革命之後，更完全正式取代貴族階級成爲歐洲文明的新霸

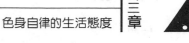

主。但是，社會的動盪不安及對工人階級生活態度的不滿，對於貴族的生活態度反而有些懷舊（nostalgia）的心態。而且他們的理性性格，使得他們所創造出來的布爾喬亞生活方式有別於貴族。原來的大內宮廷是貴族社會化（socializing）的場所，當宮廷社會沒落之後，布爾喬亞的「家庭」取而代之（Elias, 1982b:137），對於法國大革命過分強調公共性，沒有私密性的生活，布爾喬亞階級反而退居家庭之內，逐漸形成一種強調自律的生活方式。

十九世紀以後隨著工業化、政治民主化及都市化的過程，布爾喬亞的生活方式更進一步擴散到工人階級。工業化使得大量的農村人口湧入都市，產生工人階級，這群人不僅如馬克思所言，在經濟生活上，與布爾喬亞有所區別，在日常生活的形式上也有區別。但是，這群窮人離開鄉村到都市工作，接觸布爾喬亞的生活方式，進而嚮往城市布爾喬亞的生活方式。

艾利亞斯對布爾喬亞文明擴散到工人階級或全體社會的過程——產生自律的個人主義社會，並沒有一如宮廷社會擴散到布爾喬亞社會的分析及解釋。簡單的認為這是來自下層階級再一次的推擠作用所產生，有關此點，布狄厄便有適度的解釋。馬克思認為由於生產工具及生產關係的改變，階級結構也改變，由封建社會的「貴族－平民」轉變為資本主義社會的「資本家（布爾喬亞）－工人階級」，基本上是以經濟關係作為階級區辨的標準，在艾利亞斯看來可能忽略掉宮廷社會的轉化過程，社會階級的區辨方式已不單是生產工具擁有與否，經由宮廷社會的轉化，階級的區辨已變成是一種生活態度的區辨，同時在階級在生活方式上的相互競爭，也形成了強調自律的生活方式。

## 布狄厄論自我競爭

雖然，布狄厄對區辨性研究並不像艾利亞斯是長期性的歷史

研究（他並非不贊同歷史性研究，只是認爲艾利亞斯這種長期的歷史研究很容易忽略歷史發展的重要轉折（Bourdieu & Wacquant, 1992:93）。布狄厄所採取的研究策略是一種對短期的當下研究，利用 1963 年及 1967 年至 1968 年兩次的抽樣調查（樣本 1217 人）所得的資料，以及以往研究所得所建構的社會理論，來解釋品味鑑賞的社會性。

艾利亞斯與布狄厄都從「生活」出發，對社會作人類學式的研究，凸顯實際生活作爲社會研究的新面向，反對紙上社會學。布狄厄宣稱社會學研究必須向人類學學習，從實際生活的活動來建構社會學知識。對文化的研究，必須從實際的文化著手，像人類學一般用最生活性的應對來指涉文化，而非正統藝術家或文學家的定義，他如此做無非是要將文化擺在更廣的日常生活世界裡，來研究社會的文化活動，而非僅僅研究已成一家之言的藝術系統——少數的藝霸。他認爲文化是一種日常生活的慣性（habitus）。

### □布狄厄的基本社會理論

今日的西方社會，在布狄厄看來，不但有宗教上的救贖，更有「文化上的救贖」（cultural salvation）（Bourdieu, 1990:4），原本爲貴族與布爾喬亞所獨享的藝術生活，也擴散到普羅大眾。但是，布狄厄更察覺文化上之不平等性的延續性，日常生活的品味深受家庭背景及學校教育再生產的影響，持續文化上之不平等性。這種不平等性是社會造成的普遍特質，幾乎成爲超越歷史而幾近是自然的。

布狄厄對品味鑑賞的研究，首先批判康德的哲學美學——對藝術品的鑑賞能力，來凸顯對美之鑑賞的社會性。康德認爲人類有先驗對美的好惡能力。對美的鑑賞是與天俱來的本質。布狄厄

（Bourdieu, 1984:470-475）不贊同康德哲學美學的觀點，從社會認
識論出發，首先認爲人類的知識並沒有所謂「概念性知識」，不贊
成康德認爲人類如果沒有概念則無法認知的說法。布狄厄根據他
對阿爾及利亞卡必爾民族的研究結果，發現人類對於事物的認知
只是一種經驗感覺，並不認爲人類的行事是有規則，或是很清楚
的概念或模式可依循的，規則是事後的解釋，行動的當下完全是
根據當下衆人的意見或生存條件所選擇的結果，一方面由他人影
響，一方面自我選擇。但是他並不否認社會習性（Bourdieu, &
Passerson, 1979:vii）的存在，這是一種長期涵化外在客體環境，
如衆人的意見及居家的擺設，累積而成的氣質。不過，人（agent）
的社會行動並不完全由社會習性所決定，人的社會行動可以自我
作策略性的（strategic）選擇。

　　進一步而言，他不相信本質論的說法（Bourdieu, 1984:22），
反而相信一種類似物理「力」（force）的關係現象，宇宙萬物並沒
有固定的本質如原子或更小的粒子之類的東西存在，社會也是如
此，社會只有許多類似力的關係存在於磁場（field）之中。布狄
厄對社會本體論的看法，不但影響他對社會認知論的看法，也影
響他對美學的看法。

□品味鑑賞的社會批判

　　美對他來說並不是天生的欣賞能力，而是一種權力平衡所造
成的結果。品味就是日常生活的美學，品味是一種生活的實踐
（practice），作爲階級的區別標準及鬥爭的理念性武器。如同正統
藝術如音樂及繪畫與準正統藝術如攝影及電影之內與之外的鬥
爭，品味是一種權力鬥爭的結果。雖然如艾利亞斯所言，西方文
明已民主化，由宮廷社會經布爾喬亞社會擴散到全體社會。但是
在布狄厄看來，這個過程只是將階級的態度轉換爲個人的品味，

看似民主化甚至是文化上的救贖，其實，實際生活的不平等性並未完全消失。

　　布爾喬亞雖然是民主政治的代言人，但是他們不僅繼承貴族對生產工具的掌控權，更擁有象徵性的權力（symbolic power），隨時可以轉換爲物質性利益，布爾喬亞控制學校的藝術課程，塑造布爾喬亞美學，排除他們所鄙視的工農美學，甚至也影響博物館（號稱是美學民主化的場所）的展覽內容。布狄厄的論點在外觀上與馬克思美學並無差異，但是在實質內容上卻大大有別。

　　當涂爾幹欲與哲學及心理學對抗時，急於使社會學成爲可以在大學正式授課的課程，曾積極主張社會意識存在，是一種集體意識或集體表象（集體意識似乎過分強調社會意識的存有，涂爾幹後期用集體表象取代早先集體意識一詞），有別於色身（個體）意識。布狄厄對品味也有相近的觀點，認爲品味也是一種集體意識的表象，但是他並不用集體意識一詞而採用「表象的實在與實在的表象」（the reality of representation and the representation of reality）（Bourdieu, 1984:482-484）相互對應的詞對，顯示他對集體表象採取保留的立場。

　　其實品味在他看來，既是主體也是客體。所謂主體的品味是不存在的，而客體的品味也不存在，或許我們可以如此說，品味是變動不居的，並不是永遠停留在主體之內，完全由主體所創造或決定，也不是完全由客體所決定。品味是一種空間對立的社會關係，根據你我在社會空間或場域，所占據的位置以及所擁有的資本量、資本空間以及在社會空間滯留的時間（trajectory）所決定（Bourdieu, 1984:114），資本可能是物質性資本如金錢，也可能是理念性資本如學術資本、文化資本及社會資本。如同賭局中所持有的籌碼，不過社會空間並不如賭場有明確的規則存在，僅僅是許多關係存在。社會行動者不斷被人分類，也不斷自我分類。

就好比工人階級欣賞自己強健的肌肉、勇敢及男子氣概，自別於弱不禁風（工人階級的看法）的布爾喬亞，另一方面布爾喬亞則認爲工人階級自詡的英雄氣概，卻是有勇無謀。社會區辨是根據所能掌握的資本與他人（是團體也可以是個人）所作的鬥爭。因此，品味的區別對布狄厄而言，是一種人類社會不可避免的鬥爭，但是品味的區辨脫離了社會關係便不存在。

## 西方色身自律的生活態度的形成

關於色身自律的問題，是西方社會啓蒙以後的首要問題，當神權不再能夠全面控制西方人的時候，人的「理性」（按康德的說法是一種合理性 rational ，而非理性 reason ， Vernunft）被徹底的承認，以爲這種「理性」就是道德本身。在康德看來這種看法的極致表現就是功利主義——那種以人的經驗爲基礎的利益或慾望，所進行「理性」的效用估算就是道德本身。康德認爲這種基於人的感性爲基礎的道德，並非道德本身。只有基於先驗的純粹實踐理性，而且自己願意朝向這個「善」去實踐的意志，才是眞正的善。康德的道德世界是一個朝向純粹實踐理性去實踐的過程，是一種自律的道德世界。每個人都有純粹實踐理性，只要他願意朝向這個善，他就可以爲善，這是一種極爲自律的作爲。

康德的道德哲學，一種極爲重視自律的倫理學，羅爾斯（Rawls, 2003:13; 218; 206）認爲與德國的虔信派新教倫理有很大的關聯，事實上韋伯也表示相同的看法。非但如此，韋伯也認爲康德所評擊的（休謨經驗主義傳承的）邊沁的功利主義倫理學與喀爾文教派的宗教倫理有莫大的關聯。在韋伯看來兩者皆重視自律的倫理學，有其共同的根源——新教倫理——康德的虔信派與邊沁的喀爾文派。

韋伯對於新教倫理，甚至是對於整個基督教倫理包括猶太

教、天主教的宗教倫理的研究，就是要指出康德與邊沁的自律倫理學都共構於宗教倫理的基礎之上，也就是共同的生活態度。在韋伯看來，康德的自律倫理學強調先驗的實踐理性，正是與虔信派的宗教倫理，那種仍然重視兄弟之愛（團體之愛）的信仰有關。康德的「先驗」實踐理性的先驗意涵，在韋伯看來仍具有「團體」的意義（類似於涂爾幹的集體意識的說法），仍然強調一種先於個人而存在的道德。

韋伯也認為邊沁的功利主義立基宗教倫理，不過不是虔信派而是喀爾文派，這是一種極為個人主義的新教倫理。在各新教倫理之中是最特別的也最「自私的」，已經徹底揚棄天主教的集體性的宗教倫理，連一丁點的「集體倫理」都不承認。在所有新教的教派當中，喀爾文派是最激進且徹底與天主教決裂的教派，也是所有教派最重視自律的教派。康德本人的自律特質在哲學史上，是眾所皆知，但是相較於喀爾文教派尚顯遜色。

康德重視先驗實踐理性的自律倫理學，與不承認先驗實踐理性而只承認當下經驗存在的功利主義的自律倫理學，在韋伯看來，只是對於自律的哲學基礎的認知差異。兩者對於自律的重視，深深推動著現代資本主義的發展，並推擠出一種獨獨存在於西方的「經濟行動」，同時作為現代法律形式合理化（包括法律系統化與自主化的意義）的社會行動基礎。韋伯對於新教倫理的自律的生活態度的研究，不僅僅是經濟社會學的意義而已，事實上更有法律社會學的意義，甚至也將經濟社會學的意義包含於法律社會學的意義，也就是說經濟行動作為現代法律的行動基礎，比作為資本主義的社會行動有更為根本的意義，資本主義的經濟發展是奠基於西方的現代法律形式合理化，而法律形式合理化則深植於經濟行動。

韋伯關於自律生活態度的研究，在西方的社會理論發展沈寂

許久，並未引起高度的重視。關於新教倫理與資本主義的研究，
在冷戰時期大家比較關心的是資本主義的問題，特別是資本主義
合法性的問題（相較於敵對的共產主義），韋伯被塑造成反對唯物
決定論的打手，當然韋伯也用來作爲反抗與批判工具理性的理論
基礎。在當時有一位社會學家延續了韋伯的研究，這就是艾利亞
斯，但是卻被打入冷宮幾十年。艾利亞斯的社會學發問很明顯地
就是順著韋伯自律的生活態度發問，問西方文明化的歷程就是問
西方自律生活態度的形成。

　　艾利亞斯的研究從外觀看來，與韋伯的研究有很大的差異，
研究的對象也不一樣。在方法論的態度上也有差異，雖然都屬歷
史社會學的研究，但是艾利亞斯卻反對「理念型」（ideal type）的
歷史社會學，他宣稱他的歷史社會學是「眞實性」（real type）的
研究，而非理念型。但是兩者對於現代西方個人主義的形成，特
別是那種自律的生活態度卻是共同的焦點。韋伯從新教倫理入
手，艾利亞斯從日常的生活禮儀入手，外表看來幾乎沒有交集，
然而事實並非如此。如果兩者視爲一個整體，擺入整體的長時段
來想像，意義就變得十分深遠。可以如此看待，韋伯算是提出一
個很好的問題，自律的生活態度作爲現代西方社會的基礎的重要
意義。但是艾利亞斯卻以此爲問，進行一種長時段的歷史考察。
向歷史回溯時，他非常巧妙地將研究對象轉爲貴族的生活禮儀而
非天主教的宗教倫理（而韋伯卻是如此處理），或許這是受到黑格
爾（Gadamer, 1995:21）《第一哲學》的教養（Bildung）觀念的啓
發。但是宗教倫理的影響在艾利亞斯的論述中並未喪失，教會學
校對於自律生活態度的重視，讓他們繼受了貴族的生活禮儀的訓
練。原本屬於貴族作爲教養貴族的生活禮儀，被教會學校轉換爲
訓練自律的生活態度的規訓。更爲重要之處，藉由貴族的生活禮
儀被教會轉換爲規訓的過程，原本屬於教養階層所獨有的自律的

生活態度，也就藉由教會學校成爲大眾教育的重要場所，而擴散
到全體西方社會，各個階層都十分重視自律的生活態度。但是，
從康德、邊沁到韋伯與艾利亞斯並未將西方自律的生活態度的歷
史敘述完畢，布狄厄我們不能忘卻。

　　雖然艾利亞斯與布狄厄在方法論上有明顯的差異，但是，布
狄厄與艾利亞斯都從研究西方日常生活的「區辨性」，來重新理解
西方社會，有異曲同工之妙。生活的區辨似乎在台灣也若有所
現，從這此點來說明這是西方社會生活的獨特特質似乎有些牽
強。不錯，如果僅從色身（個體）心理學來看，人與人的區辨，
甚至是因利而鬥，是任何社會與文明普遍存在的特質，幾乎算是
人的「天性」。但是，如果從整體社會的發展來看，台灣社會的生
活區辨與西方社會便有很大的差異。西方社會從「階級的生活態
度」到「個人生活的品味」的轉換過程，培養出現代西方社會的
生活特質，而此特質是一切「制度」的基石，如果沒有此種經由
長期歷史所建構的「生活」，今日西方社會的一切制度依然是理想
主義者的空中樓閣，西方生活世界的自律與自我區辨的特質是經
過所謂社會性的建構，也就是具有公共性的轉換。關於這一點相
較於中國或台灣社會就幾乎沒有發生過，我們的生活世界是充滿
了自私的自律與自我區辨，在中國大陸看看他們的廁所就可以馬
上體會到，我所說的意義。在台灣這幾年似乎正在轉變，但是尚
待觀察。艾利亞斯認爲西方的近代文明（由十七世紀以後）的主
角——貴族，一直受到來自下層階級（先是布爾喬亞，後是工人
階級）的穿透與擴散，時至今日形成普遍性的「文明化」，由西方
社會階級間的區辨轉變爲普遍的大眾文明。布狄厄則認爲西方文
明在十七世紀以後，依然持續不斷產生「文化上的貴族」
（Bourdieu, 1984:2），原始的貴族雖然在政治及經濟上的地位泯沒
了，但是，文化上的貴族卻前仆後繼持續到今日依然存在，西方

社會日常生活的區辨性格依然很強，由階級區別轉爲帶有個人主意色彩的擬似階級區辨——近於群體而非昔日的階級——布爾喬亞與非布爾喬亞兩大群、或是年齡群及性別群。西方社會儼然已形成具有自主性的文化產品消費市場。

　　簡而言之，布狄厄看到西方文明的不變性，而艾利亞斯則發現西方文明的變動性。綜合兩者不難發現西方現代生活品味與態度的區辨是「社會必然的」，但是絕非天生的。在西方歷史發展過程中，由階級的競爭發展爲「群體的競爭」，甚至是「色身（個體）間的競爭」，已發展出自己的區辨規範及價值。西方人很容易在日常生活方式上自動與他人有所區辨，而別人也區別著他們。布狄厄最後的歸結也是西方社會區別性格的最大註腳，每一位行動者都有執著（interest; illusio），對物質性利益的執著，也對理念性利益執著。但是，這種執著深受社會背景及學校教育的影響，而前者更著承擔歷史的習性，進而產生兩大類的族群，一是爲滿足基本生存性的需求，這種生物性的需求，並不只是生物性的反應，也是社會學習的結果，另一是爲了精緻（refined）的滿足，更是一種社會學習的結果。前者的生活品味僅止於需求的滿足，而後者則對生活有超越基本需求的精緻要求。但是，這兩種不同品味的生活方式絕不是有錢與否便能判別，社會的起源也是十分重要的因素。從小的家庭影響，再經由學校的教育，原來早已在文化上，取得支配權的群體如布爾喬亞階級，也掌握了學校教育的內容，因此，出生並不是十分富有的布爾喬亞可能有不僅僅是爲了基本需求的品味，相對地十分富有的工人階級可能是基本需求的品味而已。這便是社會習性使然，但是別忘了，布狄厄一直強調這兩種生活品味是相互競爭與不斷區辨。西方社會已經在日常生活中產生明顯與他人及自我區別的文化特質。

　　艾利亞斯看到西方生活文明取得普遍的民主化的過程。雖

然，布狄厄（Bourdieu, 1984:477）認為卻不見得如此。杜比（Duby, 1980）所描述，中古世紀以來的階級區分已由宗教（主教與教士、武士與異教徒）轉為經濟政治（貴族與教主、國王及國王與諸臣），時今更轉為生活品味的區別、階級的區別，經由民主革命之後，可能不像以往如此明顯，不過，生活方式上的品味卻依稀可見兩大不同的群體（「布爾喬亞－非基本需求性」與「非布爾喬亞－基本需求反應性」）或其他群體（如年齡群及性別）。其實，兩者的看法並不衝突，正看到西方文明生與不變之處，而且兩者在研究的時序上，也有相連之處，布狄厄對於二十世紀的文化生活研究，正好彌補艾利亞斯之不足，未能處理布爾喬亞的文明如何再擴散到工人階級。

當整體文明正在逐漸向全自擴散，走向「好社會」（good society）──十六、七世紀時在英法兩國的好社會就是文明社會，就是宮廷社會，這種好社會經由絕對武力國家的興起，以及階級間在政治權力及社會地位上的鬥爭，將原本是國王自己設計，用來尊顯帝威的禮儀，轉為階級鬥爭的工具，將經濟及政治上的區別轉為生活態度上或文化上的區別，經由工業化及法國大革命（政治民主化），將這種「好社會」──色身自律的生活態度，推向全體社會。然而，封建社會因利益的階級競爭所產生的階級區別性格，並沒有伴隨政治民主化揚長而去，反而轉化為群體之內與之間的區別，長期綿延到今日。因之，從艾利亞斯與布狄厄的互通而言，現代西方社會有一個極為重視色身（自我控制與競爭的）自律的生活態度的生活世界。

反觀台灣社會，似乎也隱然有此兩種相異的文化生活品味，但是之間並沒「類」西方社會的生活競爭關係存在，從長期的歷史進程中被建構出來，更沒有因此改變社會生活的特質，讓色身的自律作為我們日常生活的生活態度。西方社會此種文化生活與

西方法律文明的形成有莫大的關係，如果沒有此種競爭性的區辨文化，在日常生活上的自律的生活態度，使得西方人不輕易與他人妥協（不願和稀泥），願意在大庭廣眾之前侃侃而談自己的權利與意見。西方社會不只是在制度上做轉換，也在日常生活態度轉換，這是台灣在建立法律社會過程中，可以再思索的問題！

# 第四章　權利請求作為實踐理性 [1]

> 那一磅的肉，我所要求的是
> 高價買入的，屬於我的東西，我希望得到它。
> 如果不行的話，你們的法律有什麼屁用。
> 那樣作的話威尼斯的法律將變成無效。
> ……我要主張法律。
> ……喂，這裡有法律。
> 《威尼斯商人》第四場第一幕，引自馮耶林（Von Jhering, 1996:67-68）

「我要主張法律」這句話在馮耶林（Von Jhering, 1996:68）看來，就是權利與法律的眞實關係，爲法律與權利而戰爭的意義遠比任何法哲學者都講得精確。馮耶林節錄莎士比亞的《威尼斯商人》的對話，強調法律的積極意義就在於權利請求。馮耶林的《爲權利而抗爭》一書已經被翻成二十二種語言，早已是現代民法的基本理論。但是，我比較好奇的，不是權利請求的理論本身，而是權利請求的實踐，中世紀的威尼斯商人與猶太人竟然已經瞭解權利請求的觀念，爲法律與權利而抗爭，早已是威尼斯商人經商的重要社會規範。縱然伯爾曼的《法律與革命：西方法律傳統的形成》以及泰格與列維的《法律與資本主義的興起》已經將西方權利請求的傳統進行非常完整的法律史分析，但是兩本著作對於社會理論的理解極爲有限，僅僅敍述權利請求的歷史事實。馮

---

1 本章原於 1996 年以〈西方之社會正義的法律社會學的理解：由黑格爾、馬克思與韋伯比較反省之〉的篇名發表於《思與言》，第 34 卷，第 4 期。

耶林、伯爾曼、泰格與列維已經將權利請求作爲西方的法律傳統
的「歷史事實」，作了極爲清楚的交代，甚至也成爲新自然法法學
如富勒的法哲學的理論基礎。但是，在西方法律哲學包括歷史法
學對於權利請求的理解，尚未認眞理解「權利作爲實踐理性」的
意義。

事實上，從康德、黑格爾、馬克思到韋伯所推擠出來的「法
律的歷史社會學」有一個非常重要的貢獻，特別是異文明的我們
所必理解與認識的，那就是權利請求已經不僅僅是歷史傳統，而
是成爲一種實踐理性。權利請求不僅僅是西方人的第二天性，更
是超乎色身（個體），成爲一種整體的「社會的存在」，幾乎成爲
每一位西方人在其「內心的道德法則」，猶如康德所言的實踐理
性，越是朝它追尋，它就越是明亮。這種屬於整體社會的權利請
求，而非僅僅是色身本身的權利請求，是如何形成的？也就是權
利請求作爲一種「具有公共性的實踐理性」是如何形成的？（實
踐理性在康德那裡原本的意義便具有公共性（publicity）的意義，
沒有必要在實踐理性之前再冠上「公共性的」的形容詞，但是國
內的學者往往對於實踐理性的理解有限，往往理解成「個人的」
實踐理性，這是極爲嚴重的誤解，因此我還是選擇了畫蛇添足的
修辭。）

「權利請求作爲實踐理性」在康德那裡還是先驗的範疇，但是
他主張必須朝這個「權利請求作爲實踐理性」的實踐，卻啓動了
黑格爾的歷史哲學——將權利請求作爲一種實踐理性的先驗範
疇，轉換爲一種歷史的實踐過程（朝向絕對精神）。馬克思繼受了
黑格爾的法哲學的歷史哲學，只是這回朝向的不是絕對精神，而
是人類「自在且自爲」的物質基礎。韋伯不見得同意馬克思的論
點，但是對於階級之間的權利鬥爭他並不否認。不過韋伯認爲階
級權利鬥爭的基礎依舊是在布爾喬亞所建立的法律文化之上，也

就是說即使是工人階級執政，還是在法律的治理之內，同時法律
也將繼續朝向形式合理化，依舊保有其自主性。從康德到韋伯，
權利請求已經不僅僅如伯爾曼、泰格與列維所言只是一種歷史事
實，而是已經成爲西方社會的「實踐理性」（非先驗的而是藉由權
利鬥爭的長期歷史所建構而成），每一位西方人都會十分積極的朝
向自由與正義實踐，可以這麼說，權利請求已經成爲一種道德實
踐。階級之間的鬥爭或許不如馬克思的預期如此激烈，但是一種
屬於擬似階級之間的鬥爭卻已形成。這種擬似階級的鬥爭將權利
請求的公共性推擠出來，也就是說西方的權利請求已經不僅僅是
升斗小民的個別性權利請求。這種深具公共性的權利請求，才是
西方現代法律最爲根本的社會基礎，一般個別性的權利請求絕非
西方意義下的權利請求。具有公共性的權利請求形成之後，憲法
才有立足的根基，憲法才具有可實踐的意義。僅有一般個別性的
權利請求，憲法將無所立足反而成爲眾說紛紜的「亂法」。民法、
刑法與各項法律對於人民權利的保障或作爲伸張的工具，如果沒
有公共性的權利請求，所有的法律所保障的人權，將成爲一種極
爲抽象而無法進行論辯的權利觀念，僅僅是一種信仰而已。例
如，女性主義所堅持的墮胎權是基於女性的「人權」，而天主教徒
是基於嬰兒的「人權」，兩種人權碰在一起怎麼辯論，兩者都是人
權且兩者相鬥，豈不是自打嘴巴？莫非兩種人權是有差異！是有
「擬似階級」的差異存在！所有支持墮胎權的女性成爲一種擬似階
級的權利，以及所有反墮胎權的天主教徒成爲一種擬似階級的權
利，兩種擬似階級的權利相互鬥爭，這樣的權利請求才具有公共
性的意義，才是現代西方法律的權利請求的意義。

　　台灣隨著經濟發展與政治民主化，對於權利請求的聲音日益
高漲，而且西方權利請求的法律文明一直是我們所參考的主要對
象，也是法律界所承認的民法，乃至刑法的基本規範所在，所有

法律援引或引用的基本精神都在此。事實上,現在台灣的市井小民與達官貴人都擅長於進行權利請求,但是多是基於天賦人權的權利哲學,一種十七、十八世紀以後在西方所產生的法哲學思想,認為只要是人,就有人權,當他的權利受損或是被侵害時,就可以進行權利請求。不過在台灣這只是一種天真的想法,只要任何人要進行權利請求時,許多障礙就油然而生。

這幾年來,台灣的法律發展狀況,發生許多「有趣」(不知是該氣餒,還是應該感到興奮)的現象,像是警察與檢察官辛苦抓到的強盜或性侵害的嫌疑犯,我們的法官馬上就把他們放出去了,理由是證據不足,結果發現是法官的失察,誤放了。對於嫌疑犯的人權是要尊重,但是我們的法官卻是在程序搞錯的情況下把嫌疑犯給釋放或交保了。也發生過這樣的情況,顏清標在值班法官的裁定下準備交保候傳,也準備離開,但是另一位法官可以馬上制止交保候傳,法官的烏龍事件層出不窮。或是也發生過這樣的情況,民眾對於法官的審判沒有信心而劫車(這種劇情像是包青天的肥皂劇劇情)。也有這樣的情況發生,從事工運被判刑的人士經由總統特赦釋放了。也有學生請求釋憲:「大學生被二分之一退學,算不算違憲?」釋憲的結果是違憲,但是在行政訴訟時,行政法院說沒有違憲,法律的位階在哪裡?實在搞不懂。此外如副總統與新新聞的「嘿嘿訴訟」、稚女控告生父遺棄、大法官釋憲警察任意臨檢是違憲侵犯人權等等,在台灣的法官正忙碌著,我們可以感覺到權利請求的聲音正澎湃著,但是似乎也感覺到那種無秩序感,沒有像西方那樣鮮明的法律文明,總覺得原來社會規範的強度大於法律規範。

有一天我與家人開著心愛的車,在颱風過後回豐原拜訪岳父母,回程路經台中西屯路黃昏市場附近,才眼見一位辛勤賣甘蔗的小販,在微微細雨中架起一支大傘準備做生意。豈知,那把傘

就被狂風吹起，迎面飛向我的愛車。心想家人在車上，就是一把傘，撞上也無妨，免得驚嚇家人。才這麼想著，就撞上去了，心想就是一把傘，無礙，但是內人提醒要不要停車看看，我才停車看看。結果不得了，我的車的左大燈掉下來了，保險桿也斷了，心想這車怎麼如此單薄。我等著對面的小販過來處理，怎知，他根本就不想過來，我罵說：「你要等我請警察來，你才過來處理嗎！」他回說：「你請呀！」我十分氣憤，回說：「我不要你賠，總要跟我賠不是吧！」這時，他才緩緩走過街來，跟我說回去用膠布貼一貼就可以了，不礙事。我不跟他理論，但是作教授的性格，還是想向他上一課法律常識。」我告訴他「你的東西使用不當，造成我的損失，你是有過失的。」他回我說：「哪有！是我的傘撞你的車，又不是我拿傘去撞你的車，那麼像是對面藥局的廣告招牌掉下來，壓到別人的車，藥局要負責嗎？」我回答是。他一臉茫然。我見他法律常識如此淡薄，也不便與他爭執。這件事縈繞我心中多年，一直認為台灣的法律觀念十分薄弱。

　　直到我讀了霍維茲（Horwitz, 1977）的《美國法律史》，才知道損害賠償的權利請求觀念在美國早期也是沒有的，1800 年以後才開始發展，當時美國的法官認為他們有責任引導社會變遷，介入商業活動的仲裁，契約之間的權利請求才全面發展起來。霍維茲的《美國法律史》讓我重新思考我與賣甘蔗的小販之間的權利關係，我或許是受到教育的影響才認知與接受到權利請求的觀念，至於那個小販可能一直沒有這種機會。事實上，在大學的環境裡，我的權利受到侵犯，我也不見得會進行權利請求，有時候總是息事寧人，或是大事化小，小事化無。權利請求應該不是天賦人權的那種講法，在西方社會天賦人權也不完全是正確的，他們的人權是爭來的（本章的論述主旨便在此，容後論述）。

　　在台灣，法學、政治學、經濟學，乃至社會福利學界所參考

的西方權利請求的法律文明，多受古典社會契約論如洛克與盧
梭，以及新社會契約論如羅爾斯（Rawls）等之影響。[2] 本章認為
新舊社會契約論，固然有其討論價值，然而作為異文明的我們，
正欲於發展法律文明所參考的理論，卻有其限制。一來這些理論
多屬哲學的討論，二來此種討論是基於其西方特有的社會基礎，
因此這些理論很難作為最佳的參考體。本章認為從黑格爾到馬克
思與韋伯對於西方權利請求的法律社會學的研究，正可以提供我
們一個較為具體的參考圖像。西方社會權利請求的特質到底是什
麼？簡言之，便是經由長期階級鬥爭所發展而成的社會習慣。

　　國內學術著作或論文有關權利請求的討論，深受西方相關理
論的影響，以馬歇爾、羅爾斯及諾錫克（Nozick）的理論為主，
特別是羅爾斯的《正義論》影響最深。如趙敦華（1988:1）的介
紹，1982年有關《正義論》的文獻目錄便有2512條之多，對於
深受美國政治學與經濟學影響的台灣學界，受此種熱潮的影響便
不在話下。不過，羅爾斯（Rawls, 1997）如其自己的宣稱，他的
理論深受康德影響，把正義看成是一種理念，是沒有辦法由歷史
經驗證明的存在。基本上，羅爾斯之社會正義的理論是哲學的分
析，多於法律社會學的分析。此外，羅爾斯認為他的理論並不見

---

2 我覺得學界普遍接受社會契約論的說法，與過去威權統治影響有關，威權
　統治是不鼓勵權利請求，總是期待或強調一種社會共同的約定行為，強調
　社會若無約定的共識，將分崩離析。再者台灣或是中國本土的社會習慣本
　來就不強調特權請求，而是重視和諧的共識，因此社會契約論就普遍被接
　受。在「泛」社會契約的浪潮下，薩孟武節譯馮耶林（Von Jhering, 1999）
　「為權利而鬥爭」的觀念，算是異例，認為權利請求是民法的基礎所在。
　大法官王澤鑑（1999）在其著作《民法實例研習：民法總則》中，曾特別
　收入薩孟武的譯稿，作為民法總則解說的基本概念，不過王澤鑑就像一般
　的法學家，都將權利視為天賦人權，忽略那種獨屬於西方法律文明的歷史
　建構過程。

得適合於開發中國家（趙敦華， 1988 ： 23）。對於台灣社會而
言，羅爾斯的理論對於我們到底有多少實質的啓發，可能必須仔
細反省一番。德沃金（Dworkin, 1998:203）認為：

> 羅爾斯並沒有考慮從未簽署過一個他所描繪的那種契約的
> 人。他所論證的是，如果一群理性的人發現他們自己處於原初狀
> 態的困境，他們將是爲這兩個原則而簽訂一個契約。他的契約是
> 假定的契約並不能夠提供爲了公平而強迫締約者履約的獨立的理
> 由。一個假定的契約不是一個實際契約的簡單形式；它根本就不
> 是一個契約。

羅爾斯的正義論誠如德沃金（Dworkin, 1998:240）所言，只
是一種假想的推論，純然是哲學上的理性分析，作爲社會理論的
想像，僅止於有此一說。

本章認爲在古典社會學如馬克思與韋伯，以及兩者所批判及
呼應的黑格爾的《法哲學》，對權利請求的分析則有實質歷史經驗
且一脈相承的法律社會分析，正有別於古典社會契約論如洛克、
盧梭、康德與新社會契約論如羅爾斯的學術傳承。對於黑格爾、
馬克思與韋伯三者的比較理解，相較於古典與新社會契約論的權
利哲學分析，可以使異文明的我們眞正明白西方權利請求的實質
發展，進而作爲本土權利請求發展的參考，而非陷於哲學式的空
想。本章絕無意貶低古典與新社會契約論的學術價值，不過就異
文明的相互參考理解而言，以及當前台灣發展權利請求觀念之迫
切，本章認爲對於西方之權利請求的眞實理解，比倫理學式的討
論，更有助於我們當前的社會需求。在羅爾斯的聲音之外，本章
藉由對於黑格爾、馬克思與韋伯的比較理解，試圖提供另一種可
能長期爲國內有關權利請求論述所忽略的另一種聲音。

### 康德、黑格爾與馬克思的哲學論述

黑格爾（1985:39-40）的《法哲學》主要在於批評古典社會契約論與康德對於自由與法律（law）之間的看法。康德（Kant, 1996）將道德區分爲法律與倫理，西方社會在漸離封建社會的過程，私有財產的觀念逐漸增強，私的占有的問題越來越嚴重。在封建社會的傳統是一種素樸性的共產主義，是集體的生活方式。雖然在這種集體的生活方式已經有權利的觀念，但是私人的占有是不被承認的。[3] 然而，當現代資本主義逐漸自十六世紀開始發展以來，康德所面臨的社會是一種充滿私人占有的社會。對於這樣私人占有的社會也就是私有財產權觀念充斥的社會，原有基於宗教的道德控制，或是原有的莊園法或是商業法已經不適用了。道德與法律在面對私有財產權的興起，必須重新界定。社會契約論也正是在面對這種私有財產權興起的問題，不過康德在面對相同問題時他與社會契約論的論述有所不同。

社會契約論認爲私有財產制是必須被保障的（像是洛克的說法）。私有財產制就像是洪水猛獸，若沒有集體的契約作彼此的約制，社會將會變成集體對抗的結局（像是盧梭的說法）。康德則認爲關於私人占有的問題必須區分爲道德與法律。若是涉及到彼此權利關係的界定，希望藉由有強制性的作爲以保障自己的權利，就必須是法律才能起效用，單靠倫理則難達成效。康德論及私人占有時將倫理與法律區隔開來，是比社會契約論細膩許多，藉由這樣的區分也將西方社會發展的路徑清楚地畫了出來。社會契約

---

3 在我的博士論文《歐洲福利國家的社會基礎：法律個體的誕生》中，我將布勞岱「集體的特權」延伸爲「法律集體」，用來強調在中世紀的封建社會早已有法治的觀念，但是法治的根本單位是集體不是個體，現代的法治根本是「法律個體」。

論事實上還是將倫理與法律混淆起來，最後像是盧梭所能期待的
是私人慾望的制約，一種純道德的修鍊。相反的，康德的區分將
給西方的政治、經濟乃至社會秩序的發展，點出方向，就是個人
修養的問題歸倫理，涉及私有財產權的問題則歸法律。這樣的區
分讓西方社會外在性的規範得以建立，不像中國任何實際的事務
都泛道德化，在西方社會像是政治、經濟這類比較是涉及「形而
下」的日常生活事務的處理，可以根據法律作爲規範來就事論
事，而不會動不動就用道德來解釋一切，而過於泛道德化。

　　但是黑格爾並不滿意康德的論述，就他看來，倫理與法律都
只是特殊的法而已，眞正無限制的、絕對的法是「世界精神的
法」。黑格爾認爲康德所認定的法律，僅僅是這種絕對精神的法律
的特殊形式。就黑格爾的《法哲學》而言，康德範疇化的區分方
法並無法認識到絕對精神的法，唯有透過強調整體（歷史）性的
辯證法才能眞正認識到此種眞正的法。黑格爾認爲康德僅將倫理
與法律區分開來，是不夠充分的，尚必須考慮到兩者結合的可
能。事實上，黑格爾所關心的問題，是一個「大哉問」：整個西
方社會的法律文明如何形成？取代性高卻是既存的道德規範，成
爲整個歐洲社會的主要社會規範。這種規範正是康德所區分的倫
理與法律，將他所認爲的兩種道德的形式整合起來，也唯有透過
歷史的整合過程，康德的區分才是有意義的，否則只是完成了一
半的工作。

　　進一步而言，黑格爾（Hegel, 1990:46）認爲康德只有區分道
德與法律昰不夠的，而必須再認眞區分道德與倫理，法律（抽象
法或形式法）、道德與倫理三者要仔細區分[4]。黑格爾認爲抽象法
只是一種外在或客觀存在的東西，而道德是主體善或良知的判

---

4 黑格爾所指的道德是康德所認爲的倫理，黑格爾將倫理提升爲一種更高的
　層次，是絕對精神的化身，是道德與法律在歷史過程中整合的結果。

斷，兩者的理解不可以被個別理解。康德企圖對於法律與道德分開論述，就黑格爾而言，是十分不智之事。抽象的法律僅僅是一種外在與客觀存在的東西，它必須與人的主體良知或善（道德）發生辯證的關係才有眞實的意義。如果試圖分離地討論法律與道德，黑格爾認爲不足以體會法律的眞義——自由意志的定在。但是，將法律與道德做整體討論仍舊不足，尚須考慮倫理這一項。黑格爾（Hegel, 1990:47）認爲倫理是客觀的抽象法與主觀的道德相互統一的結果。倫理的實體表現就是家庭、市民社會與國家。

　　馬克思在其早期著作《黑格爾法哲學批判》一書中幾乎是逐節批判黑格爾之《法哲學》，馬克思首先批判黑格爾對於家庭、市民社會與國家三者與絕對精神的關係。[5] 就黑格爾（Hegel, 1990:302）而言，國家是家庭與市民社會的外在必然性與內在目的。就外在必然性而言，家庭與市民社會都從屬於國家。就內在目的性而言，家庭與市民社會的私人權利最後都將被統一於國家的權利之內，換言之，國家所規定的權利與義務關係將是家庭與市民社會存在的目的。雖然馬克思（Marx, 1962a:251）同意黑格爾之家庭與市民社會是國家組成部分的說法，但是卻不同意家庭、市民社會與國家之間的關係是由一種並非此三者之經驗（精神）本身的第四者——絕對精神的理念所決定。

　　就黑格爾而言，有一種絕對精神的理念存在，隨著人類與自然關係的轉變而有不同的體現。最初的體現是以家庭的自然關係出現，家庭的倫理關係是一種愛的強烈感覺，不論是兩性關係、財富（產）關係或是子女教育皆是基於此種愛的共同關懷，不過卻隨著家庭成員對於私人權利的重視而逐漸瓦解；接著市民社會

---

5 黑格爾的《法哲學》第三篇「倫理」第三章「國家」是自第257節起，而馬克思是自第261節開始批判黑格爾的法哲學，這部分算是黑格爾的法律社會學，因此馬克思算是對於黑格爾法律社會學的批判。

出現，是以同業公會的方式重新組織人與人之間的關係，但是市民社會的倫理關係已非家庭的倫理關係，而是：

　　每個人都以自身爲目的，……但是特殊目的是通過從他人的關係取得了普遍性的形式，並且在滿足他人福利的同時，滿足自己。由於特殊性必然以普遍性爲其條件，所以整個市民社會是中介的基地；在這一基地上，一切癖性、一切稟賦、一切有關出生和幸福的偶然性都自由地活躍著；又在這一基地上一切激情的巨浪，洶湧澎湃，它們僅僅受到向它們放射光芒的理性的節制。受到普遍性限制的特殊性是衡量一切特殊性是否促進它的福利的唯一尺度。（Hegel, 1990:231）。

　　再者，對黑格爾來說，市民社會不同於自然的家庭關係，而是一種人爲的社會關係。從需要的滿足方式到勞動與財富的關係，乃至子女教育的問題（由公共教育承擔），已明顯不同於家庭的倫理。雖然市民社會是講求自利的倫理關係，但是絕非是自然狀態的集體總對抗。在黑格爾看來，市民社會有較爲分化的分工體系，雖然是主觀利己的行爲，但是「每個人在爲自己取得、生產和享受的同時，也正爲了其他一切人的享受而生產和取得。」（Hegel, 1990:246）

　　爲了保障個人的私利，不至於成爲集體總對抗，法律相應而主。黑格爾進一步而言：

　　第 217 節：正像在市民社會中，自在的法變成了法律，我個人權利的定在，不久之前還是直接和抽象的，現在，在獲得承認的意義上，達到了實在的普遍的意志和知識中的定在。因此，有關所有權的取得和行動，必須採取和完成這種定在所賦與它們的形式。在市民社會中，所有權是以契約和一定手續爲根據的，這

些手續使所有權具有證明的能力和法律上的效力。（Hegel,
1990:264）

第 218 節：因爲在市民社會中所有權和人格都得到法律上的
承認，並具有法律上效力，所以犯罪不再只是侵犯了主觀的無限
東西，而且侵犯了普遍事物，這一普遍事物自身是具有固定而堅
強的實存的。因此產生了這一種觀點，把行爲看成具有社會危險
性。一方面，這種觀點增加了犯罪的嚴重性，但另一方面，已經
成爲具有自信的社會權力，減少了損害的外部重要性，並使刑法
大爲減輕。（Hegel, 1990:265）

市民社會爲了維護法律約有效性，法院與警察制度相應而
生。但是，黑格爾並不認爲法律的倫理關係（強謂私人權利的法
律契約精神）將完全取代家庭的倫理關係，論及市民社會的倫理
關係的最後部分，黑格爾（Hegel, 1990:288-293）強調同業公會對
於市民社會倫理的影響性。同業公會是家庭倫理的延續，「成員
的第二個家庭」，它同神聖的婚姻關係是市民社會的無組織份子所
圍繞的兩個環節。詳言之，法律是作爲規約無組織個人的倫理之
一，另外則是同業公會的共同性倫理。這兩項在市民社會獲得統
一，就黑格爾而言，「特殊福利作爲法而出現並獲得實現」這是
絕對精神國家的雛型。

黑格爾所認同的社會權利，應該是絕對精神的體現。而此體
現的過程是經由家庭基於愛的共同性倫理對於絕對精神的體現，
經由私人權利觀念的轉變，使得以共同性之愛爲基礎的家庭瓦
解。隨之出現的是講求私人權利的市民社會。但是市民社會的自
私性並非全然無序，基於理性的光芒照射，法律相應而生，以作
爲平和諸利益的力量。此外同業公會以及神聖婚姻對於共同性的
延續，一種作爲統一私利與公益的絕對精神（理念）得以在國家

階段完全體現。不過，在黑格爾看來，各階段的轉折之所以如此
順利，絕對精神居功厥偉，而此點正是馬克思對黑格爾批判之所
在。

　　馬克思（Marx, 1962a:264）認爲黑格爾的整個法哲學只不過
是對黑格爾自己所發展的邏輯學的補充，黑格爾的法哲學與全部
的哲學都是神秘主義，太抽象而不具體。基本上，馬克思是基於
經驗主義，強調人或社會本身的發展經驗的自主性，藉此批判黑
格爾的理念主義──認爲人或社會的經驗發展都只是絕對精神的
體現而已。[6] 雖然黑格爾的法哲學的本體論基礎是理念，但是如
果除去哲學之本體論的討論，黑格爾對於家庭、市民社會與國
家，特別是對前兩者所提出的理論卻有許多值得注意之處。其中
最爲重要之處，乃黑格爾指出市民社會作爲現代社會雛形的重要
特質，一方面是強求個人主義的法律契約精神，另一方面卻是強
調公共性之同業公會的組織。這兩種似乎極爲矛盾的倫理相互結
合之後，使得私人的利益與公共的利益有調和的可能，進而朝向
國家（統合私利與公益）的發展。黑格爾此種對於私利與公益的
辯證法解析，對於康德以前的討論有很大的突破，並對馬克思對
於私利與公益的討論有很大的啓發──特別就馬克思的普遍性階
級（universal class）及人類的完全性（totality of human being）的
概念而言（Neocleous, 1995:404）。不過，馬克思並不滿足於黑格
爾的突破，在他看來黑格爾的工作過於神秘主義或理想主義，其
經驗性的研究也只是用來說明理念的發展而非經驗本身。馬克思
（請參閱《黑格爾法哲學批判導言》）相較於鄰近的法國，認爲德

---

6 所謂對於絕對精神的體現，黑格爾是採取辯證的思辨方法，人或社會之發
　展經驗並非只是絕對精神的直接反射而已，而是經由歷史的整體發展而
　成，關於此點馬克思有點牽強地過分批判了。

國一直都是十分強調抽象觀念的民族。就連對於國家與法律的理解也都是用想像的，而黑格爾的法哲學與國家哲學正是集大成者。黑格爾在形塑國家的整體圖象時都是以想當然爾的方式，認為理性在緊要關頭之時都會適時地化解危機。

這種強調理念主義的哲學對於國家的理解，在馬克思看來僅是在替君主制建構「合法性」的理論基礎而已。相較於當時的德國，法國算是比較強調經驗取向與實事求是的民族，是比較民主的國家。馬克思認為強調絕對精神的法哲學或國家哲學，最後會將君主視為是絕對精神的人格化身，一點也不奇怪。馬克思認為可以重視人與社會的「類存在」的民族才是民主國家，因為他們的出發的是全體社會或人本身，而非一種非人或非社會的理念。從馬克思（Marx, 1962a:281）對於君主制與民主制的比較，我們不難理解馬克思對於黑格爾法哲學最大的批判，就是認為法律應該是人的法律，甚至是社會的法律，而非是絕對精神的法律——一種不同於人與社會本身的法律。馬克思企圖將法哲學，更進一步，從法神學解放出來，將法哲學轉化為法律社會學——法律是為人與社會自身的生活而存在。[7]

雖然馬克思對黑格爾的法哲學批判是如此的銳利，甚至認為黑格爾的法哲學（特別是國家哲學）正是使得當時的德國無法如同法國走向民主制的罪魁禍首（Marx, 1962a:458-467）。但是馬克思還是延續黑格爾基本的關懷，對於私人利益與公共利益如何統一的理解與實踐並沒有放棄。[8] 然而，馬克思是如何將私人利益與公共利益「重新」統一呢？這是大哉問！成為馬克思在批判宗

---

7 黑格爾的法哲學在馬克思看來，還是停留在神學的層次，以前的神學是為神立論，黑格爾的法哲學是為君主立論，基本的政治態度是相同的。

8 就黑格爾的法哲學的基本關懷——公共利益與私人利益之間如何統一的問題，也是馬克思整個理論的核心。事實上，這是西方封建社會轉向資本主

教與法哲學，乃至家哲學之後，最爲艱鉅的工作。這是《資本論》所要回答的主要問題之一。

　　就實質的經驗而言，馬克思在《黑格爾法哲學批判》一書中明白批判黑格爾對於私利與公益統一的方式，已初步提出他的觀點。就黑格爾而言，私利與公益統一有三大階段：第一階段是私人權利向家庭的公共性的挑戰，促進市民社會的興起；[9] 第二階段是市民社會從幾近自然狀態爭奪的混亂中培養出公共性，不過馬克思並沒有直接予以討論與批判；[10] 第三階段是整個社會乃至人類整體的公共性的完成，就是市民社會的公共性完全國家化，此階段正是馬克思批評黑格爾之法哲學最爲核心的部分之一，也構成馬克思往後理論建構的核心基礎。

　　就第三階段市民社會公共性的國家化而言，黑格爾認爲第一種統一（請參閱黑格爾之《法哲學》第 288 節）：行會（自治團體和同業公會）代表人的混合選拔方式；第二種統一（第 291 節）：每個市民都有可能成爲國家官吏；第三種統一（第 294 節）：官吏獲得薪俸以及任用的保障。經由這三種統一，市民社會被國家化，也就是私人的權利從家庭衍生出後，經由市民社會的公共化，更進一步公共化而到達國家階段將私人權利與公共權利的完全統一，幾乎完全體現絕對精神。在此統一之中，最爲具體的代表就是國家－君主制，雖然黑格爾（Marx, 1962a:315）曾

---

義社會過程的問題，在古典政治經濟學或是社會契約論也都是圍繞在這個議題上。不過馬克思解決這個問題的基本態度，其實離黑格爾並不遠，基本上還是具有歷史主義的整體性精神，但是卻是逐漸向經驗主義與實證主義靠攏。

9 其實家庭的公共性，還是屬於自然的連帶，親屬的連帶，尚未達到西方現代社會的公共性。

10 這時屬於行會的公共性已經比較具有社會性的公共性。

經明白指出現代的君主制與往昔有所不同，如德意志的諸侯及他
們的家庭的私有財產多已國有化，以及皇帝的審判也變成了委託
人的審判。但是馬克思認爲黑格爾所指的君主制並非眞正的公共
化，尤其是以君主制爲核心的官僚機構也非眞的公共化。不論是
君主或是他的官僚組織都只是再一次地爲其私利而存在。就官僚
組織而言，他們並非如黑格爾所言是最懂法律、並能使法律最公
共化的一群人。

　　就第一種統一：行會代表制而言，在馬克思看來，行會所推
選出來的代表，並不可能因其加入國家官僚制度，便自然地忘記
與放棄他們所屬公會的自身利益，完全從屬於國家的立場與利
益，甚至願意與原有的行會對立。其次再就第二種統一：人人皆
有擔任公職的機會（加入公共性團體）而言，對於黑格爾來說，
考試的公平性讓任何人皆有任公職的機會。但是在馬克思（Marx,
1962a:307）看來，公職考試「無非是共濟會的那一套，無非是從
法律上確認政治知識是一種特權。」再者國王的任性也往往影響
任命的公正性。最後就官吏的薪俸與任用保障而言，黑格爾認爲
這兩項因素使得官僚機構可以獨立超然，不必爲五斗米折腰，因
私利而危害公共性。但是馬克思（Marx, 1962a:464-465）的看法
恰恰相反，認爲這正是將官吏推向資產階級的主要因素，官吏的
考試與「鐵飯碗」合一，正是將官僚推向保守的資產階級，永遠
小心翼翼地保護自己的既得利益，國家的公共利益將被徹底犧
牲。德國資產階級在歷史的巨變前臨陣逃脫的膽小與自私的態
度，在馬克思看來，正是這樣的寫造。雖然馬克思十分推崇法國
的資產階級的勇氣，但是馬克思在《論猶太人問題》（1962e:443）
對於資產階級的革命——從政治解放進一步發展爲社會解放的能
力十分懷疑，他認爲資產階級不可能完成眞正的公共性－社會完
全被解放。以資產階級爲首的市民社會與官僚機構，並無法如黑

格爾所言，造就私我與大我相互統一的公共性。

　　然而，馬克思對黑格爾的法哲學批判多為抽象的哲學論述，直到《資本論》，特別是第一冊第八章〈工作日〉及第十三章〈機器和大工業〉，馬克思花了相當大的篇幅來討論英國十四至十九世紀的勞工法與十九世紀才定立的工廠法，有更進一步較為經驗性的接引：「工廠法的制定，是社會對其生產過程自發形式的第一次有意識、有計畫的反作用。」（Marx, 1962f:527）

　　「如果說，作為工人階級的身體和精神的保護手段的工廠立法的普遍化已經不可避免，那麼，另一方面，……，這種普遍化使小規模分散的勞動過程向大規模結合的勞動過程的過渡也普遍化和加速起來，從而使資本家的積聚和工廠制度的獨占統治也普遍化和加速起來。它破壞一切部分地掩蓋著資本統治的陳舊的過度的形式，而代之以直接的無掩飾的資本統治。這樣，它也就使反對這種統治的直接鬥爭普遍化。它迫使單個的工廠實行統一性、規則性、秩序和節約，同時，它又通過對工作日的限制和規定，造成對技術的巨大刺激，從而加重整個資本主義生產的無政府狀態和災難，提高勞動強度並擴大機器與工人的競爭。它在消滅小生產和家庭勞動的領域的同時，也消滅過剩人口的最後避難場所，從而消滅了整個社會結構到迄今為止的安全網。它在使生產過程的物質條件及其社會結合成熟的同時，也使生產過程的資本主義形式的矛盾和對抗成熟起來，因此也同時使新社會的形成要素和舊社會的變革要素成熟起來。」（Marx, 1962f:549-550）

　　馬克思（Marx, 1962f:300）認為資本家同意或接受國家的社會立法（工廠立法）以保證工人的基本生存（工作）條件（社會權利），是工人階級幾個世紀不斷進行階級鬥爭辛苦得來的結果，這將導致更大的苦難，卻也到達永遠的開始（達到完全的公共性）。英國工廠法的制定，並向其他國家（如法國）的擴散，使階

級鬥爭更加兩極化。小資產階級因工廠法的規定而失去競爭性，
而被逼倒閉關門，最後淪為無產階級。工人階級則將因資產階級
以大機器生產取代手工藝，而使工人也陷入更無情的競爭。這一
切將舊制度完全摧毀，朝向下一階段的社會發展。[11] 工廠法就馬
克思而言，並無法真正提供階級鬥爭一個永遠的保障，不過卻是
促使社會解放（將法國大革命所成就之政治解放——資產階級的
解放，更進一步發展的全體社會的解放，包括資產階級與工人階
級的全體社會都被解放，也就是將（資產）「階級個體」所成就的
公共性，推向（全體）社會色身的公共性）的關鍵因素。

　　但是從馬克思論工廠法的形成，不難發現馬克思十分相信法
律的效力（不論是十四世紀至十九世紀初被資產階級掌弄的勞工
法，或是工人階級初獲勝利的工廠法），雖然馬克思（Marx,
1962f:449）懷疑法律被資產階級隨意修改及操弄的可能性。但是
幾世紀以來的勞工法是以資產階級的利益為主，但是如果資產階
級可以完全操控法律，又何必制定法律呢？

　　馬克思對於黑格爾之法哲學的批判以及對於英國工廠法的分
析，固然語多可探，但是卻似乎將法律視為是一種理所當然存在
的社會規範。雖然黑格爾的法哲學如馬克思所言，神秘主義的色
彩過濃。但是，如果完全以唯物論（非素樸的唯物論）的立場反
對唯靈論的觀點，很容易陷入對立的爭辯，而無法相互領略對方
的優點。黑格爾雖然過分強調絕對精神對於法律的影響，然而並
非完全如馬克思所言一無所取之處。的確黑格爾過早地將國家化
的公共性歸為絕對精神——理念在人世間體驗的結果，如此一來
除了可能重蹈柏拉圖之理想國的覆轍而成為鼓吹君主制的哲學之
外，也將落入神秘主義——重返宗教神學。但是如果降低黑格爾

---

11 資本主義以前的生產方式的遺留如手工藝與家庭工廠。

之絕對精神的成分，黑格爾的法哲學似乎點出法律作爲人類（黑格爾的論述是以全人類爲對象，如果除去其種族中心主義，其論述應僅限於歐洲文明）社會的重要規範並非是自然天成，而是經由歷史辯證的發展所累積而成：從家庭倫理中所發展的私人權利，將原本是基於自然的愛與感覺的家庭倫理瓦解，進而發展出市民社會。在市民社會中是重視私人權利，但是並非是完全的自然狀態。在市民社會中一方面人與人的權利爭鬥是基於法律契約的個人性妥協，但是另一方面卻延續家庭的倫理精神發展出同業公會強調的公共性精神，這兩種恰似矛盾的社會性格的融合，經由黑格爾的觀察是邁向完全公共性——國家化，私我與大我的完全統一。

黑格爾認爲西方社會的發展並非是偶然性，而有其歷史辯證的軌跡——家庭、市民社會與國家的三部曲，將歐洲社會推向一種強調法律文明的文明，不過黑格爾的經驗說明似乎不足。在馬克思之外，韋伯直接對於《法哲學》有未言明的反省，應該是在黑格爾的延續之內。

## 韋伯的歷史社會學論述

社會規範法律化是韋伯認爲西方文明，與其他文明最大不同之處。以下是對於韋伯的法律社會學分析的歷史社會學詮釋：

### □封建社會的法律與社會規範

如布洛赫（Bloch, 1995a）所言，最後一次日耳曼民族入侵之後，當時的歐洲主要分成三部分：英島、義大利半島以及現今德國與北法，英島及現今德國與北法，是最後一次日耳曼入侵的主要占領區，而義大利半島是最早入侵占領的地區。英島因爲王權甚大以及該島法學專家的既得利益，拒絕完全接受羅馬法，而大

量延襲日耳曼民族的習慣法。相較於英島，歐陸的法學專家接受
羅馬法的程度較高。不過，在義大利半島與北法及日耳曼地區有
不同的接受方式。在義大利半島，羅馬法中的公證人制度，並沒
有隨著羅馬城市而被毀。在威尼斯的商人作生意比較相信，經由
較合理化的公證程序，所公證的商業文件。而不信任較非理住之
日耳曼習慣法的法院證明。直到義大利半島專業化的法官出現之
前，他們是最重要的法學專家。當時的公證人長期以來，便習於
羅馬法中的理性原則，一方面特此理性原則合於日益複雜的貿易
需求，另一方面也合於在大學傳授羅馬法之學者的理性主張，因
之公證人將羅馬法「現代化」（Weber, 1978:793）。

　　相較於義大利半島，韋伯（Weber, 1978:792）認爲北法諾爾
曼與日耳曼地區的商業較不發達，主要的經濟型態是領主經濟，
對於城市的法律事物處理主要是國王的官員或是住在鄉下的領主
處理，而在這些地區因商業不發達法學專家並不做公證，而閉門
研究他們所專長的法律，根據自己的憑空想像，編纂法律並將其
系統化，往往也能爲當局所採用。雖然有系統化的特色，然而鮮
少形式合理化，只是將一些法律的經驗特質加以區別，並沒有法
條意義的抽象原則化。就封建社會時法學專家對羅馬法的傳承，
總體而言，在各地有不同的發展。然而經由教會法的普遍化與後
來王權將法律法典化，最後成爲大陸法系與英美法系的二分。

　　再就中世紀的教會法對羅馬法的繼受而言，韋伯（Weber,
1987:828-831）認爲教權發達以後，教會組織日益龐大，慢慢也建
立起屬於教會的法律（法制化的倫理而非眞法律），羅馬法講求形
式邏輯的特質恰好符合於教會法之永恆的概念，兩者被結合起
來，而各地的大學除了神學訓練以外，法學的訓練也成爲教士們
研習的重要課程。前者是屬於神在天堂的知識，後者則屬於神在
地上的知識。然而一般黎民大眾的日常生活法律與教會法很遠，

是受所謂世俗法的影響。因此教會法雖然相較於異文明的宗教法是形式合理化很多，然而實質上，大部分這是形式非合理化。教會法與日耳曼的習慣法成為封建時期法律的兩大系統，前者是屬於神在地上的法律，而後者是一般非教會有關的法律。但是教會法往往因為涉及婚姻、家庭以及繼承的問題，而介入世俗法。尤其是繼承問題往往與宗教遺囑（wills）有關。

此外日益發達的世俗貿易往往與教會法衝突，如利息的觀念，當教權極盛時，往往壓制布爾喬亞的商業活動。韋伯（Weber, 1987:816）認為教會法的基本精神還是宗教倫理，雖然有形式法律的特質，但是在神秘主義的原則下，終究會把教會法形式痲痺化，成為形式非合理化。而婚姻、家庭與繼承問題，乃至日益發達的貿易活動，都迫使教會法必須實質合理化。教會法最重要的實質合理化，就是同意遺產贈與教會的非形式契約以及法人的觀念。此外教會法的審理程序法，不同於日耳曼法的當事人主義，對後代法律合理化也有很大影響，不過教會法往往是審問有沒有倫理上的罪，而非真實原則。

教會法算是封建化的教會為保護其教產集體性利益，所制定的法律，在形式上有法律的特質，但實際上是倫理的特質為多。在領主 court 之內，日耳曼的習慣法是主法，唯有在 court 之外才適用教會法。然而不論是教會法或是日耳曼的習慣法，都在於保護集體的特權。連在城內的布爾喬亞都有同於集體性特權的基爾特法。

□工權國家時期的法律與社會規範

當教會法向自然法轉折之間，神權漸漸被王權所取代，君權神授代表此一轉折的主要概念。雖然此刻的歐洲政治普遍王權化，但是英島與歐陸有不同的發展，在英島的王權依然很封建

化，而歐陸的王權則漸漸被形式法典化。

初期王權爲維護和平的軍事法就是一種理性刑法，深受基督教爲了泯除血讎與決鬥的影響，以刑法來限制人民之間過於殘忍的衝突。除了刑法以外也發展強制性賠償的民法，使得連農民都會估算某種犯罪要科多少罰金（Weber, 1978:841）。可是王權往往侵犯一切，法律時時被國王或被王權任命的大臣隨意篡改，造成布爾喬亞在政治風險的不可估計，遂逐漸要求特權，一種符合於他們利益的法律，以達到政治風險的可預測性，而國王也因爲可以從中獲利願意爲布爾喬亞立法，也就是給予特權（相對是限制王權），一種法制化的特權，有別於封建社會教會法的倫理性特權。促成王權所制定的法律形式合理化（Weber, 1978:847）。

另外一方面布爾喬亞的資本主義擴張，卻要求工權的極大化，能夠配合他們的資本擴張，王權更樂見於此，自然是水到渠成。這種王權的擴張使得王權所制定的法律，更見系統化與普遍化，可以涵蓋各個層面的法律。布爾喬亞面對王權此種的矛盾心態，卻使得王權的法律既形式合理化也系統化與普遍化。此外，國王身旁的公務員由於此種法律特質，可以保障他們的終身雇用利益以及行政的便利性，也樂見其成（Weber, 1978:848）。因此國王、依附在國王身邊的利益團體以及布爾喬亞，都央求特權，而且被法制化──特權競爭的平衡關係。

再就此刻的法學思想而言，王權法典時期的法學專家主要還是在大學潛研羅馬法的學者（Weber, 1978:848-852）。在王權時期的法院漸漸失其效用，法律的解釋都是由在大學接受過法學訓練的官員，經由王權授權做解釋，因此在大學的法學家對法律的解釋有莫大的影響，這群法學家雖然是由王權撐腰，然而他們的立場是與布爾喬亞及貴族一致，一方面依附王權，一方面又懼怕王權的放肆性，因此也強調法律的形式性以作爲限制王權的工具，

相對羅馬法也被延續下來。

這種權力的緊張關係，將法律客體化。原來羅馬法傳統的法學專家是得以自己的主觀意識來判斷與註解法律，然而王權法典卻被客觀化，不可以隨意註解，法成爲絕對的客體化。此種結果最後反而使得法律遠離實際生活，失去法律的實質合理性，主體的權利反而被過分客體化。

## □法國大革命時期的法律與社會規範

受到布爾喬亞「理性」特權的啓蒙以後，十七、八世紀天賦人權的理念響徹雲霄。法國大革命不久之前，王權開始沒落。拿破崙法典是此時最具代表性的法律，基本的法律精神是自然法。自然法的最大特質就是自由與契約自由，強調自然法則的運作就是不被干擾，最形式合理化的表現就是強調市場自由運作，不能被國家干擾。但是既得利益團體的的利益繼承問題，不得不軟化自然法的過分形式主義，等於承認自然法的不完全性。後來社會主義學者更進而反對一切不合於自然法原則的繼承利益，只承認經由勞力而得的自然利益，韋伯（Weber, 1978:871）認爲這是自然法由形式合理化轉爲實質合理化的重要轉折因素——社會（階級）衝突。對自然法的軟化或堅持，爲保守階級與新興階級所各自採用。

就生產價值而言，以純粹自然法來看，應該是做多少事領多少工資，這是社會主義的主張。然而，布爾喬亞卻結合傳統宗教恰好價值（just price）（Weber, 1978:872）的看法，認爲工資只要維持合於其社會地位基本生活就是合乎自然，一切過多的索求都是不自然，是違反市場的自然法則，相對就是違反自然法。自然法並沒有辦法解決階級之間意識型態的衝突。曇花一現的位置早就被決定，也只是作爲不同階級的鬥爭工具而已。然而或多或少

影響立法與司法，最起碼因它的轉折促成形式法律合理化的再實
質合理化，向前邁進一步。

法律學專家發展至此，分成兩大系統，一群是代表保守利益
的法學專家，同於家戶長制權力的傳統，另一群是代表來自底層
大眾的法學專家。韋伯認為法學專家往往是保守的既得利益團
體，然而有許多律師的生意來源，慢慢是來自於一般大眾，因此
與大眾結合並非為了什麼崇高的理念，骨子裡還是在維護他們的
利益。然而韋伯（Weber, 1978:876）認為不論是站在那一邊的律
師，對於利益衝突的解決，尋求法規的解決規範業已成形，形式
合理化的自然法被實證法實質合理化。西方社會規範的法律合理
化大致底定。

□現代社會的法律與社會規範

不過，韋伯並不認為西方法律文明至此已在形式與實質完全
結合在一起。律師已成為解決與處理西方現代社會衝突的主要角
色，然而就韋伯（Weber, 1978:883-889）看來，律師並非就是社
會正義的化身，現代的律師就像販賣機，丟多少錢對法律便有不
同的解釋，往往可以將法律的詮釋隨著利益走，可以是普羅大眾
的利益，也可以是保守勢力的利益。現代的法學專家與法國大革
命及啟蒙時期為民主獻身的法學專家有所不同，也與家戶長制時
期為君主效忠的法學專家不同，一切唯利是圖。此種現象引起法
學本身很大的反省，逐漸反對法律的過分形式化，離經驗太遠，
以至於被任意解釋，反又失去實質合理化。

此外，普羅大眾的社會意識慢慢覺醒，日常司法（popular
justice）成為新的法學議題。當時的（十九世紀）日常司法依然停
留在卡迪（kadi）式的處理，當事者的情感往往可以影響判決，
也缺少真實舉證，單方面接受當事者的宣誓便採信。在形式法律

合理化的再實質合理化的影響下，也促使法學專家要求俗民法官（lay judge）（Weber, 1978:892-895）也必須接受法律的合理化訓練，如此一來便將法律的合理化更生活化，任何特權的請求與保障，皆由合理化的法律來處理，而非倫理規範或感情。

## 黑格爾、馬克思與韋伯的比較與反省

韋伯認為西方社會規範已法律化，而且在形式與實質上合理化。一般的社會學理解，將法律與倫理視為是普存於任何社會的社會規範。如康德將道德區分為法律與倫理，前者是人與人之間的權利問題，後者是涉及人的目的。然而，在韋伯看來必須更進一步明辨，法律與倫理的二元區分並不能視為是普遍的現象－任何文明都會將其文明的道德區分為法律與倫理。現代西方的道德已經明顯區分為法律與倫理，並由倫理為道德的主體轉化為以法律為道德的主體，這是西方社會異於其他文明之獨特現象。

簡言之，韋伯認為西方社會規範的法律合理化最大的特質就是將特權法制化。從宗教利益、領主與騎士利益法制化，到國王的特權被法制化以及依附國王特權的利益團體（如布爾喬亞與官僚組織）的特權（商業權利與職位的任用保護）被法制化，再經工人階級的特權（工作的安全保障）被法制化，最後全體社會之日常生活特權也被法制化。或許可以用一句簡單的話來說明，西方之「法律社會」是不斷爭特權的結果，但是這個結果並非是結構性因素，而是不斷再生產的習慣化使然，羅馬法與封建化，乃至宗教法並沒有決定歐洲往後的發展，經由城市經濟與王權的擴張，以及法國大革命等等轉折，才有今日的西方法律社會。

總體而言，黑格爾的《法哲學》、馬克思的《黑格爾法哲學批判》與韋伯的《法律社會學》（包括《支配社會學》對於公法的歷史社會學討論）都十分強調普遍性（universal）的概念，企圖從

人類社會的歷史發展找尋社會正義的眞實意義——私我與大我相互統一的可能——這是古典政治學與古典政治經濟學所遺留的古老課題，也是現代社會個人主義從原有的共同性生活（communal life）中興起後，學者所必須回應的問題。

古典政治學與古典政治經濟學對於私我與大我之間，多將其視爲對立的狀態，尤其是古典政治學，至於古典政治經濟學則崇尙自然法的精神，認爲私人利益在人類理性的影響下自然而然地成就公共利益，不必刻意形成公共權力以限制私利。這種看法律的集大成者是康德，他首先將古典政治學或古典政治經濟學的理性區分爲公共理性與私人理性兩種，認爲爲了維持人本身的自由，每一個人應該限制私人的理性，以發展公共理性方能得到眞正的自由。基於此種理念，康德將道德（理性的一種）區分爲法律與倫理，前者公共理性的發揮，後者則是私人理性的表現。私人理性爲主體的倫理若與法律衝突。當尊重法律以維持公共理性。

如前所述黑格爾懷疑公共理性（利益）與私人理性（私人利益）可以如此輕易地被分別安置（範疇化）而統一起來。雖然黑格爾一如康德深受自然法法學的影響，理念（絕對精神）是法最後的存在物，但是他認爲公私利益之間的統一並非如此簡單，並非由理念存在就決定一切（這是許多人對於黑格爾的誤解，連馬克思也不例外，黑格爾類似於馬克思本人對於費爾巴哈之素樸唯物論的區別，他並非素樸的唯靈論者），反而強調必須經過長期歷史經驗的辯證，兩者才能逐漸被統一起來（進而體現理念）。除去本體論的立場不談，馬克思與韋伯同黑格爾有相近的觀點，都認爲如果公私利益有統一的可能，絕非自然天成或是簡單重新安排便能成功，而是基於歷史的習慣化經驗所累積而成。然而，究竟是如何積累「文明資本」，就經驗研究而言，三者各有千秋。彼此

之間更是相互批判，進而延續啓蒙以來的問題，激發許多新的光芒（有別於古典政治學與古典政治經濟學的看法）。

　　就統一公私利益後之公共性而言，黑格爾認爲公共性固然是絕對精神的體現結果，卻是由家庭、市民社會與國家的三部曲逐漸經驗而成。原始的（自然的）家庭公共性是愛與感覺，經由個人主義的出現將此種原始公共性摧毀，轉爲強調私人權利的市民社會——由布爾喬亞與城市中的市儈所組成。其中的布爾喬亞具有行會的組織——原始家庭倫理的延伸，這種同業公會的組織使得布爾喬亞得以發展基於法律契約並強求私人權利與私人有利的公共性，也就是已完全不同於基於愛與感覺的原始公共性的家庭倫理。就黑格爾來看，這種強調私人特權的法律契約精神，完全體現乃絕對精神——國家化之公共性的雛型。

　　如前所述市民社會轉爲國家的公共性有三種統一的過程，不再贅言。此處就與馬克思與韋伯的比較而言，再一次強調黑格爾認爲最後成就完全公共性的階級並非是布爾喬亞，更不是工人階級，而是官僚組織。黑格爾認爲布爾喬亞在市民社會的階段有其發展現代公共性的重要位置，但是進入國家化的公共性階段，布爾喬亞便功成身退。至於工人階級黑格爾並未給與重視，這是馬克思故事的主角（Neocleous, 1995:405）。

　　馬克思（Marx, 1962d:441-442）在《論猶太人問題》中認爲黑格爾所推崇的布爾喬亞或是官僚組織，雖然成就某些公共性，卻是虛假的公共性。因爲他們所成就的公共性僅限於其所屬的階級，而非全體人類乃至全體社會，布爾喬亞或是官僚組織每每在重大關頭便爲了保證其自身的利益而忽略（犧牲）全體社會的利益。在《黑格爾法哲學批判導言》中幾近咒語地認爲唯有某一個階級悲慘到極點，已無暇考慮自身的私利時，全體社會之公共性的考慮才會從這個階級中發展出來，而此階級就是無產階級。

　　馬克思在《黑格爾法哲學批判》所提出的理論，於《資本論》
中有進一步的經驗性說明，但是如馬克思本人先於《政治經濟學
批判》的序言所言：「爲了解決使我苦惱的疑問，我寫的第一部
著作是對黑格爾法哲學的批判性的分析，這部著作的導言曾發表
在 1844 年巴黎出版的德法年鑑上。我的研究得出這樣一個結果：
法律的關係正像國家的形式一樣，既不能從它們本身來理解，也
不能從所謂人類精神的一般發展來理解，相反，它們根源於物質
的生活關係，這種物質的生活關係的總和，黑格爾按十八世紀的
英國和法國人的先例，稱之爲『市民社會』，而對市民社會的解剖
應該到政治經濟學去尋找……。人們在自己生活的社會生產中發
生一定的、必然的、不以他們的意志爲轉移的關係，即同他們的
物質生產力的一定發展階段相適合的生產關係。這些生產關係的
總和構成社會的經濟結構，即有法律的和政治的上層建築豎立其
上，並有一定的社會意識形式與之相適應的現實基礎。物質生活
的生產方式制約著整個社會生活、政治生活和精神生活的過程。
不是人們的意識決定人們的存在，相反，是人們的『社會的存在』
決定人們的意識。社會的物質生產力發展到一定階段，便同它們
一直在其中活動的現存生產關係或財產關係（這只是生產關係的
法律用語）發生矛盾。於是這些關係便由生產力的發展形式變成
生產力的桎梏。那時社會革命的時代就到來了。隨著經濟基礎的
變更，全部龐大的上層建築也或慢或快地發生變革。在考察這些
變革時，必須隨時把下面兩者區分開來：一種是生產的經濟條件
方面所發生的物質的、可以用自然科學的精確性指明的變革，一
種是人們藉以意識到這個衝突並力求把它克服的那些法律的、政
治的、宗教的、藝術的或哲學的，簡言之，意識形態的形式。我
們判斷一個人不能以他對自己的看法爲根據，同樣，我們判斷這
樣一個變革時代也不能以它的意識爲根據；相反，這個意識必須

從物質生活的矛盾中，從社會生產力和生產關係之間的現存衝突中去解釋。無論哪一個社會形態，在它們所能容納的全部生產力發揮出來以前，是絕不會滅亡的；而新的更高的生產關係，在它存在的物質條件在舊社會胚胎成熟以前，是絕不會出現的。所以人類始終只提出自己能夠解決的任務，因為只要仔細考察就可以發現，任務本身，只有在解決它的物質條件已經存在或者至少是在形成過程中的時候，才會出現。大體說來，亞細亞的、古代的、封建的和現代資產階級的生產方式可以看做是社會經濟形態演進的幾個時代。資產階級的生產關係是社會生產過程的最後一個對抗的形式，這裡所說的對抗，不是指個人的對抗，而是指從個人的社會生活條件中生長出來的對抗；但是，在資產階級社會胚胎裡發展的生產力，同時又創造著解決這種對抗的物質條件。因此，人類社會的史前時期就以這種社會形態而告終。」（Marx, 1962b:8-9）

這是一段馬克思理論最引人爭議之處（Neocleous, 1995: 400），也標明《黑格爾法哲學批判》與《資本論》之間的銜接與轉變。就轉變而言，自此以後馬克思不再直接討論市民社會或國家的理論，而改為政治經濟學的批判。就銜接而言，馬克思更進一步強調《黑格爾法哲學批判》的基本精神——人或社會是其本身經驗發展的存在，而非如黑格爾所言是為精神而存在。素樸馬克思主義的唯物論者往往過分誇大此段的宣稱，雖然在此段話中，馬克思不斷強調上層建築是隨著下層建築的經濟基礎的變革而變動，但是別忽略馬克思認為社會的存在決定人們的意識，並非人的意識完全由下層建築所決定，而是「社會的存在」，所謂的社會的存在是上下層建築結合的結果。如果沒有細讀馬克思之《黑格爾法哲學批判》便很容易陷入下層經濟完全決定上層意識形態的說法，其實馬克思此段話最大的用意並非是社會本體論的討

論，而是在於說明若欲進一步理解黑格爾之市民社會（黑格爾理解的偏誤）則須進一步解剖其本質——政治經濟學。政治經濟學就馬克思（Marx, 1992a:457）而言，在《黑格爾法哲學批判》導言表明是一門進步的科學，只有在英法產生，相對地德國沒有這項科學，因爲德國沒有政治經濟學或社會財富控制的問題（就馬克思而言，英法的資產階級比德國的資產階級的公共性已有更進一步的發展，已考慮到私利與公益之間的問題），而是國民經濟學或私有財產對國家的控制（馬克思認爲德國的資產階級的公共化程度，並非如黑格爾所言，已具有英法之市民社會的公共性格，相反地依舊是私人利益完全至上，公共性完全是私人利益的面具）。

如果馬克思之《黑格爾法哲學批判》是在於反省德國，而《資本論》則是在於反省英國。這種區辨再結合上段的末語，究竟顯露何種訊息呢？在《黑格爾法哲學批判》導言早已顯現馬克思研究英國資本主義的動機：「在法國和英國是消滅已經發展到最大限度的獨占；在德國，卻是把獨占發展到最大限度。那裡，正在解決問題；這裡，矛盾才被提出。」（Marx, 1962a:457）在資本論第一冊第一版序言中更認爲英國作爲先進的資本主義國家的主要代表，其他國家也將跟進。就此而言，德國是相對落後於英國的發展，如果英國作爲先進之資本主義國家，則其市民社會的發展相對是先進的。爲了對於市民社會有更進一步的理解，馬克思將理解的對象轉到英國之政治經濟學的發展，對相對落後的德國人而言，馬克思認爲可以因知英國而知德國未來市民社會的發展。彷彿理解高等動物之後，對於低等動物的理解便不言而喻。

黑格爾的市民社會（Burgerliche Gesellschaft）的概念是同時包含市儈（Burger）與布爾喬亞，這些人的倫理精神就是自私自利的相互鬥爭。但是黑格爾並不認爲市民社會將因此而陷入自然

狀態，相反地市民社會是相對於自然狀態的「人為社會」，市民社會的成員發展出法律、司法與警察制度等理性的社會制度來維持社會正義－私人利益與公共利益的平衡關係。而且市民社會的生產方式－工業與商業取代傳統的農業生產方式，更加強調分工，這種生產方式使得市民必須相互依賴。因此黑格爾認為基於市民社會之私利的衝突關係、生產方式對於分工的要求以及深受傳統家庭倫理影響之同業公會對於公共性的重視，使得市民社會更進一步階級化，也就是將人從自然色身（個體），經由家庭倫理將人提升為家庭色身（個體）之後，市民社會將大部分的市民提升為市民階級，就是以資產階級為主體。這個階級的色身（個體）已不同於自然色身（個體）或是家庭個體，而是一個除了重視個人私利也重視階級（一種比家庭更大的社會集體）利益。就此而言，黑格爾認為資產階級已大範圍地統一私利與公益，他們體現絕對精神之公共性的雛型。在如前所述，黑格爾認為最後體現絕對精神者是官僚組織，馬克思也多有批判，不再贅言。

　　雖然馬克思十分嚴厲地批判黑格爾，但是他卻同意市民社會的成熟發展如英國，應該不是像德國的市民社會獨占的形式依然堅挺，而是逐漸褪去獨占的色彩。詳言之，市民社會最大的特質便是其社會經濟的特質；財產利益與權利是市民社會最主要的社會力量，所有的社會關係幾乎不是從這種經濟關係發展出來的。初期市民社會對於其經濟利益的維護是透過同業公會獨占的形式，成熟市民社會的發展這種獨占的特質將會漸漸消失，也就是同業公會將逐漸被一種更大的集體所取代。

　　就黑格爾而言，市民社會的同業公會最後將被國家的官僚組織所支配。就馬克思而言，市民社會將超越同業公會而成為一種資產「階級」，也就是更進一步成為階級的存在。有關此點黑格爾與馬克思之基本哲學的立場而有不同的看法，前者強調自在理念

的存在，後者則強調自爲過程存在的重要性。因此，市民社會體現理念就黑格爾看來，本來自在的意義便大於自爲的意義，也就是固然市民社會不曾完全被動地被理念所決定，但是市民社會如果沒有理念的存在是不可能成就其公共性的，而可能只是自然狀態的再現。

馬克思與黑格爾最大的差異點，莫過於此。人類社會的發展是自爲的存在，不被理念所決定，只被自己的歷史與經驗所決定。但是馬克思與黑格爾有一相近的看法，便是「普遍階級」（universal class）的觀點。然而，由於黑格爾認爲理念是自在存在，人類的存在也只是在於體現這種理念，因此其所謂的普遍階級並非是如馬克思所主張是一種以全體人類社會與色身（個體）統一的結果，而是只要能體現理念即可，這個階級就是資產階級與官僚組織——他們體現理念而非全體社會的利益。然而，就馬克思而言，市民社會所造就的資產階級或是國家所成就的官僚組織並無法形成普遍階級，乃至全體社會（the sociel）（Neocleous, 1995），將人類由自然的色身（natural individual），變成階級的色身（class individual），再變成社會的色身（social individual）——具有完全公共性（totality）的人。

因此馬克思分析市民社會或是資本主義社會最主要的目的是要研究布爾喬亞與工人如何各自成爲一個階級色身（個體），以及論述工人階級作爲一個普遍階級，將其本身與資產階級由階級的色身推向社會色身的可能。所謂階級的色身已不同於自然的色身，自然的色身對於自然的占有是自然狀態的關係，但是馬克思同意黑格爾對於階級色身的描繪，是一種重視集體或公共之人爲的社會（次社會）。因此階級色身就馬克思而言，如同黑格爾有一種十分重要的社會意義，便是公共性，不過階級的公共性是不完全，甚至是膽小和虛假的。然而，階級色身並非完全沒有公共性

的觀念，只是其公共的觀念僅限於其所屬的階級，更重要的一
點，馬克思與黑格爾都認為階級的公共性是基於利益的鬥爭而非
愛或道德的情操，有關此點是近於盧梭而遠亞當斯密，不過經由
歷史辯證法的思維，就已在盧梭之外了。

　　這是一個馬克思理解市民社會的切入點，直接解剖市民社會
的本質－利益的鬥爭。其實關於此點，長期以來便是古典政治學
與古典政治經濟學討論公共性，最主要的對象－財產利益。嚴格
說來馬克思的切入點是十分古典的，但是他延續黑格爾的觀點認
為市民社會已成就某種程度的公共性卻是新穎的。一般在理解馬
克思的階級鬥爭理論時，很少注意其與黑格爾關於此點的關聯，
而逕陷入社會本體論的爭辯，實在是沒有領會馬克思對於其文明
自身理解所建構之最為重要的理論－西方人的色身由自然色身變
為為階級色身再轉變為社會色身。

　　至於工人階級如何突破階級本身的自利性，而朝向社會色身
（個體）的發展。馬克思在理論層次上，不論是在《黑格爾法哲學
批判》或是《資本論》立場是一致的，認為工人階級本身便是利
少的階級，不可能像資產階級往往為了維護自身的利益而危害其
辛辛苦苦所建立的公共性（對於私人利益與階級利益的統一）。尤
其，當工人階級被剝削到極點，其階級性（不完全的公共性）將
被激發為對於完全的公共性的追求。但是工人階級的不完全公共
性是如何形成的？如果工人階級只是一群烏合之眾，未曾如同資
產階級有文化的積累以成就其公共性，工人階級是如何培養出其
不完全的公共性，進而將全體社會的人推向社會色身（個體），而
非自私自利或是僅僅固守階級利益的色身？

　　馬克思對於這個問題的解答乃在於生產關係本身的矛盾性之
中，這也是馬克思為何將其對於市民社會的批判轉為政治經濟學
的批判，以及將批判的對象由德國轉向英國的最主要原因。因為

在《黑格爾法哲學批判》中馬克思並無法科學地回答上述的問題，對於政治經濟學的批判算是對於市民社會進一步地解剖，也是在於正面回答沒有公共性文化累積（如布爾喬亞）的工人如何成為一種階級——具有公共性的階級。

如前所述馬克思在《資本論》中認為工廠法是將傳統工業（手工業）徹底消滅的劊子手以及催生現代工業——大機器生產興起的產婆，更將烏合之眾的工人的自然色身凝聚為一種階級色身（個體），再經由與早已成形的資產階級進行激烈的鬥爭，而將彼此更進一步由階級色身推向社會色身。

然而，韋伯卻有別馬克思的觀點，他十分懷疑工人階級之形成公共性的能力。換言之，韋伯懷疑一群不具文化累積的人是否有形成公共性的可能，充其量工人階級只能依附於布爾喬亞所建立的公共文化－將個人利益，以已具有公共性的法律來約制及保障。而且，韋伯進一步強調（馬克思曾在《黑格爾法哲學批判》官僚組織之實踐公共性的可能）合理化的官僚組織——是一種深層文化的累積成果（這是與馬克思有關此點理論最大不同之處），並非工人階級經由幾場革命便可以成功超越的，即使工人階級奪得政權也將重陷官僚組織的窠臼。

就黑格爾與馬克思而言，雖然立場迥異，但是卻承認私人利益（私人權利）與公共利益有相互統一的可能。就馬克思而言，不但資產階級與官僚組織將產生公共性（就黑格爾而言，兩者將陸續體現絕對精神的公共性，不過對於馬克思而言卻是不完全，甚至是虛假的），經由工人階級對於全體社會利益的認同，而將進一步與資產將之不完全公共性進行鬥爭，以完全化公共性，屬於全體社會而非特定階級的公共性。

韋伯也有尋求歐洲文明普遍化（universal）發展的企圖心——對於歐洲社會合理化的研究。但是韋伯的分析卻比黑格爾與馬克

思更為複雜（黑格爾將社會劃分為家庭、市民社會與國家；而馬克思則劃分為亞細亞的、古代的、封建的、資本主義的與共產主義的）。黑格爾是以私人權利（及私人福利）與公共利益統一的可能發展為其理解社會的核心——主要是以市民社會為主體，如前所述馬克思也是以市民社會為主體，不過卻是對於市民社會之私人利益（資產階級的剩餘價值）與公共利益（全體社會的利益或福利）作進一步的政治經濟學的批判——以生產工具如土地、商業資本與產業資本，尤其是產業資本為主要批判對象。黑格爾與馬克思皆深受法國大革命與工業革命的影響，強調市民社會之產業利益是如何被不完全公共化或階級化。雖然韋伯也是以利益為其的分析基礎，不過卻是在工業革命與法國大革命之外的利益。法國大革命與工業革命在韋伯看來，固然有其影響性，然而產業（資本）利益的公共化（階級化或國家化）的分析並無法完全解釋歐洲現代文明的特質。韋伯對古猶太教的研究已明顯表明其強調過去文明對於現代文明的影響性，當今的文明不見得完全由昔日甚至是千年以前的文明所決定，不過卻是深受其影響——一種文明的習慣性（不易改變的習慣而非因果關係）。

對於工業革命與法國大革命的認知差異，黑格爾及馬克思與韋伯對於其現代文明的理解有不同的解釋。由於韋伯比前兩者更強調文明之綿延性，更由於其對於文明的理解並非泛文明的解釋（前兩者皆有泛文明的態度）。因此能夠清楚指出西方文明的獨特性，更因為如此韋伯能夠更為其實地呈現歐洲文明的本質。當然從黑格爾與馬克思的著作中也都可以領會出西方文明的獨特性，不過卻是需要十分仔細與敏銳地挑出，而那種銳利的眼光，往往還得經由韋伯的研究於以強化。

總體而言，黑格爾、馬克思與韋伯，就歐洲文明之社會正義的發展而言，固然彼此之間存有許多迥異的立場與觀點，然而三

者皆認爲布爾喬亞在政治經濟或社會經濟所創發的公共性（階級的公共性）對於現代歐洲文明有十分深遠的影響性，更影響著往後的發展。換言之，他們認爲現代歐洲文明在私利與公益之間已有某種程度的平衡發展，私人利益已被公共化，卻又不至於完全宰制私人利益。然而如果從現在歐洲文明的發展看來，他們並沒有完全解釋清楚，遺留許多問題供現代社會學家進一步研究。有關此點現代社會學家艾利亞斯與哈伯馬斯的早期著作，對此有其原創性的轉換。

### 結語

雖然黑格爾、馬克思與韋伯等之社會理論，特別是後兩者被稱爲古典社會學，不過就台灣學術界對於西方之社會正義的理解而言，卻一點也不古典！在英美之古典與新社會契約論之強勢影響下，固然黑格爾、馬克思與韋伯的著作多已被譯成中文，但是對於這一脈相承的德國學術傳統的整體觀——權利請求作爲具有公共性的實踐理性，我們卻是極爲陌生。其實黑格爾、馬克思與韋伯等三者的社會正義分析，就是針對社會契約論的反省，他們尤其是馬克思與韋伯企圖從社會本身的整體（史）發展經驗（黑格爾也強調整體史，不過卻十分哲學取向），來理解公共利益與私人利益之間如何平衡的問題。相較於社會契約論，他們的歷史社會學的經驗研究，提供一種實在而較爲清晰的西方法律文明圖像，十分值得異文明的我們重新由整體的觀點再參考之。

在社會契約論的傳統，往往是純哲學地探討社會正義如何可能的問題，也就是公私如何統一的問題，以現代的道德哲學而言，羅爾斯是其中的翹楚。這種討論的方式並無法告訴異文明的我們，什麼是西方社會正義的主要特質——那種深具公共性實踐的權利請求。特別是在西方學術的強勢衝擊之下，異文明的我們

反而因此而陷入似是而非的困境，認爲西方社會正義的理想境界，我們也將可以如此追求——只要高喊人權至上，躲入天賦人權的幻境，就可以體現權利請求的理想。不是不可以對西方取經，西方的發展經驗絕對是可以作爲中國文明發展的參考體，但是必須是全面性地徹底理解，而非隨便取個理論來膜拜，隨便套上一些經驗數字即可。

從黑格爾、馬克思與韋伯等的研究，尤其是後兩者明白告訴我們，西方的法律文明是建立在階級衝突的基礎之上——不斷爭取特權的過程。而此爭特權的過程，不論是黑格爾、馬克思或是韋伯都承認布爾喬亞階級基於其私利特權的請求，以及傳統共同性生活（communal life）的延續，已經建構出狹隘的公共性（publicity）的實踐理性——僅屬於其階級所享的公共性實踐的權利請求，尚未達到全體社會的公共性實踐的權利請求。不過，黑格爾與韋伯都認爲工人階級是烏合之衆，對於一種全體社會的公共性是否能夠完成，深表懷疑。然而，馬克思卻抱持極爲樂觀的看法，也有嚴肅的論述（如其於《資本論》的論述）。工人階級究竟有沒有辦法成就公共性實踐的權利請求，是古典社會學遺留給現代社會學極爲重要的課題。事實上，西歐的工人階級已經證實了，他們是可以成就公共性實踐的權利請求，不僅如此，那些長期被道德所禁錮的邊緣人如同性戀、性倒錯、性虐待嗜好者、妓女，甚至是藥物濫用者等等，都是可以進行公共性實踐的權利請求，都可以發揮具有公共性的實踐理性。他們不再需要他律道德，而是渴望一種「權利請求作爲具有公共性的實踐理性」。他們的「弱勢」是可以團結成「優勢」成爲擬似階級，而進行「階級鬥爭」——具有公共性實踐的權利請求。

# 第五章　合理化理性言說的形成 [1]

德國憲法法院第一審判法庭予 1973 年 2 月 14 日發布一項決議（法律續造的決議）中規定：所有法官的司法裁判必須「建立在理性論證的基礎上」。引自《法律論證理論：作爲法律證立理論的理性論辯理論》（Alexy, 2002：德文版序）

不應低估理性論辯理論作爲某種理想之定義的功能。事實證明這個功能本身超過了法學的藩籬。引自同上書（Alexy, 2002:362）

## 前言

阿列格西（Alexy, 2002:17）的法律論證理論十分強調「理性論辯」，分別整合了維根斯坦（Wittgenstein）與奧斯丁（Austin）的語言哲學，黑爾（Hare）、圖爾敏（Toulmin）與拜爾（Baier）的語言分析倫理學，以及哈伯瑪斯、洛倫岑（P. Lorenzen）與施韋默爾（O. Schwemmer）與佩雷爾曼（C. Perelman）等的言說倫理學。縱然盧曼（Alexy, 2002:33; 156）認爲理性論辯——像哈伯瑪斯的努力，注定是要破產，但是阿列格西依然認爲社會系統的複雜性，並未能阻止法律理性論辯理論的發展，事實上社會系統的複雜化正將過分重視形式合理化的理性論證推向形式且實質的

---

1 本章曾以王崇名與莊茂連名發表於 2002 年，〈合理化的理性言說作爲西方法律文明的社會基礎：西方社會思想史與社會理論的整體理解〉。《思與言》，第 40 卷，第 3 期。莊茂現爲中山醫學大學醫學社會學系講師，台大法律碩士畢業，雖然未參與本章的撰寫，但是本書作者常常向他請教法律技術的問題，以作爲本章理論整合的參考。

合理化理性論證。[2]

　　阿列格西的《法律論證理論：作為法律證立理論的理性論辯理論》出版二十年後，才有台灣法學者顏厥安（1998）對這本書作了極為完整的詮釋性介紹，六年後大陸法學者舒國澄（Alexy, 2002）將該書翻譯出來，但華人世界的法學思想落後於西方法學應該不僅是這二、三十年。從阿列格西所整合的當代語言哲學與倫理學思想看來，理性論辯在法學上的發展絕非偶然，這是當代西方哲學與社會思想對於傳統倫理學的繼承與挑戰的成果。

　　不過當我仔細閱讀完阿列格西的成名著之後，除了讚嘆外，有一個極為天真的想法：他所努力要作的「事」——建構形式且實質合理化的理性論證，在中國人看來，可能是一件「蠢」事，特別是精於「三十六計」謀略的中國人，那些法庭上的論辯，在他們看來根本就是權謀，怎麼可能進行理性論證，用西方的話來說，這是唐吉訶德的妄想。但是，任何一位深知台灣司法改革的困境的人，都知道困難之處正是在此——我們根本就沒有理性論

---

2 關於「合理化理性言說」這個概念，是結合希臘「理性言說」與韋伯「合理化」的兩組概念。哈伯瑪斯（Habermas, 2003:132）曾經使用這樣的概念「合理商談」（rationaler Diskurs），表示「應該包括所有旨在就成問題的有效性主張達成理解的任何努力，只要這種努力是在這樣一些交往條件下發生的，這些條件在一個通過語內行動而構成的公共空間裡，使得對主題和所發表的意見、信息與理由的自由處理成為可能。這個表述間接地也涉及談判過程，只要這個談判是受經過商談地論證的程序的調節的。」

　本章「合理化理性言說」與「理性商談」的意義是相近的，哈伯瑪斯的理性商談是屬於規範性理論的建構。雖然本章也是屬於理論與思想史的建構，但是與哈伯瑪斯所處理的方式最大的不同，在於本章著重的是「理性商談」不論是規範性理論的建構或是某種西方法律文明現象的陳述，就異文明的我們，應該仔細地理解這樣的理論概念是如何從西方的理論與思想史發展出來的，甚至也具有某種經驗事實的跡象。

證的倫理學基礎。我們的道德是用來遵守，是不可以論證的，遑
論形成那種可以藉由理性論證所發展出來的實踐理性的倫理學。

　　台灣對於西方法律的理性論證的繼受，已經不單單是法條的
繼受，這已經是一項文明習慣的繼受，猶如醫學上的人腦移植。
這種繼受可不可以成功，誰都不敢預測，但是目前肯定是不可
能。本章將理性論證稱爲「合理化的理性言說」，雖然繞口，但是
採用這個詞的原因，絕非標新立異，一方面是要強調理性論證的
哲學傳統，源自於希臘哲學「理性言說」（logos）的傳統，另一
方面是要強調這個概念的長期綿延性格——朝向形式且實質合理
化的發展特質，理性論證是西方法律文明的特質之一。同時，也
是作爲理性論證理論的倫理學基礎的思想史考察。

　　近代中國，不論是中國大陸與台灣，或是香港與新加坡，以
及分散在全世界的華人社會，在政治經濟制度或是日常生活都不
斷在面臨西方法律文明。我們都可以清楚地感受到這種法律文明
的存在，也知道他作爲現代中國面臨西化過程，所必須學習與適
應的對象，沒有任何選擇。我們很清楚在華人社會沒有這種文明
的存在，至今華人社會要複製這樣的一個她，還是困難重重。我
們對她的理解，有時就像一位充滿青春能量的少男，對於青春少
女的迷戀，既愛又恨，愛她的風采，恨她曖昧無情。

　　關於在經濟學領域的產權經濟學的發展，或是政治學的色身
（個體）權利觀念的探討，或是法學關於人權的討論，都離不開對
西方法律文明做根本性的理解，但是我們很少對她做一個整體的
理解。或許因爲正是對她的理解不夠清楚，我們在這些領域的發
展都不甚理想。我們的史學界對於西方社會史的理解也多重於事
件史的理解，事實上對於西方社會思想史的論述與關懷也很少，
或許是語言的限制，或許是距離的遙遠，或許是文明的自卑，我
們很少有勇氣宣稱做西方社會思想史的研究，正是缺乏這種勇

氣，讓此橫在我們面前的重重困難，也徹底摧毀我們對於西方社會思想史作整體理解的企圖心。

學科的分殊化以及學術自私主義的興起，瑣碎性的實證主義正在台灣學界蔓延著，沒有人願意浪費時間去理解那種似乎是在浪費時間的整體史，搞經濟學、社會學、法學的學者都將這個工作留給史學家，偏偏史學家也沒有興趣。結果社會科學領域變成一種害怕整體史的理解，或許覺得她很重要，但是情願將她束之高閣，當成一種像對於神的存在的感覺，可存在，也可不存在。關於她到底要不要存在，學術的功利主義就讓她不清不楚地遊蕩著。

如果還相信整體是存在的人，還相信一種被長期建構的文明是存在的。我們就有些微的勇氣，去瞧瞧與感覺那西方社會思想史的發展，對於本章的閱讀，需要這種最基本的勇氣與企圖。當我們決定還是要將西方社會思想史整體的走一遍，許多西方社會思想的爭議與綿延，就會在腦中自然浮現。

西方社會思想史的論述源頭應該從哪裡開始？是古希臘哲學思想？還是像聖經考古學的說法應該從亞伯拉罕，或是更早？從哪裡開始？如果沒有一條線索，航向過去的歷史，猶如沒有羅盤與航海圖孤船在太平洋漂浮。

法律色身（個體）是現代西方社會最重要的社會特質（也是西方法律文明在近代的具體表現），不論是國家、市場、還是市民社會，這幾個西方社會所形成的社會實體，她們的基礎就是這個法律色身。西方現代國家的基礎是法律色身，披上科層制的外衣。西方的市場的基礎是法律色身（個體），披上價格機能的外衣，西方市民社會的基礎是法律色身，披上結社的外衣。這些外衣是與這個法律色身，緊緊相依，構成了近代西方社會的特質，事實上說近代西方社會就是一個法律社會，一點也不為過。我們

可以做更大的宣稱：對於近代西方社會的理解，就是對於近代西方法律社會的理解。

西方社會有了這個法律色身（個體），讓個人主義的慾望與利益可以穿上科層制、價格機能以及結社的外衣，在陽光底下伸展胳臂，而非蜷藏在陰暗的內心世界。以男人為主的國家、市場以及市民社會，讓男人的慾望與利益可以彼此宣稱與承認，隨後的女人與兒童，乃至長期在社會邊緣的同性戀、特殊性癖好者、妓女都可以慢慢在陽光下舒展他們的氣息。個人主義在啓蒙以後漸漸站上西方歷史的舞台，成為歷史的主角。她由後台走向前台，讓西方許多社會思想家恐慌不已。其實這種恐慌一直是西方社會思想史的主軸，從古希臘時期開始，色身（個體）與集體之間如何相互安置便是一個重要的爭議。那麼，西方法律文明的發展，在這個軸線上是如何發展的？便是本章所要處理的問題。基本上，本章所要論述的就是，「合理化的理性言說」如何成為解決色身（個體）與集體之間的紛爭的方法，同時這樣的方法正是作為西方近代法律社會的重要要素之一。

不論是我們從西方的有關法律訴訟的影片或是實地在西方的社區生活過，都可以清楚感受到這種合理化理性言說的精神。西方社會可以接受以語言的論述與陳說，在法庭上爭辯，爭出一個兩造雙方都可以暫時接受的「道理」。我們不難發現，在西方法庭上的法官只是仔細的聽訟，或是仲裁合理化理性言說的程序與說辭是否可以作為證詞的合理化程度（不容許非合理化的狡辯）。兩造的律師或是檢察官，彼此基於合理化證據的言詞陳述，相互辯論，讓陪審團或法官作為仲裁的重要參考依據[3]。事實上這樣的

---

3 大陸法系與英美法系對於仲裁分別由法官與陪審團分別扮演不同的角色，大陸法系的法官具有仲裁罪行的自由裁量權，英美法系則沒有。

情節在西方的社區生活上，像是公聽會或是一般社區的集會，合理化的理性言說始終扮演很重要的角色。這樣的合理化理性言說的精神在台灣社會，不論是法庭上或是日常生活的集會上，還是很難形成，成為台灣社會未能法律化的重要因素之一。實在有必要，將這種已經成為西方日常生活一部分的文明習慣，徹底的理解一番。

## 希臘時期的「理性言說」作為人治到法治的轉掣器

蘇格拉底認為「惡法亦法」，為法殉道之後，柏拉圖對於法治的作為採取保留的態度，法律究竟能否作為色身（個體）的社會實踐之道，柏拉圖是採取懷疑的態度，雖然在《法律篇》最終還是承認法律治理是最好的社會治理，但是他大部分的學術生命還是追求哲學王的治理之道。雖然在西西里錫拉古（Syracuse）試驗哲學王治理之道失敗之後，還是念念不忘沒有法律的治理才是至高至善的治理（Bodenheimer, 1997:11）。

在蘇格拉底與柏拉圖之間的兩難，法律作為色身（個體）的社會實踐之道，究竟是可行之道或是天方夜譚，成為亞里斯多德作為學術繼承者必須處理與解決的問題。在人的德性與法律之間，亞里斯多德首先宣稱擁有好的德性之人，不見得就是好的公民。這種見解是亞里斯多德在《政治學》核心思想，試圖調解德性（道德）與法律作為社會實踐的衝突。但是亞里斯多德在《政治學》上的論述，並非如一般法理學上的論述如波鄧海莫爾（Bodenheimer, 1997:12）所言，試圖「以法律作為基礎之國家達到美好生活唯一可行之手段」。亞里斯多德在《倫理學》所提出的「中庸」之道充滿在整個《政治學》的論述之中，但是亞里斯多德並非認為凡事採取中庸之道即可。亞里斯多德在論法律治理的可能性時，他對修辭學的重視應該不可以被忽略。亞里斯多德不認

爲惡法亦法，不願意重蹈蘇格拉底的覆轍，但是又不認爲法律一
經制定便具有普遍性的效力，承認法律的有限性效力。「當成文
法對訟事不利時，便需利用一般人共同接受的法律」（亞里斯多
德， 1994:400），「如果對法律條文有爭議，就必須反覆斟酌，看
哪一種引伸更符合公正和有利的原則，然後照此運作法律。如果
法律所針對的事已經不復存在了，但法律本身還存在，就應當盡
力表明這一點，以此來同這種法律抗爭」（亞里斯多德， 1994:
401）。

　　當然亞里斯多德並非天眞到相信法庭上所有的修辭陳述都是
眞實的。「敵意、憐憫、憤怒以及靈魂諸如此類的激情其實都是
不切題的，不過是意在影響陪審員的判斷」（亞里斯多德， 1994:
333-334）。《政治學》、《倫理學》與《修辭學》這些亞里斯多德
的著作應該被整體的看待，才能看出亞里斯多德試圖調解「人治」
與「法治」之間的企圖與努力。亞里斯多德承認了人的德行的有
限性，不企圖追求哲學王的神聖德行，那或許是神的境界，對於
尋常公民的德行，在倫理上他奇望中庸之道，不希望過分道德的
矯飾，也不期待過分庸俗的野鄙。但是這不是他最終的目的，他
認爲社會實踐之路乃在於公民德行的發揮。這種公民德行的發揮
就是政治實踐，也就是社會建構，使得拋開私利的社會得以存
在。

　　亞里斯多德認爲最善良的人不見得就是最具公民德行的人。
除了在《政治學》裡明白表示所謂的公民德行就是「能統治人，
也能被人統治」，同時能夠透過法律來完成這種社會實踐。在《修
辭學》裡亞里斯多德期待不能至善的法律治理，能透過三段推論
的修辭，讓法庭上的語言陳述，成爲一種理性的論證，以彌補法
律治理本身的不完善性。我們可以感覺到亞里斯多德已經有哈伯
馬斯交往行動理論的精神：希望透過法律的理性實踐，以建構具

有主體性社會色身（個體）。[4] 不過，喚醒對於亞里斯多德「理性言說」的重視的人並非哈伯瑪斯的《溝通行動理論》，而是海德格（Heidegger, 2002:45-46）的《存在與時間》：

但正因爲「眞理」具有這意義而 λόγοος（邏各斯，logos）則讓人看來的一種確定樣式，所以 λόγοος 才不可被當作眞理的本來「處所」來談。如今人們習以爲常，把眞理規定爲「本眞地」歸屬於判斷的東西，而且還爲這個論點援引亞里斯多德；然而，不僅這種援引無道理可言，而且這首先是誤解了希臘的眞理概念。

海德格認爲亞里斯多德的「理性言說」長期以來被誤認爲「邏各斯」，被當成一種「本眞的」存在來對待，忽略了邏各斯的「言說」特質。由於忽略了言說的特質，西方形而上學的歷史變得晦澀難懂，把本來一個簡單的「此在」的存在的概念搞得模模糊糊的，還自以爲找到「眞理」。[5] 海德格藉由亞里斯多德的「理性言說」的言說特質，來強調「存在者」作爲「此在」的基石：

我們用「此在」這個術語來稱呼這種存在者。存在的意義問題的突出而透徹的提法要求我們是研究某種存在者（此在）的存

---

4 國內學者江宜樺於 1995 年在《台灣社會研究季刊》第 19 期，所發表的論文〈政治是什麼？試西亞里斯多德的觀點〉一文比我更早注意到這個問題，試圖以亞里斯多德的修辭學的理性言說（logos），來重新詮釋亞里斯多德的政治學，基本上我同意江宜樺的論點，但是他無法將亞里斯多德的政治學的觀點，擺入西方整體社會思想史與社會生活史的論述之中，因此無法領略到理性言說與權利鬥爭結合發展而作爲西方主體社會實踐的工具。事實上，海德格早在《存在與時間》一書，便清楚地解釋亞里斯多德的 logos 是一種言說。
5 關於海德格的「此在」與存在的問題，謹請參考本書第二章。

在來對這種存在者加以適當解說。（Heidgger, 2002:11）

　　無疑地海德格試圖藉由恢復對於存在者——人的存在的承認便清楚遞解釋 logos 是一種言誤。來解釋存有，但是這樣的解釋，是很薄弱的。本書反倒是很好奇地認爲，爲何只有西方可以發展出理性言說，同時理性言說並未在西方中斷，只是發展的方向頗有曲折。而且這樣的非直線性發展，也不僅僅是讓理性言說停留在希臘時期的層次。整體而言，經由羅馬時期的異化，理性言說在西方的發展是不斷朝向「合理化」發展。

　　海德格的形而上學思想對於存有的重建，特別是以言說與理解來重建，對於當代西方思想造成重大的影響，特別是對於存在主義以及後來的後現代哲學。但是，以海德格爲首，迦達默爾爲繼，以及許多後現代的言說倫理學，也包括哈伯瑪斯的言說倫理學，屬於哲學的空想，雖然有些眞實，但是缺乏社會學的考察。本書，便試圖站在「未明的韋伯」的基礎之上（將於本章六、未明的韋伯與「合理化理性言說」，進一步論述），對理性言說作一番社會學考察。

### 羅馬的延續與轉換：理性言說的異化

　　亞里斯多德的理想在古羅馬的法律哲學思想或是政治與社會思想中，並沒有得到更進一步的發揮，反而是退化了。古羅馬雖然創造出形式合理化的羅馬法，但是透過法律與修辭論述的理性實踐，在古羅馬政權一體化的過程，讓給了王權或是古羅馬的寡頭政治。現存古羅馬社會思想的翹楚　　西塞羅，他的兩本著作《論共和》與《論法律》讓他千古流芳。但是作爲古希臘法律思想的繼承者，他卻繼承了柏拉圖，而非亞里斯多德。在這幾本著名的作品中，讓修辭成爲一種說話的藝術，而非話語本身的理性論

述，他將話語修辭的論述萎縮掉了。一方面雖然認爲法律的大眾性，法律是屬於羅馬全體公民的，另一方面卻期待哲學王的重現，無疑是替羅馬政權尋找合法性的基礎。話語的理性修辭論述、公民主體的社會實踐與法律治理完全區隔開來，彼此之間顯得格格不入。在《西塞羅三論》中關於〈論責任〉部分算是西塞羅的倫理學主張，強調一種個人榮耀的道德實踐。儘管西塞羅自己也表示「我的哲學和亞里斯多德的哲學並沒有很大的差別（因爲我和他們都自稱是蘇格拉底和柏拉圖的信徒）」（西塞羅，1999: 89-90），但是「西塞羅的第五本書《費尼拔篇》首篇中關於雅典的談話也同樣給人留下深刻的印象。西塞羅的哥哥崑達・西塞羅、外甥路修・西塞羅、終生的朋友波波尼奧斯，以及來自羅馬大家族的馬卡斯・皮索都在雅典學習。這幾個人在某天下午從弟佩隆門出城去學園（Academy），只見得學園的橄欖樹，柏拉圖隱居的地方，那裡的鳥整個夏天都在悅耳地鳴叫。這些年輕的學生談論著他們的周圍環境。一個人指著一張桌子說，柏拉圖曾坐在上面發出驚人之語。……在那裡德摩斯梯尼（Demosthenes）曾在反捲的浪花旁作激昂的演說並訓練發聲，以適應雅典議會的吵鬧與喧嚷」（Zane, 1999: 97）。雖然，西塞羅表面承認受到亞里斯多德的影響，但是在個人的崇拜上以及倫理學的觀點，都是傾向柏拉圖的，對於哲學王統治的期待。

西塞羅所表現的社會思想，令人感到意外，修辭術、法律的合理化，以及強調公民德行的論點在古羅馬都達到最鼎盛的表現，但是卻是三個互不相干的美麗服飾，極其妖豔，卻顯得格格不入，同時也是一個物慾橫陳的世界。古羅馬的縱慾主義讓古希臘亞里斯多德的成就完全倒退，直到古羅馬帝國基督教化，節制的慾望。這種對於慾望的不信任傳統深深影響著基督教的社會思想，直到西羅馬帝國滅亡的前夕，奧古斯丁（西元 354 年至 430

年）將法律作為的理性的社會實踐歸為神性，世俗慾望本身是沒有任何法律理性實踐的意義，主體不能由此彰顯，世俗由慾望統治，永遠不得完善的正義。唯有世俗世界被上帝之國替代後，被上帝永恆之法統治，才有完善的正義。

## 中世紀宗教社會的延續與轉換：「理性言說」合理化

奧古斯丁之後，將近九百年以後的基督教世界，在十三世紀現代西方王權國家的雛形已經出現了，但是世俗的權力還是臣服於羅馬教權之下，十二世紀葛利果七世剛征服王權取得教權優勢的不久，但是王權與教權之間的纏鬥，並未因此畫下休止符，直到法國大革命之後，拿破崙稱帝，教權才完全式微。教權與王權之間的互鬥，正是奧古斯丁倫理學模式的潰敗，世俗的慾望與神界的永恆重新對立起來，也必須尋找調和的出路。教會藉由柏拉圖主義的統治無法再壓抑世俗慾望的蠢動，世俗的權力希望可以決定自己，但是教權也不鬆手，教會法與世俗法之間的對峙與衝突，有機會讓亞里斯多德成為中世紀神學的主幹，集大成者就是聖多馬斯（西元 1226 年至 1274 年）。

在奧古斯丁神學下，帶有原罪的人，就算是窮盡理性，還是不能達到至善的正義。但是聖多馬斯引入了亞里斯多德的哲學思想，承認人的理性可以論證神的存在。在聖多馬斯與亞里斯多德的影響下，中世紀的士林哲學或是稱作繁瑣哲學充滿了理性論述的作品，特別強調邏輯的推論，常常運用亞里斯多德的三段式論法來論證神的存在。此時雖然恢復了理性言說的精神，這一方面是繼承了羅馬社會演說修辭的傳統，但是中世紀的基督教社會卻有機會進行理性言說的合理化，這個機會恰是羅馬社會所欠缺的。這個機會就是教權與王權的鬥爭，教權代表神性與理性的權力，王權代表世俗與慾望的權力，這兩者鬥爭的機會是羅馬社會

所沒有的。這樣的纏鬥迫使教會本身的理性言說必須走向合理化的境界，也就是在教會會議或是宗教法庭的決議或審判內容，原本就具有理性言說的內容逐步被合理化，不再只是一味追求合乎形式理性的合理化，法律的形式本身與倫理的實質本身有衝突與整合的機會。這種在神學或信仰除魅化的過程，經由馬丁路德到了喀爾文達到最高峰，一種具有合理化理性言說的神學或信仰方式全盤托出。

漫長的羅馬基督教教會的統治，教皇，教士與教會本身在遲遲未能眼見爲憑地證明神的存在，神也遲遲未能有效證明，最後這些人成爲具有神性特質的人物。爲了對於廣大教徒的統治，特別是龐大的農民群眾，怪力亂神變成一種必要，基督教開始接受異教徒驅魔的魔法，那些原本早就被初期基督教時期所放棄的信仰方法。歐洲龐大的基督教信眾最後相信了贖罪券，相信了神職人員繼受了神性。然而廣大的信眾，無法永遠用矇蔽的巫術來統治。一旦宣稱神的存在，作爲信仰的依據與教會權力的後盾，神在哪裡、如何可知必須有所說明。很可惜舊教的信仰系統無法解決這樣的問題，十五世紀的宗教改革運動就此展開。神到底在哪裡？神如何可知與認識？

如果人的理性就是神性本身，爲何還是無法看見到神本身。當一直宣稱可以看到神，感覺到神的存在的宣稱方式，卻是一直看不到也感覺不到的方式下，有了兩種反抗的方式，一種就是徹底離開基督教，一種就是繼續接受基督教，但是改採其他的方式來體驗神的存在。這種新的體驗神的方式是何種方式？曾豹慶（2000）認爲此時在神的認知的態度上，從看到神證明神的存在，開始轉換爲傾聽（listening）神而證明神的存在。[6]事實上，舊教

---

6 曾豹慶（2000）論述上帝的認識是一種關係，更是一種言説。就本章而

本身源自於猶太教的傳統，以及初期基督教的傳統，便有傾聽神
學的特質。不論是宗教會議或是宗教法庭，或是藉由神父對於神
的告解與懺悔，都有傾聽神學的特質。但是傾聽的過程如本章前
文所述，傾聽神學為了統治廣大的農民信眾，不斷被魅化。最後
能看到的證明遠大於聽得到的證明，聖女貞德說她聽到神的聲
音，最後因為她無法證明被看到聽到了，而被火焚。然而，聖女
貞德的殉道，正式揭開宗教改革運動的序幕。馬丁路德登上歷史
的舞台，象徵傾聽神學將要經由除魅化還原到古猶太教或初期基
督教的傾聽神學。

　　馬丁路德宣稱神的存在是在於聖經閱讀的感受，是在於福音
的言談的傳證過程，不在教會以及相關人等的身上。但是馬丁路
德卻是主張保持教會原有的形式，以確保教會本身的組織型態，
不至於分崩離析。特爾慈（Troeltsch, 1960）認為喀爾文教派的信
仰才算是西方基督教思想除魅化的代表。喀爾文認為神給人理性
不是要去證明神的存在，而是要用來協助解決人的日常生活的問
題。人本身的任何能力都不可能用來證明神的存在，神是全能
的，人對他的體驗只能透過聖經的學讀來體會或是透過查經閱讀
的分享，一種透過聖經閱讀與論述的分享，來體驗神的存在。

　　雖然宗教法庭的優勢逐漸被王權所主導的世俗法庭所取代，
但是這種對於神的體驗方式，作為西方社會的主要社會規範，也
影響了法律與司法的發展。宗教法庭本身所發展出來的舉證原則
以及當事人爭辯的精神，在基督教思想的轉變過程，那種對於希

---

言，這是很重要的貢獻，對於國內的神學與哲學，乃至社會理論都有很大
的貢獻。很可惜這本書在社會學界並未引起重視，正是顯得當前台灣社會
學發展的自閉性格。不過曾豹慶對於社會理論的理解並未有任何的突破，
他在論述韋伯的宗教社會學時，也只能局限社會學早就耳熟能詳的概念：
合理化，未能詮釋出韋伯對於傾聽神學呼之欲出的貢獻。

臘與羅馬理性言說精神的繼承，受到王權與商權，以及神學思想在對於神的認識論與本體論的轉變過程，理性言說逐漸被合理化。有時候我們會輕易的認為，法庭上求證與論辯的精神，是一種近代科學精神在法律與司法領域發酵的產物，從以上的論述看來，似乎是誤解了。現代西方法律文明的發展與宗教思想的延續與轉變，有著密切的關係。宗教與法律的密切關係是遠超於伯爾曼（1996）的想像。

## 西方近代社會的延續與轉換：理性言說的全面合理化過程

十四世紀西方的文藝復興雖然是標榜著人文主義的復甦，但是也代表著人的慾望的合理化。表面上文藝復興的意涵是代表歐洲人對於希臘與羅馬文明，但是與十三世紀王權國家的興起、十五世紀開始的宗教改革運動，以及十六世紀西方現代資本主義的浮現做一番聯想，實在很難單純只是將文藝復興運動看成只是一種復古風潮、一種人文主義興起。這種人文主義發展的現象必須與王權國家、宗教改革以及近代資本主義做一番整體的聯想。雖然作為神權御用的哲學——基督教哲學已經系統化，羅馬教會本身也系統化，但是作為神權統治的最高精神與權力實體——上帝，或是教會所宣稱的神蹟並未真正出現。雖然，此時依然有廣大的基督教信眾，但是游離在基督教信仰邊緣的貴族與下層階級，已經開始按耐不住，就連基督徒本身也開始有所鬆動，即使還是虔誠信仰著耶穌基督，但是對於教會過於系統化的信仰方式已經不滿。

若認為文藝復興作為近代西方社會濫觴的文化性象徵，對於人本身的開始重視，這樣的說法是可信的。但是若過分將文藝復興所展現的人文主義精神，僅僅看作是對於希臘羅馬文明的復古主義，那將局限文藝復興所代表的意義。從傅柯的《性經驗史》

看來希臘與羅馬社會與近代社會有很大的差異，近代「社會」的
觀念，在希臘與羅馬社會尚未眞正出現。希臘人的社會是一種城
邦的社會，羅馬人的社會也僅僅是羅馬帝國散落在各地的城市所
組成的社會。現代社會將各階級與區域串連起來形成一種整體，
同時是基於個人主義的精神。那種既具有公共性又具有隱私性，
兩者相互穿透而成的社會，在希臘與羅馬社會並未開始整合。

　　希臘與羅馬對於慾望的承認與現代社會所呈現的意義有很大
的差異，希臘與羅馬對於人的慾望是承認也重視它的存在。但是
對於慾望的節制或縱容並不是爲了社會本身，其實只是爲了人本
身。基督教化的晚期羅馬社會到中世紀十四世紀以前，基督教的
規範與封建制度結合，像天羅地網似地控制著當時西方人。對於
人本身的慾望，沒有任何可以討論的餘地。但是當教會所訂的規
範開始受到挑戰，人的慾望本身不再全然只依附在神的旨意下，
首先必須面對的問題就是如何將十分個人化的慾望與利益重新安
置，這不僅僅是個道德問題，更是社會重新建構的問題。

　　作爲近代政治學的初期代表性人物馬基維利，他所寫的《君
王論》在這時候登上社會思想史的舞台，並不令人意外。馬基維
利向義大利佛羅倫斯麥迪錫家族獻上統治的策略，是西方王權與
教權之間長期的鬥爭的一環。[7] 王權作爲世俗的最高權力，爲了
自己的特權不斷向教權挑戰。在這長期的鬥爭歷史過程，王權在
許多方面，不斷迫使教權必須干涉世俗事，例如王位繼承與國王
對於婚姻法的挑戰像是離婚的問題。教權與王權分別藉由教會法

---

7 雖然十二世紀教皇萬利果七世與王權的鬥爭，取得優勢，將教權與政權統
　一起來，但是王權只是在表面上服膺於教權（例如王位的繼承一定要接受
　教皇的嘉勉與受洗，否則無效），王權依然是統治世俗最大的力量，而且
　自十三世紀以後王權的權力不斷強大，相對而言，教權不斷地式微。在這
　一來一往衝突的過程，教權與王權是一場長期鬥爭的歷史。

與王室法分治天下，雖然教權一直占上風。[8]

　　十一世紀城市的復甦，行會組織在城市中興起，布爾喬亞階級透過兄弟會也就是行會的宗教組織，逐漸形成一個可以與王權與教權分庭抗禮的階級。教權與王權爲了本身的利益分別與布爾喬亞階級妥協。商人布爾喬亞是當時基督教的主要信衆，同時也是教產的主要捐獻者。教會本身所反對的利息問題，最後屈服於布爾喬亞所提供的利益的誘惑。王權本身權力的擴張也必須結合布爾喬亞的資產力量，才能達到有效的擴張，最後王權也屈服於商人布爾喬亞階級。

　　在教權、王權與商權相互的纏鬥之下，教會的勢力逐漸式微。奧古斯丁當時所難以自圓其說，或是極欲懺悔的慾望，逐漸開始獲得承認，當然此時色身（個體）的慾望尚未得到全面性的承認，馬基維利在此時仍是妾身未明，還是徹底的反動思想。不過教權開始受到全面性挑戰，也對之進行全面反撲，宗教法庭上的冤獄層出不窮。同時宗教法庭作爲伸張教權的場域，也開始受到挑戰。雖然獨斷式的宗教審判還是主要的方式，不過在宗教法庭逐漸受到挑戰下，源自希臘理性言說（logos）的論說傳統並沒有因神權的獨斷而在宗教法庭中喪失。中世紀那一群信仰亞里斯多德的教士，不知不覺將理性言說的精神與羅馬法結合起來了，透過理性言說來彌補羅馬法在形式上的不足，但仍是以上帝的慈悲作爲主要的意涵，而不是當事人本身的權利爲意涵。然而，舉證原則與當事人當庭辯論作爲現代法庭的主要精神是確立下來了。

　　啓蒙時代的來臨標榜理性主義的興起，神的地位開始讓位給

8 當然還包括另一個勢力就是布爾喬亞的商業法，關於相關論述伯爾曼的《法律與革命：西方法律傳統的形成》。

自然法（Nature Law），現代科學的精神開始出現。科學的精神開始瀰漫整個歐洲，雖然作爲近代科學之父的伽利略與哥白尼最後都屈服於神權的獨斷之下，但是那種暴力人文主義作爲權利請求的精神，開始與近代科學的發展相結合。近代科學像神權的挑戰，逐漸動搖神權的獨斷統治。科學與神權在知識上的鬥爭，也變成王權與教權鬥爭的一部分。王權大力扶植近代科學的發展，藉此以鬆動教權的統治。科學與神權的對話不斷，那種理性言說有合理化的趨勢。這種言說合理化的過程，讓基於羅馬法形式合理化特質的教會法，逐漸有實質合理化趨勢。王權所定的法律來自於與教會及布爾喬亞階級的鬥爭，開始接受合理化理性言說的辯論方式。

當西方社會逐漸脫離道德的統治，也就是神權的統治，必須開始直接面對自己就是亞當與夏娃，不能再像中世紀將道德、理性與神歸在一起，另一邊就是慾望、罪惡與撒旦。不過自馬基維利到以盧梭爲首的社會契約論，以及以亞當斯密爲首的古典政治經濟學（包括功利主義的社會思想）的形成，大約是十五世紀到十八世紀這段時間，還是在傳統基督教規範的包袱下，對於色身慾望的直接討論甚少，許多議題是圍繞在國家或社會與色身之間如何安置的問題。

事實上，在這段時間，我們很難分類社會思想的類型，不論是孟德斯鳩或是亞當斯密或是黑格爾，源自於各國原有的學術傳統與社會背景各有特色，像孟德斯鳩緬懷貴族政體，很難接受現代民主政治的雛形。或是像亞當斯密作爲蘇格蘭人，在英國王權的強勢作爲下就沒有貴族政治的出現，在國王與人民之間沒有貴族統治這一層，所思考的問題就是國王與人民，也就是國家社會與色身之間的直接關係，即使是作爲英國社會契約論的代表洛克也是如此。然而像黑格爾所面臨的德國，正是有強大的以行會組

織爲首的市民政治。

　　不過，不論是英國、法國或是德國的社會思想家此時此刻所面臨的問題，都是同一個問題，那就是古典社會學所延續討論的問題：色身（個體）與集體之間相互安置的問題。斯賓諾莎的《神學政治論》與霍布士的《利維坦》對於神權的猛烈批評正反映十七世紀現代王權國家浮現的強烈態勢。宗教改革運動與反宗教改革運動的宗教內部鬥爭，更加劇慾望與神性之間的鬥爭。

## 未明的韋伯與「合理化理性言說」

　　一般對於韋伯法律社會學或是法律合理化的理解，都著重於《經濟與社會》中〈法律社會學〉這一章，[9]其實韋伯自己也言明其在法律社會學這一部分的論述是有關私法的部分，有關公法的部分寫在「支配社會學」這一部分。[10]事實上如果僅研讀法律社會學這一部分就想將法律合理化的問題搞清楚，將是緣木求魚。

---

9 韋伯的法律社會學是遺稿，按照萊恩斯坦（Rheinstein, 1954：導論）的說法是不完整，必須重寫的。東海大學社會學研究所鄭志教授曾協助Professor Dr. Gephart 編輯法律社會學，進行過手稿的對照，試圖具體地證明韋伯的真意。至於實質的發現，我不便公開說明，等正式論文發表後再做闡釋。不過，私下的討論鄭志成教授也同意萊恩斯坦的看法。

10 關於法律合理化這個概念或理論在華人世界的專門研究，就本章得知而言，共有七位分別爲陳介玄（1989）、林端（1994）、王崇名（1996b，2000）、陳聰富（2000）、洪鎌德（2001）、鄭戈（2001）與李猛（2001）等。在這些研究中都試著詮釋韋伯法律合理化的理論與概念，也都同意必須放入法律社會史的架構來論述。但是之間也多有差異，台灣社會學學者陳介玄、林端與法學者陳聰富的詮釋是謹守法律社會學這一章內容來討論，林端與陳聰富算是保守，相較而言陳介玄則更進一步詮釋出法律文明的概念，作爲西方文明的獨特性。此外三者也都接受派深思的看法：法律社會學是韋伯社會學研究中，最爲重要的部分。然而北京大學社會系的李猛（2001:141-142）則更細緻指出班迪克斯（Bendix）與克羅

事實上韋伯論法律合理化是散落在整個《經濟與社會》之中。在
法律社會學這一部分，他論及從身分契約到目的契約的可能，這
一點他與梅因古代法的看法極為不同，基本上他認為西方社會很
早就已形成契約的精神，近代合理化發展最大的意義就是目的契
約的出現，一種合理化的契約。當然在私法部分他不僅論及此處
而已，現代法人觀念的出現、法學體系的成熟、現代王權法典的
過程、對於自然法與現代法學發展的批判等等議題，都被論及。

　　不過，對於韋伯之法律合理化理論的理解，並不能僅止於
此。他關於支配社會學的討論，則是其論述現代公法合理化的可
能，特別是一種基於法律合理化的科層制的出現，與公法法律合
理化的過程如影隨行。基本上韋伯的法律社會學是一種權利社會

　　恩曼（Kronman）有不同的看法，認為法律社會學只是支配社會學或經
濟社會學的側支。不過，李猛認為派深思等人之間的紛歧並非是嚴重到
必須仔細區分的，王崇名（1996a）也同意法律社會學是必須與支配社會
學一起來理解。鄭戈則受到伯爾曼的影響，認為也應該將韋伯宗教社會
學的研究納入，以詮釋韋伯的法律社會學，認為基督教本身的許多信仰
的社會行動影響到西方法律文明的發展，不過很可惜鄭戈並沒有完全詮
釋出韋伯論宗教與法律之間的選擇性親近後的連結情況。王崇名（2000a）
的研究指出對於法律合理化概念或理論的理解，不可以離開韋伯的宗教
社會學，李猛（2001:239-241）也有相近的指涉，法律合理化的意義不只
是法律形式合理化而已，韋伯法律合理化理論本身，王崇名（2000a）指
出必須扣緊韋伯對於實質理性（李猛的用語識：倫理理性化）的考量。
關於這一點許路赫特（2001）的研究則指出韋伯倫理學的特色是一種責
任倫理，具有實踐精神的倫理，很可惜他並沒有將法律合理化的概念加
入，反倒是哈伯瑪斯如此做了。許路赫特（賴賢宗，2000）進一步提出
對話性的責任倫理學，強調經由語言溝通的實踐理性，比哈伯瑪斯更強
調責任倫理，把專業倫理納進來，這是韋伯宗教社會學的努力之處，但
是哈伯瑪斯忽略了，許路赫特則拾回來了。李猛與王崇名都認為對於法
律合理化的理解，不應該謹守法律形式合理化的分際，應該還是要體現
出韋伯那種責任倫理的實踐熱情。

學，接近政治社會學，如果再將宗教社會學一起作整體的討論，
韋伯所呈現的學說應該是一種倫理學的作爲：個人主義下的色身
（個體的慾望與利益）如何被實踐，這是尼采、盧梭在茲念茲的問
題，也是傅柯、德魯茲等人一直在反省的問題，高行健的作品
《一個人的聖經》，也反映出這將是中國人的問題，我們必須面
對，不過卻一直逃避的問題。

雖然韋伯並不同意沿自於羅馬之公法與私法的區分，但是在
論述的鋪陳上還是遵從當時的法學傳統。不過，韋伯法律社會學
的整體史研究方式，在現代也只有伯爾曼（Berman, 1993）、泰格
與列維（Tiger & Levy, 1996）能與之相比。韋伯對於西方法律合
理化之可能與限制的研究，基本上是從制度面來分析，算是制度
論者的老祖宗。不過韋伯在制度中的研究，讓他感覺到一種不斷
系統化的法律體系正在累積成熟，他擔心這種法律合理化的結
果，將造成鐵的牢籠，有時對工具理性便十分憂心。有關此點正
是韋伯局限所在，也給年鑑史學與哈伯馬斯的研究留下許多可發
展的空間：色身（個體）在法律體系中的自由度。不過本章認爲
韋伯並非完全沒有提出理論上的解決，他在宗教社會學中關於宗
教倫理與專業倫理的轉換，已經流露出這樣的啓示——一個未明
的韋伯。

韋伯《論中國宗教：儒教與道教》這本書是韋伯基於西方文
明的理念型的理解，對於傳統中國所作的研究。他扣緊兩組概念
來討論，一是儒家體制所造成的人治色彩；一是家族所形成的身
分契約。就西方而言，宗教與王權所建構的支配類型都有合理化
的過程，其中最大的特色就是科層制的出現，一種強調個人主義
的權利並被安置在形式合理化的法律體系內。韋伯認爲中國雖然
有機會發展出資本主義，但是資本主義基本的權利關係並未在中
國開展，人治的色彩使得西方意義下的資本主義遲遲無法在中國

發展起來。其次，韋伯認爲西方的經濟活動中的契約行爲，隨著法律、政治與宗教乃至家庭生活的合理化過程，而從身分契約轉向目的契約。但是中國家族組織與城市的組織並未將一種強調目的性的契約關係發展出來，雖說中國也有契約關係，但是那是一種強調身分契約的關係。中國雖然也有宗族組織的法人觀念，但是與西方的法人觀念亦有所不同。

　　許多文獻對於這本書《論中國宗教：儒教與道教》的理解，多是經由與馬克思主義的對話，或是從方法論來理解之。就本章而言，這將減損韋伯論述的深度。其實韋伯藉由西方合理化的發展，對於中國的研究是著重一個事實：中國權利關係轉變的困境。如果無法從法律社會學與權利社會學的角度來看這本書，將會空入寶山。而韋伯在宗教社會學這一部分，一開始就表明，他要討論的是宗教共同體的問題，特別是西方基督教如何建構出西方的共同體，這個共同體進而作爲現代西方「社會」的基礎。就本章而言，事實上韋伯就是試圖尋找西方法律文明的社會基礎。關於這部分的解釋，本章先回應國內關於韋伯法律合理化研究的成果之後，再進一步解釋。

　　陳介玄（1989）這一篇〈韋伯論西方法律合理化〉的論文，算是國內首次對於韋伯法律社會學的研究論文，基本上這篇論文詮釋的意義大於研究考據的意義。讀過韋伯法律社會學的人都形容那是「有字天書」，要讀懂就不容易了。這篇論文是我理解韋伯法律合理化的入門論文，我對於韋伯之法律社會學的理解，也是經由陳介玄老師的啓蒙。雖然這篇論文，僅從韋伯私法的部分詮釋，缺乏公法的整體論述。不過他所提出的「法律人」的觀念，也是往後我理解韋伯的重要概念：法律文明。如果陳介玄對於韋伯的詮釋是狂者，而林端（1994）的詮釋，在《儒家倫理與法律文化》一書中的〈韋伯法律社會學的兩大面向〉則屬於狷者，狂

狷之間的詮釋端乎個人主觀的文采風格與企圖心。林端中規中矩
地按照韋伯法律合理化的意義來詮釋，不敢有些微的逾越。在陳
林兩篇論文中，各有所長，也各有所限。就本章而言，兩者共同
的限制，就是過分苑圍於韋伯的法律社會學這一章。如果可以將
韋伯論宗教合理化的問題，作爲這個架構的前身，就更爲完整
了，很可惜兩者都被瑪莉安韋伯的分章誤置了。

　　派深思與許路赫特都同樣認爲是韋伯論法律合理化是其論西
方合理化的核心，陳介玄與林端也都同意這項看法。不過這些同
意的看法是屬於學科分類學的看法，不是問題分類學的看法。事
實上韋伯所討論的法律合理化的問題，是權利合理化的問題，是
倫理合理化的問題，是西方人的「社會的存在」合理化的問題。
宗教、法律與政治在西方的社會史上，其實是一體的。論法律不
論宗教與政治，或是論宗教不論法律與政治，或是論政治不論宗
教與法律都是很危險的事。[11]

　　韋伯論西方基督教合理化的意義，並不僅止於除魅化，去怪
力亂神這樣的說法而已。韋伯在宗教社會學的討論一開始就分析
諸多宗教的類型，最後凸顯出西方系統化與去功能神宗教的特
質。接下來他討論的西方基督教最大的特色，就是祂是一種屬於
職工的宗教，也就是一般所謂布爾喬亞的宗教（Weber, 1993a:
130）。上帝是最大的職工，就是總工頭。貴族與農民都不是這個
宗教最忠實的信衆，對於一種強調切事性與合理化的宗教，這兩
者的日常生活太容易叛變了。從保羅在地中海東岸傳教時，主要
的信衆就是職工、商人。職工本身的日常生活就不期待怪力亂

---

11 韋伯的作品《經濟與社會》的分章當時是爲了作爲類似一本社會學通論
　　的書而寫，這種爲了方便讀者閱讀的分章方式，不應該成爲分類韋伯所
　　建構的理論的方法，事實上韋伯所有的論述幾乎是以整體的觀點來論
　　述。

神，他們要求的是一種切事性的合理性信仰，相信他們的勞苦可以得到救贖。不要具體的神，卻又要神的存在，如何可能？神到底存在於哪裡？

職工的兄弟會，我們都將其視爲是一種經濟上的意義：行會，其實它是深具宗教色彩的（韋伯的宗教社會學研究特別重視這層意義）。一群做椅子的職工的聚會，與農民信衆的聚會性質是不同的，後者會期待神跡就這麼具體的呈現，做椅子的職工所期待的不是具體的神跡，那是期待什麼？韋伯深深察覺到這個問題。一般的討論總以爲西方基督教的合理化是在新教出現以後才出現，其實不然，合理化的性格一直是西方基督教最大的特質。一群人聚在一起，又不求膜拜具體的神，到底是在拜什麼？

對於未來充滿了不可知性，卻又有所期待（救贖）。一群人聚在兄弟會分享著神跡，分享著福音，事實上就是在「合理化理性言說」（這個概念在此，作爲動詞使用）神的存在。職工的財富乃至武力滋長了西方基督教的快速發展。西方基督教是以職工爲基礎，必須不斷爲職工的信仰提出合理的解釋，合於基督信仰的解釋。可以這麼說西方基督教就是一種論述的宗教，他們的神就是論述的神。韋伯雖然沒有使用現代社會理論的這個概念：言說。但是韋伯的宗教社會學其實是很現代的，在言談的神學或信仰的論述中，現代「社會」的概念已經浮現了，已經不是中國的村落或團體所能想像的。

法律與宗教之間的關係，韋伯並沒有做很強的連結，不像伯爾曼如此；法律與布爾喬亞之間的關聯，也不如泰格與列維如此強烈。或許韋伯從來沒有想過做連結，或許是有生之年未竟其功，但是如果從現代社會理論與整體法律史的角度來重新詮釋，倒是可以填補韋伯法律合理化理論的觳隙，整體的補強也可以整合現代理論的片斷。伯爾曼、泰格與列維分別看到宗教與布爾喬

亞在法律合理化的作爲。伯爾曼認爲西方法律文明的傳統就是教權與政權的鬥爭的不斷革命。但是伯爾曼無法回答爲何政權與教權的鬥爭一定就是以法律爲依歸，難道僅僅就是教會繼承了羅馬法，並創立大學的法學教育嗎？教會爲何要繼承羅馬法？這是一個很簡單卻很重要的問題。韋伯曾經很簡單地回答，認爲這是因爲羅馬法的抽象形式，那種具有永恆的形式，正符合神的存在特質。不過問題好像沒有那麼簡單？就算繼承了羅馬法的抽象形式，爲何在鬥爭的過程願意服膺於這種抽象的法，就中國的社會而言這是很難想像的事。

　　泰格與列維發現布爾喬亞的影響力，察覺其在資本主義興起過程，將法律推爲具有舉足輕重的工具。布爾喬亞本身對於利益的重視，讓他們與教權及政權相互鬥爭，的確是一股很強的社會力量，但是一樣的問題，這三方爲何都願意接受法律？伯爾曼、泰格與列維都宣稱他們超越了韋伯的理論。如果僅就未完的遺稿（法律社會學）而言，這是可接受的。但是如果整體看來，所謂的超越應該只是將韋伯想講的話，再說清楚一點而已。就本章而言，有一點確是伯爾曼、泰格與列維都未能處理與超越之處，反而是給哈伯瑪斯與許路赫特給拾回來了。

　　韋伯同時處理了宗教、法律與政治絕非偶然，也不應該被看成只是對於資本主義本身的解釋而已，很可惜韋伯往往就被這樣理解著，過去也往往被視爲是馬克思主義的對立者[12]。在過去理解韋伯是從方法論來理解韋伯，整個韋伯的思想硬是被塞入他自己所提出的方法論：理念型與社會行動論，而忽略從問題的發問

---

12 李猛（2001:123）與我都注意到這個問題，韋伯論西方資本主義主要目
　的並不僅於論說一種可計算性的經濟行爲，「在《新教倫理與資本主義
　精神》中，人的生活方式或實踐行爲的倫理合理化就成爲分析的焦點」。

與關懷來理解韋伯的思想。對於二十世紀初的社會發展的成就與遺憾，韋伯察覺到一種新的權利關係的出現：科層制的權利關係，這種新的權利關係在德國的社團傳統中，更是令人感到驚訝，韋伯與黑格爾都試圖對這樣的發展做一番解釋。從現在看來對於科層制的出現或許已經沒有新鮮的感覺，若從中國的官僚制來誤解也沒什麼特殊的感覺，但是如果說這種新的權利關係正是標示一種同時兼顧個人主義與集體主義的權利關係，那麼就中國或是當時的西方社會就顯現出特殊的意義。就中國而言，這種權利關係遲遲無法出現，我們的現代公法與國家的發展也受到阻礙。其實韋伯所要討論的科層制的意義雖然很深邃，但是問的問題很簡單：爲何一群長久受制於共同體權利關係的德國，乃至西方社會，願意也可以發展更大的系統，按突尼斯（Tönnies）的看法就是形成「社會」。韋伯當然同意這是一種新的權利關係，但是他好奇的是這種權利關係究竟是如何冒出來的？還是有其歷史的整體根源？有了這個問題意識，韋伯航向宗教社會學，他要從探討宗教共同體的問題來解釋他的看法。[13]

　　韋伯認爲西方基督教共同體早就具有現代社會的特質，宗教共同體所展現的科層體制是現代科層的雛形。一般人很難理解，往往從馬克思大機器生產的觀念，或是泰勒科學管理的理論來想像韋伯的科層制理論，我想這是嚴重的錯誤。科層制的出現象徵西方社會權利關係的重大轉變，但是就韋伯而言，它並不完全新鮮。如前所述韋伯認爲西方基督教最特別之處，就是世俗化與除魅化，這兩項與世界諸多宗教的構成要素顯得矛盾，卻也彰顯出西方基督教作爲現代「社會」的特殊意義：以個人主義爲主卻又

---

13 原本韋伯全集中經濟與社會中的宗教社會學是維持宗教社會學的標題，如今改爲宗教共同體，更貼近韋伯的看法，也證實我的看法。

隱含公共性。西方基督教是如何建構現代西方社會或是現代社會的意義，這是韋伯花力氣研究宗教共同體時，最主要的關懷。很可惜，我們對於韋伯研究宗教共同體的努力所在，卻被他早期的作品基督新教倫理與資本主義精神所誤導了，其實韋伯在宗教社會學這一章，將其所關懷的問題更具體的呈現出來：西方基督教倫理與專業倫理之間的關係。在這一層他討論了行會的專業倫理與宗教倫理有密不可分的關係，他認為整個西方基督教就是一個超大型的行會，上帝是最大的職工，從中世紀開始宗教倫理與專業倫理就有很大的關聯。中世紀的行會秩序所標榜的專業倫理就是宗教倫理。

黑格爾在論及行會倫理與國家（科層制）倫理的關係，並沒有把宗教倫理擺進來，他僅是用很簡單的分工論與利益論來解釋。黑格爾是察覺問題了，但是並沒有真正發覺問題的根源，雖然深深影響馬克思卻也讓他遠離了宗教倫理。[14] 韋伯所呈現的宗教倫理的意涵是近於現代社會理論所展現的社會的意涵，很可惜現代社會理論在馬克思主義的影響下，認為西方基督教是一種傳統、是一種抑制個人慾望發展的工具，是一種落後的思想類型。事實上在韋伯看來，西方基督教倫理是深具現代社會的意義，甚至就是現代社會的意義所在：社會存在於論述，沒有論述就沒有社會。

韋伯認為西方基督教是一種系統化的宗教，這一點如果沒有借重現代社會理論的啟發，是很容易陷入一般史學的認定之中，將販賣贖罪券的宗教體系不經意地串聯起來。現代社會理論很強調論述，哈伯瑪斯將米德的符號互動論與現象社會學結合起來，提出交往行動理論的倫理學，將社會的存在寄寓於交往的言說之

---

14 結果是 E. P. Thompson 重新拾回來了。

中，是一種超現實的存在。雖然哈伯瑪斯肢解了大半的韋伯，但
是卻從未眞正進入韋伯的心靈，或許也是從那裡獲得啓發，卻是
將他歸入現象學或是其他的超驗哲學。如果眞正回到韋伯的心
靈，哈伯瑪斯的交往行動倫理學的基礎應該就是在宗教倫理本
身。如前所述西方基督教是一種重視「言說倫理學」的宗教，是
不斷契合布爾喬亞需求的論述的宗教。這種宗教的特質讓其所架
構的社會伸縮自如，無遠弗屆。後期新教倫理的開展，更是將布
爾喬亞的專業倫理完全推展開來，並作爲個人主義社會的基礎。

　　如泰格與列維所言，布爾喬亞在法律合理化的過程具有舉足
輕重的地位，韋伯也是如此認爲。但是泰格與列維嚴重地忽略布
爾喬亞的具有論述性格的宗教倫理與專業倫理的關係，這種關係
是讓布爾喬亞「信仰」法律的關鍵所在。布爾喬亞爲何相信法
律，而不是像中國的商人相信的是實質的權力對等關係。布爾喬
亞在與國王、貴族、宗教體系對抗時，那種如艾利亞斯所言的對
立的緊繃，的確是重要因素。但是他們的權力均衡緊繃的關係，
如何長久堅持？這是泰格與列維未曾深入思考之處。在王權、宗
教與布爾喬亞這三方面，其中的後兩者都是相信「理性言說」的
倫理信仰。隨時背離宗教的王權，其實也是可以隨時解散法律
的，但是在宗教與布爾喬亞的掣制下，王權實在沒有多大的自由
度，法律法典化正說明這個事實。教會與布爾喬亞的宗教倫理與
專業倫理都具有「理性言說」倫理學的特質，這種性格正是往後
現代法律發展的基礎，換言之，論述性法律的基礎是建立在深具
「理性言說」的宗教倫理之上。如果沒有這層基礎，是很難想像西
方社會現今的法律特質，法律很難成爲一種信仰，一種基於言說
倫理學的信仰。教會與布爾喬亞階級與王權之間的鬥爭，除了金
錢權力（財政）的纏鬥外，其中最爲重要之處就是理性言說的爭
辯。

　　論及此處，韋伯法律合理化的理論，可以被重新詮釋爲以三組概念作爲理解的基礎：自律的生活態度（如本書第三章所述）、權利請求作爲具有公共性的實踐理性（如本書第四章所述）與合理化的理性言說（如本章所述）。[15] 在韋伯看來西方法律合理化的過程就是一種基於職業（宗教）倫理——深具合理化理性言說的特質，並基於特權的請求，而將主體的社會存在彰顯出來的過程。

　　十六、七世紀初是西方社會翻天覆地的時代，一切價值似乎都被重估，西班牙與德國境內天主教獵殺女巫的過程正是反撲的表現，是一種男性對於女性慾望即將伸展的恐懼（Barstow, 2001）。慾望正要開始全然脫離神性倫理，似乎要找一個新的住所，但是這個住所在中世紀時期就已建立完成了，就等著她的入主。

　　理性啓蒙的同時也是慾望破繭而出的當下，私有財產與慾望的奔流，讓盧梭期待著絕對透明的公共性的出現，女人的慾望、農工的慾望似乎不能讓人期待，原具有些微公共精神的貴族也被慾望與私有財產纏繞著，貴族的政體正削蝕著。孟德斯鳩的《論法精神》充滿對於貴族政治的懷念，對於布爾喬亞正準備掌權而感到恐懼，但是在彼岸的英國卻正高喊著私有財產權的保障。最後孟德斯鳩的恐懼終究發生。法國大革命再一次讓托克維爾緬懷貴族政體的公共性，雖然他在法國感受不到布爾喬亞民主政治的未來，但是在訪問美國的九個半月裡，他察覺到民主政治的未來：清教徒對特權請求的尊崇、宗教倫理（專業倫理）以及公共討論的能力。

　　馬克思與涂爾幹對於法國大革命後的歐洲景象，喜憂參半。

---

15 關於特權請求請參考本書第三章。

自由平等博愛的口號已喊出並實踐，卻遲遲未能全面開展。馬克
思思索著工人階級意識團結的可能，如何從一群烏合之衆轉化爲
具體的行動力量，工人階級自中世紀以後逐漸從布爾喬亞階級抽
離出來，經過大機器生產而近於農民生活的特質，失去布爾喬亞
專業倫理的色彩。馬克思由於過分拒斥宗教倫理，而失去從宗教
倫理與專業倫理的關係——言說倫理學，來重構工人階級倫理的
可能，而單純朝向特權請求的努力。

　　涂爾幹（Durkhein, 2001）重視了專業倫理重構社會秩序的可
能，但是忽略權利請求的特質，也遲遲無法具體呈現西方（法律）
文明的特質。現代社會理論注意到古典社會學的另一個疏失：修
辭論述的表達。如果將古典社會理論與現代社會理論交織在一
起，可以展現一個西方法律文明的整體圖像。哈伯瑪斯在《事實
與規範之間》一書延續《交往行動理論》的看法，認爲法律可以
作爲主體的實踐理性，但是哈伯瑪斯過多哲學理論與法哲學的討
論，並無法具體呈現那塊具體的圖像。在《交往行動理論》中，
他也分別討論了韋伯的法律合理化與宗教倫理合理化的問題，以
及科層制的問題，但是很可惜他並未成功地將三者交織在一起。
因此他在《事實與規範之間》中做了過多的規範性宣稱，而失去
經驗性理論在討論的意義，雖然他是努力刻意避免。

## 結語

　　本章試圖從西方社會思想史與社會理論整理出一條過去國內
社會思想史或社會理論，以及法學研究所忽略或遺忘的線索。過
內的政治學者江宜樺（1995）與哲學家曾豹慶（2000）都看到了
這條線索的模糊狀態，然而卻是陳介玄（1989）、林端（1994）與
李猛（2001）研究西方法律文明的社會學者尚未察覺之處。但是
本章只是一個初步的線索勾劃，區區幾萬字是無法完全呈現這條

線索，或許模糊依舊。在這裡，我有一種很強烈的感覺，不吐不快，那就是我們的科際整合能力太差了，我們對於西方哲學與社會理論的整體理解依舊十分薄弱，怎能侈言繼受西方的法律文明呢？我們才正要開始理解她而已！

我在這裡所提出的合理化的理性言說，正是要給社會學、政治學、哲學與法學一個警醒，不要再把西方社會所發展出來的觀念，理所當然地套用在台灣社會。哪怕是一個在西方已經習爲常，幾乎就像空氣存在一般的的社會習慣，也不能理所當然地認爲台灣就應該會如此發展。合理化的理性言說是西方法律文明很重要的社會基礎，如果本章的論述是成功的，那麼在法庭上或是日常生活的言說，就西方社會而言，那是經過漫長的歷史過程所建立而成的。我們在繼受西方法律文明時也應該一一繼受過來，不單單思考他們的法律適不適用我們的民情，而是要勇敢與積極地問：他們所有的法律所立足的社會基礎，我們到底有沒有？如果沒有，就要全面性地進行法律文明的繼受。用生物醫學的觀點來比喻，目前我們對於西方法律的繼受還是截肢的移植，徹底的基因改造才是物種轉變的可能。現在的台灣已經沒有機會問要不要進行物種的改造，而是必須積極改造。要建立台灣的法律規範，正是要積極了解西方法律文明這個物種的基因。

# 第Ⅲ篇

西方法律文明的表現

# 第六章　美國實用主義法學與韋伯[1]

　　……你一踏上美國的領土，就會覺得置身於一片喧鬧之中。嘈雜的喊叫四起，無數的呼聲同時傳到你的耳鼓，每個呼聲都表達某一社會要求。你舉目四望，看到人們都在活動：這裡，有一伙人在開會，討論如何建立一座教堂；那裡，人們在忙於選舉一名議員；再遠一點，一個選區的代表正匆匆忙忙趕赴鄉鎮去研究某些改革事項；在另一邊，是一群放下了田間工作的鄉下人，前來討論他們修路或建校計畫。公民們集會在一起，有的是專爲宣布他們不贊成政府的措施，有的是爲了公布某一官員本地之父。在美國，還有人視酗酒爲國家之禍根，他們集合起來開會，莊嚴宣布以身作則，爲禁酒作表率。……《論美國民主政治》（Tocqueville, 1996:277-278）

## 前言

　　對於美國的法律社會，我們好像很理解。美國文化不論是政治、經濟、音樂、藝術、教育、乃至流行文化，幾乎與全球化同義，當然全球化的研究學者不見得同意這樣的說法，不過美國文化向全世界擴散的強度，以及獨領風騷的優勢，是不容忽視的。但是不論是「媚美」或是「反美」常常讓我們失去理解美國文化的優點。僅就台灣而言，這幾年來我們的許多制度都是極盡地模仿美國，但是我們對於美國的理解似乎不見得很深入，即使美國

---

1 本章原於 1999 年以〈托克維爾之《論美國民主政治》作爲大學通識教育課程的重要意義〉的篇名發表於《通識教育季刊》，第 6 卷，第 3 期。

的流行音樂、好萊塢電影、民主政治選舉的新聞，簡直就要成為台灣的本土文化或地方新聞，我們對於美國的理解還是有限，即便台灣有這麼多的留學生從美國回來，我們對於美國這個法律社會的理解，依然算是陌生。

台灣當前對於美國必須徹底理解，畢竟我們有太多的制度都是模仿美國，不論是民主政治、金融經濟或是多元文化的教育制度，都是以美國馬首是瞻。無疑地，美國是個法律社會，沒有一位台灣人會否認，就連美國總統都要與法律周旋，不論是柯林頓的性醜聞官司或是尼克森因賄選醜聞下台。但是，我們對於美國各項制度的基礎：實用主義法學，是否真的理解？

英美法系的通俗說法，特別是在美國電視或電影上常常看到的陪審團制度，這種英美法系最被大眾所認知的象徵，往往讓我們誤以為美國的法律系統與英國完全相同，同樣是以習慣法為主體的法律系統。事實上美國的法律已經算是搓揉成文法與不成文法的傳統，自從 1789 年將獨立宣言進一步制訂成「成文」憲法後，特別是商業法的制訂，美國已經不是單純的不成文法國家。

美國是多種族的多元文化國家，所以法律的系統也是多元的，這是很自然的道理。但是比較令人驚訝的是，美國的多元文化竟然可以形成一種代表美國的文化，例如音樂文化，只要提到爵士樂，立即想到的就是美國音樂。就法律文化而言，提到實用主義法學便知道這是美國的法學代名詞。事實上，美國的實用主義哲學就是美國整體社會思想的代名詞，經濟學、政治學與教育學，乃至自然科學的發展都深受實用主義哲學的影響。若說實用主義是美國的立國精神，或是其文明的象徵，一點都不為過。

什麼是美國的實用主義？詹姆士（James, 1997:26-27）這樣認為：「實用主義這個名詞是從希臘字的一個詞 $\pi\rho\acute{a}\gamma\mu\alpha$ 派生的，意思是行動。「實踐」（practice）與「實踐的」（practical）這兩個

詞就是從這個詞來的。 1878 年皮爾斯（Peirce）開始把這個詞用到哲學上來。同一年，皮爾斯在 *Popular Science Monthly* 發表一篇論文，題目叫做〈怎樣使我們的觀念清晰〉。他指出：「我們的信念實際上就是行動準則以後，所要弄清一個思想的意義，我們只須斷定這思想會引起什麼行動。對我們來說，那行動是這思想的唯一意義。……。我們思考事物時，如要把它完全弄明白，只須考慮它含有什麼樣可能的實際效果。」詹姆士對於實用主義的解釋，非常清楚地指出「實踐」的意義，不僅僅是效果而已。

然而，在台灣我們對於實用主義的理解往往僅止於「實際效果」的意義，而忽略「實踐」的意義。如果將實用主義窄化為狹隘的功用主義或效用主義，那就嚴重偏離實用主義的意義。我們常說美國人很現實，事實上也因此往往庸俗化美國的實用主義哲學。從「實踐」到「效果」充滿了我們必須理解的問題，以權利的討論為例，杜威（Dewey）嚴厲地批判天賦人權的想法，那種曾經被誤以為是美國立國精神的想法，他認為權利是實踐後的效果，是協商合作後的結果。協商合作便是「實踐」到「效果」之間的重要關鍵。這也是米德（Mead）為何投入符號互動理論研究的原因，也正是哈伯瑪斯重視米德理論的原因所在，當年皮爾斯提出實用主義時，別忘了，他也十分重視語言的研究。

可以這麼說，實用主義哲學是英國功利主義與語言分析哲學的結合體，在英國無法結合的生命，卻在美國找到它的溫床。在韋伯（Weber, 1962:266）看來，功利主義是新教倫理的產物，追求色身（個體）效用的極大化，那種「我愛鄰人，只是因為我愛自己」的看法，認為社會秩序的形成，並非是社會契約的總體協商，而是色身追求效用的極大化所自然造成的結果（後來發展為自由主義經濟學，重視市場自由的經濟學的哲學基礎）。按照哲學思想的傳承，功利主義應該是英國經驗主義的嫡系，但是卻很弔

詭地與歐陸理性主義結合。當新教倫理逐漸褪去,不再作為功利主義的倫理基礎,功利主義的理性成為「鐵的牢籠」——功利主義不再以經驗主義為母,而將功利視為一種先驗的理性,向理性主義靠攏了。在韋伯看來,英國的功利主義很有可能在美國發展起來,但是韋伯並未具體承認與論證出來,最後卻留下「鐵的牢籠」的字眼,讓人誤以為美國的新教倫理淪落為功利主義,一種狹隘的功利主義,沒有公共性的功利主義,不是邊沁與亞當斯密所期待的功利主義。

雖然,語言分析哲學是在英國發展出來的,但是沒有機會與功利主義結合,反而是在美國才有合體的機會,也就是將新教倫理的精神真正實踐出來,那種重視「言說」或是「溝通」的倫理。功利主義在當時是處在英國王權的強勢作為下,強勢的王權讓功利主義作為一種哲學思想,與新教倫理做為一種個人的修為的思想,沒有機會結合起來,成為整體社會的思想。受到王權的壓抑,功利主義、新教倫理沒有發展的空間。反而是美國的民主政治,才有滋養的空間。在英國新教倫理對於語言的重視,最後僅僅成為學院的哲學如維根斯坦的語言哲學,沒有社會實踐的機會,只有在美國,沒有王權的宰制,才有社會實踐的機會。事實上,新教倫理是反理性主義的,不認為神是可以用理性證成的,強調經驗實踐與言說討論,來體驗神的存在。但是其個人主義的,卻是一種理性的作為,體現為功利主義的思想。在王權過分的強勢下,原本得以創造出實用主義的機會,卻讓給了美國。歐陸沒有機會成就合理化的喀爾文宗教派,只有一些還是深受非理性影響的循道宗或虔信宗的教派,還是強調「愛」作為教派或社群的基礎,不像喀爾文宗的教派,已經完全朝向「合理化的理性言說」(關於這個概念的意義,謹請參閱前一章)作為教派或社群的基礎,形成那種重視個人主義,與語言溝通的倫理學,那種現

代社會的主要基礎。很可惜,古希臘、古羅馬、現代歐陸與現代
英島都沒有機會成就出來,合理化理性言說的文明傳承,在美國
開花結果:實用主義哲學的浮現。

　　美國的實用主義哲學是強調實踐的行動意義,特別是強調語
言溝通的協調過程,至於效果只是後話。很可惜台灣的民主政治
不斷模仿美國,卻未能領會美國民主政治重視協商溝通的重點;
台灣的教育改革也不斷抄襲美國實用主義的教育哲學,但是依然
未能領略協商溝通在教育改革過程的重要性;我們的司法改革現
在也如火如荼地仿效美國的實用主義司法制度,然而對於美國實
用主義法學的誤解多於理解。我們對於西方法律文明的集大成:
實用主義哲學,一點都不理解;也正代表我們對於西方法律文明
一點也都不理解。

## 對於美國實用主義法學的理解與誤解

　　長期以來,台灣法學的重心是在德國與日本,事實上就是德
國,也就是大陸法系,那種極端推崇羅馬法的日耳曼法律體系。
對於美國的實用主義法學的重視,也是最近才開始,例如目前最
具代表性的實用主義法學的法學家波斯納(Posner)的著作開始
在台灣被討論,不過像波斯納的《超越法律》(*Overcoming Law*)
這樣的書,是中國大陸翻譯出來的,不是台灣。現在台灣學法律
的人,慢慢轉向到美國留學,不知道將來對於台灣的法學發展會
造成什麼影響?但是這些年來,過去到美國留學的人,並沒有將
實用主義真正帶回台灣,對於美國實用主義的理解與實踐是有限
的。實用主義在法律的體現談不上是一種具體的理論建構,如波
斯納(Posner, 2001:464)的看法:「儘管實用主義法理學包含了
比見予《司法過程的性質》或《法律的道路》中更為豐富的一套
觀點,人們卻很難說這有多大的進步,或許就實用主義的性質來

說，也不可能有多大的進步。實用主義法理學眞正蘊涵的一切
——並且它在 1897 年或 1921 年所蘊涵的同它今天所蘊涵的同樣
多——就是拒絕這樣一種觀點：法律是基於某些永恆原則並以邏
輯操作予以實現的東西，就是決心把法律當作一種工具作爲社會
服務的目標。如果說，我爲之辯護的這種實用主義法理學沒有栽
下大樹，但至少它清除了許多灌木。它標誌了一種態度、一種導
向，同時也標誌了一種方向的改變。這就是它所提供的，而且，
也許還相當多。」

　　事實上，如果要將美國的實用主義法學形成一種具體的看
法，可能都是危險的，特別是經由後現代哲學的影響之後，像波
斯納（Posner, 2001:447）就認爲尼采就是歐陸的愛默森，愛默森
就是美國的尼采，波斯納簡直就要將其所認爲的新實用主義哲學
或法學等同於後現代哲學或法學。這樣的看法是有趣的，但是在
台灣很少有人願意這樣大膽地想像，總是小心翼翼地將美國的實
用主義哲學或法學，很封閉地將其限制在美國。事實上，歐陸與
美國哲學或法學的發展不是讓大西洋切離開來，但是美國與歐陸
相連結的基礎是在哪裡？爲什麼歐陸與美國幾乎不約而同發展出
尼采與愛默森的思想，那種反對啓蒙以來的理性主義，那種認爲
人類與自然萬物的事理，都可以被理性所認識，更反對這樣的認
識竟然成爲信仰。將理性視爲唯一認識事理的認知能力，或是堅
持將依據理性所創造出來的知識，成爲一種信仰，都是實用主義
所反對的。雖然實用主義是從英國功利主義長出來的，但是實用
主義並不完全迷戀效用的問題，反而比較重視過程或實踐的問
題。因此如果說實用主義是從功利主義長出來的，倒不如說是從
英國的清教徒倫理那裡長出來的。實用主義法學，以波斯納爲
例，他早期全力發展法律經濟學，那種強調以效用來解釋法律發
展與創造，的確會讓人誤解實用主義法學事實上就是功利主義法

學的延伸，是邊沁與亞當斯密的那個傳承。但是，波斯納最近的
轉向例如他對於法律故事學（法律與文學）的重視，重新檢討修
辭、法律辯護與法律推理之間的關係，以及對於現實主義的批
判，很清楚的展現他是一位實用主義法學者，而不是功利主義法
學者，不僅僅是重視法律效用的分析，更重視法律的過程與實踐
的不斷再結構化的過程。

在台灣往往將實用主義法學與功利主義法學混淆在一起，認
為實用主義法學就是重視效用的分析，或是認為實用主義就是現
實主義，那種現實與效用的庸俗意義竟與台灣話「現實」的意義
等同起來，對於美國實用主義法學的理解，充滿了嚴重性的誤
解。因此，我們嚴重忽略美國實用主義法學對於西方現代法學或
和現代法學的貢獻。

實用主義法學的形成或是復甦，就西方法學的發展有其獨特
的意義，可以是為西方法律發展的一個重要階段。若按波斯納所
認為的實用主義的復甦的觀點而言，美國實用主義法學在西方法
律發展上所代表的意義，正是法律自主性的完全成熟，法律不再
隸屬任何理論或權力之下，法律屬於法律本身，也就是法律不再
屬於理性主義、實證主義、自由主義、馬克思主義，或是屬於神
權與王權。以私有財產權的觀念為例，它不再從屬於天賦人權
說、國家權威保障說或是自由主義市場的理論，而屬於法律的實
踐本身。也就是私有財產權利的形成，不必找一大堆理論或權力
來支持，而是在法律的實踐過程來確立。實用主義法學認為，現
代的法律不必再找一堆理由或說法來確立其效力，法律的效力就
在法律的實踐過程。

既然實用主義法學強調法律的效力是在實踐本身，那麼實用主
義法學的復甦，可能是朝語言或修辭的轉向。承認法律實踐過程所
產生的效力，法律修辭與法律推理之間的關係，便顯得十分重要，

法律的效力的產生乃在於法律爭辯的過程產生，兩造雙方的爭辯，透過語言的陳述這樣的社會行動，便顯得重要。但是我們對於實用主義復甦這種朝向語言轉向的發展，不能視爲「必定」。不再依附理論或是權威，而重視法律實踐過程，特別是語言爭辯的效力，一定是先承認語言陳述的效力，也就是語言的陳述可以作爲一種社會規範的體現，這是哈伯瑪斯重視語用學（pragmaics）的重要意義所在，重視語言溝通形成規範或倫理的過程分析。

實用主義法學的復甦，朝向語言的轉向，是最近十年的事，但事實用主義哲學本身對於語言的重視，一開始就是如此，皮爾斯作爲實用主義的開山祖師爺，本身便十分重視語言分析。但是要承認語言溝通過程本身具有形成規範或倫理的重要性，並非自然天成。世界上的每個民族每天都在溝通講話，但是可以作爲有效的法律規範，卻只有在西方才得以形成，也只有尼采與愛默森之後，形成以法國爲代表後現代哲學，與以美國爲代表的實用主義哲學之後，語言的溝通才被完全承認，承認人的主體性，是在互爲主體的語言溝通之中，而非存在過去的理性主義或神學思想之中。本書的第五章對於西方承認語言溝通作爲一種規範或倫理，有一番論述，僅請參考。本章算是這一章的延續，特別強調美國實用主義法學思想，對於語言溝通的重視的重要意義，是西方合理化理性言說的傳統的延續。

以下，我想藉由就一位被台灣社會學家與法學家長期忽略的學者：托克維爾，以其對美國法律社會的理解來解析美國實用主義法學。大家都知道托克維爾寫過一本書論述美國的民主政治，在華人世界也有幾篇論文介紹托克維爾的思想，但是，就本章而言，大部分的論文並未領略到托克維爾對於美國理解的最深處，並且時對於台灣要成爲法律社會，產生深邃的啓發。除了徐敏雄（1990）具體爲文論述外，鮮有人重視托克維爾論述清教徒的宗教

倫理的特質，如何影響美國法律社會這一部分。不過徐敏雄對於
清教徒的宗教倫理在西方現代社會，特別是法律文明的意義，並
未真正理解。就本章而言，要對於托克維爾論述清教徒倫理，作
為美國法律社會的基礎，必須要理解西方宗教社會思想史的轉
變。要理解這樣的轉變則必須同時理解特爾慈（Troeltsch）的基
督教社會思想史與韋伯的宗教社會學。關於此點，在本書的第五
章已有詳細的論述，不再贅言，僅特別再次強調，清教徒的宗教
倫理，已經發展出言說倫理，作為現代詮釋學與言說倫理學的社
會基礎，而這樣的社會基礎也正是托克維爾與美國實用主義法
學。本章以下將就托克維爾《論美國民主政治》與《舊制度與大
革命》，來論述清教徒的言說倫理學的特質，及其作為托克維爾與
美國實用主義法學的重要意義。

### 藉由托克維爾的再理解

　　1998 年初當有意將托克維爾的《論美國民主政治》作為中山
醫學院通識教育課程「政治與社會」的教科書時，我遲遲未敢決
定，擔心學生太吃重，中國大陸的中譯本共有 975 頁之多。直到
我知道二十世紀開始以來，英國牛津大學便將托克維爾的晚年作
品《舊制度與大革命》作為基礎教科書（Mayer，收入《舊制度
與大革命》一書序言，Tocqueville, 1994: xvii），連自恃於不流血
「光榮革命」的大英民族的高等學府，都向流血的法國大革命學習
了，遑如民主政治猶在跌跌撞撞的台灣或中國，頓時我疑慮盡
失，便大膽採用托克維爾《論美國民主政治》作為教本。但是，
一學期 [2] 學分的課程，一學期上完算是順利完成，不過也有不盡

---

2 托克維爾這種想法在後期的作品《舊制度與大革命》一書流露最多，不過
　《論美國民主政治》有時也不保留的表現其對於貴族政治的緬懷，特別是

人意之處。

《舊制度與大革命》與《論美國民主政治》都是很好的政治社會學的經典，特別是後者的篇幅（僅是前者的 1/3 不到）更適合於一學期 2 學分的課程，我先選擇了後者，有以下幾個理由：

1. 《舊制度與大革命》的基本論點在《論美國民主政治》已有所流露，我只要在《論美國民主政治》的研讀過程，稍加補充即可。

2. 雖然史學界普遍認為法國大革命相較於美國獨立運動，更具時代的關鍵性意義，所涵蓋的社會經濟問題更廣，應該是歐美整個民主運動的里程碑。但是就台灣的民主政治發展看來，《舊制度與大革命》所彰顯的階級衝突的意義，對於學生的啟發，實小於《論美國民主政治》所強調之司法獨立與公正對於民主政治的重要意義。

3. 《論美國民主政治》比《舊制度與大革命》更具通識教育的意義，前者是從地理環境、生活習慣、政治、經濟等等面向，整體性地解析美國推行民主政治得以成功的原因。

---

貴族的文化表現。我引一段原文來說明，便昭然若揭。「當我從大西洋駛入伊斯特河而首次到達紅約的時候，遙望雕市區不遠的地方，沿著河的兩岸建有一些白色大理石造的小型宮殿，其中有幾處還古香古色，使我感到吃驚。但是。第二天我特別到引起我注意的一處去就近仔細觀察。結果發現它的牆是磚砌的，只是表面塗上了一層白粉，而它的木製柱廊，則塗上了帶色的油漆。使我感欽佩不已的那些偉大的建築物，原來全是這樣的貨色。」（托克維爾，1996:571）

當然托克維爾是貴族，那種作學問的浪漫態度是不可多得，不是一般工農群眾出身的學者能享受的學術生活。然而在功利主義與個人主義混淆不堪的台灣生文化裡，作為一位知識貴族的理想，應該是可以讓大家領略一番。

4.就整個歐美政治發展看來，美國的民主政治發展的成熟
度，沒有歐陸階級鬥爭的牽絆，但是尚延續歐陸的法律文
明在新的地理空間的發展，得以從底層的日常生活，特別
是經由英裔的清教徒社區主義往上建築，比歐陸的階級鬥
爭更有助於台灣樁腳民主政治公共化的再思考。

5.《論美國民主政治》所勾畫的法律社會，正是美國得以超
越舊大陸，並於此刻領導整個經濟世界之處，對於經濟發
展亦多有旁徵博引之效。美國近年來在經濟發展上的表現
看來，法律文明化的經濟秩序著實讓她更具競爭力。

　　基於以上五點，我選擇以《論美國民主政治》主，《舊制度
與大革命》爲輔。而這也正是我選擇《論美國民主政治》作爲通
識教育經典教學之主要理由：藉此讓學生理解美國法律社會的特
色。不過，本章的論述是以《論美國民主政治》爲主，《舊制度
與大革命》爲輔來論述美國法律文明的特色，文中也將旁論當時
舊歐洲法律文明發展的特色。以下將就《論美國民主政治》與
《舊制度與大革命》可采之處，稍作介紹與論述。

□托克維爾《論美國民主政治》可采之處

　　印第安人雖然占據那裡，但是並沒擁有它……上帝在把他們
安置在新大陸的富饒土地上時，似乎只給了他們暫時的使用受益
權。他們住在那裡，好像是在等待別人到來。（Tocqueville,
1996:29）

　　這本書有法國人寫書的特質，充滿了美感。沒有那種冰冷速
成還自以爲這樣才能價值中立的學術語氣。關於托克維爾的寫作
風格如此較文學史學家昂佩爾的看法：「我簡直不敢相信在如此
嚴肅的著作中評價純文學的素質；可是我不能不說這位作家的風
格高人一籌。這種風格雄渾同時也更柔和。在他的作品中，嚴肅

並不排斥精巧，在進行高深的思考的同時，讀者會遇到描述性的
奇聞軼事或化義憤爲譏諷的辛辣筆觸。內心的火焰在這些如此新
穎、如此智慧的理性的篇章始終燃燒，慷慨靈魂的激情永遠使這
些篇章生氣蓬勃：我們彷彿聽到一個聲音，眞誠而無虛幻，懇切
而無狂暴，它使人爲作者感到榮耀，同時喚起同情與尊敬。」（引
自 Mayer 爲《舊制度與大革命》一書所作之導言），雖然這是對舊
制度與大革命的文學評價，就我對於論美國民主政治的閱讀感
覺，亦深爲貼切。

　　整本書流暢易懂，不像是在美國才待九個多月的法國佬所
寫，雖然偶見舊大陸對於新大陸的輕蔑感，但是卻能以民族誌學
的角度認眞領略美國立國精神，這種精神正是社會與人文精神，
那種細膩與求是的全然表現。在字裡行間托克維爾不時流露出一
種矛盾的心理，一方面隱藏著對於貴族政治與文化的緬懷，對於
美國所標榜的民主社會，人民不論各行各業當家有點不放心，但
是另一方面他敏銳的觀察力卻又讓他在面對於美國的快速發展，
特別是在民主政治的實踐過程，感覺到人民當家是有可能的。這
種矛盾的心態正是托克維爾處理美國民主政治與法國民主政治的
基本研究動機，而且這種研究動機正是代表著舊歐洲的法國與新
歐洲的美國，政治與社會，乃至秩序發展的兩個方向。法國大革
命最外顯的表現就是基於階級鬥爭基礎的權利請求，正式成爲舊
歐洲的社會秩序：法律文明，而美國的民主政治發展最外顯的表
現正是基於合理化理性言說的討論溝通以建構社會秩序。

　　有人認爲托克維爾也是未來學的先驅，成功地預測了美國對
於德州的兼併、南北戰爭以及美國將成爲新霸權國家，不過我認
爲這些都不算是什麼眞正成功的預測，這些事實早在當時都已暴
露無疑，只等待它發生而已。雖然托克維爾沒有詳說，如前三者
如此直截了當，但是一個承繼歐陸法律文明的新世界，沒有了歐

洲階級衝突的舊包袱，特別是當時舊大陸對於新大陸的極度輕視感充斥的環境，沒有人看好這樣無垠的空間與個人主義的社會，卻得以發展出他們在獨立運動所揭櫫的理想，而非陷入無政府的失序狀態——當時在歐陸很多人也一直這樣在期待它發生，才是本章所認爲的眞知灼見。

美國原本在舊大陸的眼中，只是曇花一現的國家，空有理想沒有任何成功的可能，沒多久將在民主政治自欺欺人的幻境中破滅，可是美國不但挺立了，在托克維爾寫美國的民主政治時，美國的經濟如海上船運的效率與載量，已經被他預言將成爲海上的新強權國家（同上：466-474）。[3] 時至今日，美國的民主政治對於經濟的影響，在 1980 年代在對日本貿易以及龐大赤字預算，雖然曾經被詬病許多，但是 1990 年代美國的法律文明讓她在經濟上展現高度的靈活度，讓她再度重登寶座，相較於日本法律文明的低靈活度，讓她成爲坐困「高通貨膨脹率」愁城的富婆。[4] 那些眼見美國立國或是在她過於龐大時，都給予嚴厲批判的學者或政論家，如何再自圓其說呢？美國民主政治與經濟發展已經是世界

---

3 法國大革命之後的政治亂象更是加深這種心態，民主政治在當時被視爲是暴民政治的前奏。

4 美日在 1990 年代以後終於分出高下，高生產力實在敵不過高靈活度的法律文明，日本雖然成功地繼受西方的法律，相較於中國的確是如此，同時在繼受的過程不時讓西方的法律文明貼近他原有的社會基礎，這是日本繼受西方法律成功的因素，但是也造成往後經濟泡沫化的主要因素，成也蕭何，敗也蕭何。1980 年代美國的工業生產力日本雖然輸給美國，但是她自 1850 年來在商業法逐漸成熟的結果，成功地將原有散漫的英國普通法，繼受了大陸法系的合理化精神，將其條文與法典化，拋棄原有法官不干涉商業的誠信原則，美國當時的法官逐漸產生附有引導社會變遷的使命感，干預了商業活動。然而，美國原有採取習慣法的鬆散卻具有彈性的法律文明，並沒有完全放棄而一味倒向大陸法系，我們可以清楚地感受到美

的典範，這絕對不是偶然，實在有必要好好對其理解一番，而托克維爾的作品正提供一個加深我們思考的空間。

托克維爾認為大革命之後的法國遲遲無法開展出像美國的民主政治，最主要的原因莫過於階級鬥爭過於激烈，缺乏可以溝通的管道。這是托克維爾的觀點，也是他最欣賞美國民主政治之處。其實階級鬥爭誠如馬克思的看法，布勞岱也同意這種說法，已經成為西方人的第二天性（second nature）。大革命後的法國雖然歷經五次共和才完成法國的民主政治，這是托克維爾意料之外。美國的民主政治的基本結構當然與法國不同，然而那種在法律制度下的權利請求特質卻無不同，托克維爾未言明此點，並非就是輕忽此點。不過他是對於法國大革命過於悲觀，容易讓讀者模糊掉探討美國與法國兩國共同的文明基礎。

## □論美國民主政治的主要特質

托克維爾認為美國民主政治能夠發展起來。是地理環境、法律制度（司法）以及民情三者相輔相成，基本上年鑑史學所強調之整體性的研究方法論，托克維爾已經體現許多，我想他的作品對於年鑑史學應多有影響。在這三者之中，他著墨最多之處是法律制度與民情這兩部分，前者在上卷（1835 年出版）展現之時也多流露對於民情之重要性的強調，相隔五年之後 1840 年版的下卷則更具體分析美國的民情，不過卻顯於瑣碎，許多論點不斷重

---

國是一個法系混合的國度，讓人意外的是，大陸法系與英美法系竟然在美國成功地混合了。美國不排斥形式合理化的法律，也接受了十分原始的陪審團制度，龐大的律師體系，律師之間的市場競爭，讓律師有時可以為了做生意，接受了訴訟的預付制度，打贏了再給錢。法庭上透過合理化語言的陳述，向他的委託人向法官與陪審團爭取權利。在法律文明上，日本法律體系是過於僵硬，歐陸也是如此，英國則顯得鬆散。美國在 1990 年代以金融投資的霸主重新統治地球，絕非偶然。

複。不過在閱讀上卷時不禁令人訝異，竟然多是法律與司法制度的分析，可見托克維爾所認識的美國民主是建立在能夠消除「多數暴政」的司法制度之上。以下再分別就地理環境、司法制度與民情分別作一概要介紹。

先就地理環境而言，美國建國之初，國際情勢並不看好美國得以在北美無垠的空間（約法國的六倍大）闖出一片民主的天地。當時的地緣政治學認為過廣的地理空間要施行民主政治是不可能之事，特別是合眾國的模式。若僅就地理的幅員來講，托克維爾也同意美國很難成為民主的合眾國，但是他卻從地理環境的統一性來論述美國各州有唇亡齒寒之切，不得不相互連結。

不過，關於地理環境與政治的論述，相對於司法制度與民情的篇幅，則顯得單薄許多。除了在上卷第一部分第一章專章論述美國的地理政治學之外，相關的論點也散落在其他章節，主要是與法國地理的多元性作比較，特別凸顯美國地理環境，凸顯美國地理的統一性。大致上，托克維爾在這方面的解釋雖有新意，卻難感有任何深度的突破。地理環境與日常生活習慣的交錯所盤根而成的物質文明，那種布勞岱的經濟地理學或是政治地理學的成熟度尚屬青火，未完全燃燒。不過倒是可以藉由此點來發揮，強調地理作為社會人文分析的重要性。

司法制度是托克維爾在論美國民主政治制度著墨甚多之處，有關此點十分值得台灣社會深思。當年德先生與賽先生成為五四運動的精神領袖，以及絕對透明化的共產主義被共產黨當成救中國的唯一出路，台灣今日的民主改革以「成功」的姿態展現於全世界，然而種種的司法改革卻遲遲未見成效。可見台灣的民主政治終究還是得面臨到最根本的問題：如何在神與王權之外，進行全民政治，但是我們卻一直在迴避這個問題，畢竟在這裡撞上了民主政治最根本的問題，一切的權利在這裡糾結。

這是一個難題，歐陸的法國幾經波折後，才把司法制完全確立下來，不過至今還是權利衝突激烈。美國的民主政治也不斷在考驗其司法制度，柯林頓的性醜聞事件正是最佳的例子。如果對於西方的民主政治有深刻的認識，對於這些紛擾的局面，一點也不讓人訝異，就布勞岱的文明史看來，這才是西方文明的常態──不斷爭取權利的文明。

當年托克維爾剛下紐約港時，對於美國人好議事的特質便驚訝不已，三五成群在這邊討論馬路開挖的問題，另一邊可能正在討論推舉代表之事（Tocquevill, 1996:277）。公共的事務可以隨時隨地被討論，當然有爭執時也有十分方便與司法仲裁制度配合，這是十分重要之事。對於這樣的景致使托克維爾印象深刻，並隨時與法國的情況相互比較反省，可見當時的法國在大革命之後。最欠缺的就是這種深化到日常生活的司法制度，這才是托克維爾所認為民主法治的根本。

這種民主政治的根本得以建立，托克維爾認為是新英格蘭的英裔清教徒，對於英島之法律精神繼承的結果。當然這絕對不是唯一的因素，殘留歐陸貴族政治與經濟文化的美國南方也得有所轉變，才得以成功。通篇而論，托克維爾都以法國作為對照的理解對象。他認為美國的民主政治得以成功，最主要的原因就是在美國沒有歐陸特別是像法國那樣的階級衝突，而且所成就出來的民主政治又擺脫亞里斯多德以來，乃至孟德斯鳩所擔心多數暴政的民主政治。

箇中原因的探究，托克維爾分析甚廣，不過就我的詮釋而言，公共性的論述得以在鄰里爭辯，全國性的議題又得以透過廣播媒體公開認識與討論，訴訟爭端亦得以在法律以及陪審團的制度下仲裁，托克維爾認為不論是政治性或是日常生活的議題都能入法。正是美國民主政治的根本。托克維爾那種快要跳脫孟德斯

鳩之政治理論架構的感覺，已呼之欲出。除了三權分立的上層政治結構外，底層日常生活的可溝通性與可爭辯性亦甚為重要，托克維爾已經超越了古典政治學。不過很可惜，托克維爾並未將美國的法律文明，擺在整個歐陸文明的長時段架構來思考，讓人覺得美國是歐陸的「化外之民」——一群上帝特別恩寵的子民。

### □托克維爾對於古典政治學呼之欲出的突破

獨立建國之初，美國人的國家觀念很淡，許多賢達之士並不喜歡從政。他們將自己的事業與社區及家庭的生活看得比政府的事情還要重要，也不屑於透過政府機構來作利益交換。一群清教徒秉持著他們強調社區與家庭生活的精神，在新大陸重建他們的生活世界。當然在英國他們就是這樣生活，但是在美國的土地上，他們有更多的機會來切離公共生活與私人生活。這個方向的發展看似完全棄守公共領域的政治活動，但便在後期的發展卻很弔詭地將公共領域的活動貼近私生活領域的活動 如果沒有這群強調家庭觀念的清教徒的生活方式，將公共事務與私人私務首先區隔開來，而且是很清楚的劃分，實在很難想像他們可以克服多數暴政。托克維爾在《舊制度與大革命》一書論說，法國大革命所成立的新政府，早在大革命形成以前就注定要形成了，換言之。在大革命之前，那種作為舊制度下能充分溝通上層統制機構與地方社會的貴族政治早已瓦解，代之而起的是中央集權的政體。在中世紀時期托克維爾認為貴族在其領地設立的地方法庭，藉由他們的殷勤仲裁，還可以解決地方上的需求與衝突。貴族秉持他們在血統上的優越感，還能有所矜持而創造出一些公共性，但是在新的中央集權政體中，國王身旁的非貴族，根據其私利斷絕了地方與上層之間的溝通管道，法國大革命在地方民怨的不斷積累下，是「指日可待」的。

　　托克維爾在論美國民主政治的議題上，已準備隨時突破孟德斯鳩的政治理論，很可惜又回到對於貴族政治的懷念。不過他在字裡行間已經展露破繭而出的氣勢。托克維爾雖然像孟德斯鳩一樣從整體性的角度來論述政治發展的問題，但是托克維爾已經比孟德斯鳩更從日常的生活來解析民主政治的發展。他對於北美十三州清教徒之社區生活的描繪，已隱約浮現公共領域與私生活領域之相互切離與相互穿透對於形構民主政治的重要性。[5]

　　在公共與私人日常生活領域的區分，特別是對於後者的重視，使得美國人能從一種實用主義的哲學精神來爭取她們的切身利益，雖然現實但是卻是一種實質合理化的過程，此種過程可以讓民主的形式合理化，如三權分立的政治架構，貼近實質的日常生活，也就是形式合理化與實質合理化的相互統一。[6]此種相互統一的精神是黑格爾、韋伯與馬克思夢寐以求的境界。當然美國的民主政治有不盡人意之處，但是卻先於歐洲各國向此方向發展。

---

5 關於這群清教徒，一般在台灣社會學界將其稱為新教，他們的宗教倫理統稱新教倫理。清教徒嚴格說來只是新教的一個派別，但是在托克維爾的用語上，似乎就是新教徒，英國的新教徒。關於新教倫理，受到韋伯的影響，特別是《新教倫理與資本主義精神》一書，往往將新教倫理的理解與資本主義，乃至工業化後的工作倫理的發展，幾乎畫上等號，而失去理解新教倫理與西方法律文明發展的重要關聯，對於此重要關聯的意義，實在是大於經濟上的意義。但是韋伯關於對新教倫理與現代社會興起的關聯，也不僅僅將其局限於資本主義的發展上，在宗教社會學已多隱涉討論其與西方法律文明的關聯。本書將在最後一章專門論述討論。

6 對於實用主意的理解多被其表面的字意所誤解，實用一詞雖是有功利主義的基礎，但是實用主義哲學在符號與語言學上的發展，如社會學界所熟悉米德的符號互動論，就是實用主義哲學對於社會的論述。美國的實用主義

## 結語

托克維爾《論美國民主政治》作爲一本通識教育的經典教材，雖然顯得沈重，不過卻是厚實。基本上，整本書的文字鋪陳平順，鮮少艱澀聱口的理論或概念，雖不致於讓學術的深度流於小說的論情而已，卻是平實中潛藏洶湧。這種學術作品可以讓讀者多有啓發。讓他們感受從日常生活理解事理的魅力，學會從近處開始思考社會性的問題。

美國民主政治的神髓是在於法律合理化，而非一人一票或是讓權利請求一味孤獨地高喊著。在《論美國民主政治》這本經典，不難發現能解決「多數暴政」問題的司法制度得以首先在美國發展出來，絕非只是那一套司法制度而已，民情的基礎更爲重要。雖然民情這個概念很模糊，托克維爾也未認眞加以定義說

---

哲學興盛絕不能認爲是深受英國功利主義的影響而已，美國的實用主義與英國的功利主義都是這兩地經濟學的哲學基礎，兩者都提倡自由主義的市場，但是這只是表象，其深層的意義就是經由合理化的論述在市場的場域進行彼此的權利請求，而制訂出價格。在法庭上也是如此，美國實用主義哲學的知識發展也正展現出美國法律文明的特質：專業倫理、合理化理性言說與特權請求的結合。就台灣社會而言，最近發生的一件事：2002 年 4 月 3 日港台藝人與唱片發行人在台北示威遊行，反對盜版。其中吳宗憲藝人更不惜宣稱若是不把盜本行爲由告訴乃論的民法權利請求關係，改爲刑法上的非告訴乃論罪，他要辭去所有與音樂創作相關的工作。我認爲這是完全不尊重消費者的行爲，消費者會買盜版軟體與唱片的理由很簡單，就是價格太貴，但是智慧財產權卻成爲音樂發行人對消費者的獨占行爲，這是得理不饒人的暴力。在美國社會不會任由這些音樂市場被發行人單方決定，必須是在市場上基於彼此的權利，經由合理化的理性言說彼此說服對方接受價格。這是西方美國的市場文化，台灣從反盜本的遊行完全反映我們的法律規範有問題，也可以理解到美國法律文明的特質，關於此點我將在第六章有更清楚的論述。

明，但是這個素樸性的概念，經由基佐與年鑑史學的努力，已經
將它稱爲一種文明或是一種心態。這是一種長期累積的經驗，如
果不是，爲何托克維爾一開始便強調英裔美國人重視法律的民情
呢？一群承繼舊大陸最精湛的文明習慣，拋開階級鬥爭的纏鬥，
在無垠的且統一的地理空間上盡情地開展。經由托克維爾的作品
我們可以理解民主政治在西方的發展，特別是在新大陸的發展，
絕非偶然，正有其強實且綿延的文明基礎。這個文明基礎本來有
機會在英島開花結果的，但是英島卻讓出這個機會，王權對於清
教徒的打壓，窒息了清教徒的宗教倫理。美國那種原本不被歐陸
看好的民主制度，卻讓清教徒的宗教倫理得到舒展的機會，讓宗
教倫理進一步擴散爲社會倫理，那種重視言說的倫理，成爲美國
民主政治與法律社會解決多數決暴力的社會基礎。

今日台灣民主政治的發展，完全模仿美國的民主制度，但是
卻往往陷入多數決的暴政。 2000 年獨立總統參選人宋楚瑜先生將
台灣地方政治的樁腳政治尊稱爲「社區民主」，似乎想要給台灣傳
統的地方政治活動正名，這種詮釋隱含某種意義。宋先生的政治
資源是從樁腳而來，其實長期以來的國民黨政權的政治資源也都
經此而來，經過省長選舉他擁有台灣最龐大的樁腳群，實在很難
想像目前的台灣民主政治如果沒有樁腳將如何選舉？就連學生選
個會長也都懂得佈樁。台灣社會往公共領域與私生活領域尚未完
全切離的當下，個人主義興起了，但是那種尋求私人生活與公共
生活相互統一的需求，尚未正式在地方社會全然浮現，美國法律
社會最本的言說倫理在台灣根本不被尊重。

當前台灣的民主政治正呈現混亂的現象，一方面民進黨極欲
在公私切離的過程創造出個人主義，然後再以理性的官僚體制設
立政權；另一方面國民黨各地的樁腳正在作最後的反撲。在堅持
與突破之間，兩者都失去仔細思考什麼才是民主的眞正意義。托

克維爾一方面作爲法國人正處於法國大革命動盪的當下，另一方面卻眼見美國民主政治的逐漸成熟，九個月的美國考察，他眞正感受到那種將上層政治制度與底層社會需求相聯繫的重要性。宋先生的政治主張猛然散發此點，若有所見。但是上層與下層的聯繫，從他的作爲來看還是很傳統中國的。一種隱含傳統中國社會習慣，卻又能整合上下層級的資源流動的民主政治，是當前中國民主政治發展的首要問題。但是很可惜這種經由托克維爾比較法國大革命與美國獨立運動，所凸顯的民主政治的精神，卻未被中國社會所認眞體會。

現在中國大論的領導人江澤民先生口聲聲「依法行政」，中國大陸的年度大戲「雍正王朝」更時時刻刻回應此說，並刻畫一種合理化的科層體制的重要性。這些說法，或是戲裡的生活都忽略掉私生活領域發展的重要性，特別是與公共領域相互穿透的重要意義，一味鼓吹犧牲小我成就大我的神聖性口號。在托克維爾筆下那種以個人生活合理化爲前提的清教徒，在中國或是台灣社會尚未出現，也未曾被鼓舞出來。當然那種進一步向公共領域穿透的可能性更不可能發生。我認爲托克維爾的作品若認眞品味並加以闡釋，對於現代中國民主化的發展，就不會只局限於人權的口號而已，而是一種從私人生活爲起點向公共生活統一的實踐過程。

最後本章認爲從托克維爾的作品，可以學習一種整體性的思考方式，在塡鴨的教學過程，歷史、地理與社會科學乃至人文關懷，是被切離成應付考試的工具，大部分的台灣人不懂得也不敢作整體性的思考。在我的教學經驗中，我逐漸體驗這是通識教育最重要的職責所在。我第一個大學正式教職便是在通識教育，開始只想當作跳板，找機會轉到專業的學系發展，可是這幾年來，我發現通識教育的推展意義，實在大於專業知識的發展。

　　無疑地，美國已經是當今世界各項社會制度發展的領航員，
不論是衍生性金融商品或是專業倫理（如駭客倫理、醫療倫理
等），以及法律制度的發展都走在世界的前頭，然而台灣社會對於
美國的理解卻多是一般新聞報導或是好萊塢電影與流行音樂的印
象。即使每年台灣有如此多的留學生自費或公費地前往美國留
學，甚至美國也早已成爲台灣移民的天堂，我們對於美國的理解
似乎還是有限。

　　1914年以後，特別是經由二次世界大戰，美國才突然讓世界
驚醒到她在世界上的重要地位，迄今不過不到一百年的時間，包
括台灣與中國大陸都依然以「暴發戶的心態」看著美國，即使我
們是這樣殷勤地跟著美國的後面學習。不論是科學研究、司法改
革、金融制度、民主制度、教育制度等等，我們都是一味地向美
國學習，但我們竟是如此矛盾與膚淺地面對美國，未曾眞正認識
美國。這種感覺就像托克維爾在美國的感覺，當時美國獨立建國
之初，舊大陸也就是歐陸，幾乎很難相信美國土地如此之大竟要
施行民主政治，特別是法國佬，根據他們法國大革命的初步經驗
看來，簡直就是妄想。原本托克維爾也抱持這樣的想法，但是九
個半月的美國之旅，讓托克維爾大爲改觀，他感受到了，一個偉
大的國家即將出現。很可惜托克維爾的感受與理解，台灣人不
懂，更讓人訝異的事，我們竟然還可以如此奮不顧身地模仿美國
的各項制度。

　　實用主義哲學可說是美國各項社會制度的基本精神之一，獨
屬於美國的哲學思想。胡適先生將美國實用主義哲學帶回中國，
並推動白話文運動，對於中國所造成的影響很難估算，但是有一
點是可以確定的：眞正的實用主義哲學在中國並未產生，也未間
接傳到台灣來。白話文運動作爲一項社會改革運動的主要精神，
並不僅止於讓書寫口語化而已，更爲重要之處是要加速中國境內

各社會階層間溝通的速度與深度，讓中國眞正民主化起來，很可惜美國的實用主義哲學在中國並未產生眞正的效果。中國與台灣社會並未眞正理解美國的實用主義哲學。

美國的實用主義哲學源自於新教徒倫理，就像韋伯《新教倫理與資本主義精神》與托克維爾《論美國民主政治》上卷前半所描述的美國清教徒的精神。這兩項精神在台灣或是中國人的世界是被分開敘述的，哲學界介紹與論述實用主義，社會學界則是理解新教倫理，而在哲學與社會學之外，如法學界對於美國法律規範的理解，根本就置之不理。美國法律規範是英美法系與大陸法系的集大成者，自 1789 年傑佛遜領導制訂美國憲法，以及商業法的頒布開始，美國的法律規範就不再單純是英國普通法——那種重視陪審團制度與以習慣法爲傳統的法律規範。美國社會的法律規範有時簡直就可以等同是社會規範，保羅‧坎伯士的《法律狂：現代法治社會的理性幻覺》認爲美國人得了法律的偏執狂，任何芝麻綠豆的小事都要告到法院，浪費美國的社會成本。「費城」（一部足以作爲美國法律展現的影片）男主角在劇中的一句話：「雖然大部分的律師工作不見得是在做公正之事，但是作爲一位律師最快樂的事，就是偶爾也可以實現些微的社會正義」，美國的法律規範不見得可以體現完美的社會正義（那只有神才可以做得到），但是卻是當前所有社會規範中，還可以有效體現社會正義的規範。

美國法律規範最大的特質就在於繼承了西方法律文明最主要的精神——自律的生活態度、權利請求與合理化的理性言說的複合體，而這種精神最主要的承攜者恰恰就是新教徒，就是那群作爲美國開國先鋒的清教徒。一方面，自十五世紀以來，如伯爾曼《法律與革命：西方法律傳統的形成》所言，天主教與新教之間的鬥爭，本來就是秉持著自中世紀封建社會以來權利鬥爭的傳統

——教權與王權、王權與商權、商權與教權等權利的鬥爭。另一方面如特爾慈《基督教社會思想史》所言，新教徒喀爾文將馬丁路德的宗教革命，再往前推進一步，接受了奧古斯丁的神秘主義認爲上帝是萬能的上帝，是無法用理性去證明祂的存在——像中世紀的神學如安瑟姆與多瑪斯試圖用理性去證明神的存在。同時喀爾文也接受「因信稱義」之說，認爲唯有絕對地相信與詮釋聖經，才可以從中體會神的存在。這種信仰轉變的過程與權利請求結合起來，成爲新教徒最高的宗教倫理精神：重視言說討論與就事論事。這種精神也感染給法律規範的建立，成爲美國在獨立建國之初，法律制訂與執行的最高指導原則。

美國的實用主義哲學十分重視語言學，從美國實用主義哲學最後發展爲語言哲學，便容易感覺這項事實。這種對於語言與討論溝通的重視，特別是強調切合事理的精神，正是源自於新教倫理。如海莫能《駭客倫理與資訊時代精神》所言，連資訊社會的最高精神——駭客倫理都與新教倫理有很高的關聯。台灣在繼受美國各項社會制度時，都嚴重忽略美國法律規範的特質，或許都知道美國是一個法治的社會，但是作爲其法治基礎的法律規範是怎麼一回事，卻十分陌生。面對台灣社會發展的問題，以及多年對於西方法律文明的關懷與理解，我認爲我必須對美國進行更深入的研究。

# 第七章　性與韋伯[1]

　　……這一切都是「可能」，不論是在模擬真實世界或是其他任何沒有任何事會憑空發生，我們得仔仔細細努力地讓模擬真實為我們帶來天堂曙光，要是不幸走岔了，地獄門從此洞開，慘絕人寰的戰爭將取代那些虛擬戰事，紛爭盡出，了解不再，情誼頓消，憎恨瓜代。像所有其他科技會帶給人類福祉或是禍害一般，決定生殺之大權全由我們掌控，不可不察。我們得盡力避免讓子孫輩慨嘆但願沒有發明模擬真實這玩意兒，就像吾輩所說，但願當初沒有發明火藥和核子武器一般。……《虛擬真實》（Sherman, Barrie & Phil Judkins, 1995:159）

　　此種憂憂之心類似當年汽車發明時，有些社論（Sherman, Barrie & Phil Judkins, 1995:139）擔心哪有這麼多的馬伕來駕御這種「無馬的馬車」？然而，現在每個人幾乎都渴望有一部私人轎車，汽車變成日常生活的一部分，是個體在空間中延伸的工具，也是個人的私密空間。

　　有一晚，我被 Discovery 頻道有關保時捷、法拉利與雪弗蘭卡拉威引擎的設計過程報導深深的吸引。這些世界上優秀跑車的設計師或負責人，都十分肯定一級方程式賽車或是其他相關賽車對於車藝發展的貢獻。保時捷車廠的設計師說 911 型的設計並沒有特別外型的設計，他的外型就是「各項零件理性完美的組合結

---

1 本文曾以篇名〈虛擬之「法律合理化的自我實踐」作為「網路世界」之社會連帶的真實化歷程—「超現實之自我想像的」社會的興起〉，發表於清華大學社會學研究所 2000 網路與社會研討會。

果」，保時捷就是數學本身的理性之美。但是他話鋒一轉卻又十分
鍾情各項幾近「瘋狂」的賽車的比賽，甚至認爲各項的比賽讓各
種汽車有實戰經驗與改良的機會。在理性與熱情之下，「內燃機」
引擎的限制不斷超越科學本身的想像。在賽車場上，我們可以看
見賽車手只是整個賽車團隊的一員，背後整個團隊的分工與組合
超越中國人的想像，而那種根據理性的冒險熱情，更是在我們的
想像之外。或許，對於理性文明擔憂的學者與文人，都忽略掉了
西方文明中的那股熱情。西方不全然只有理性，還有一股熱情，
那麼，這股熱情是什麼？可能是一種追求個體慾望之實踐理性的
能量——在色身（個體的慾望與利益）與自如（公共理性）之
間，一種平衡的力量——「她」是什麼？

　　本章認爲對於「平衡力量」的探討，是整個西方社會理論的
核心。這不僅可以從亞當斯密之《國富論》與《道德情操論》對
於自利與利他的兩難看法，表現出來。[2] 從古典政治經濟學與社
會契約論的爭議，到康德的《法形而上學》與黑格爾的《法哲
學》，再到古典社會理論如馬克思、涂爾幹與韋伯等試圖對於兩者
的調和，直到現代社會理論的突破與爭議的再現，可以說都是圍
繞在這個議題上。古典社會理論對於色身的慾望，很少直接討
論，例如對於「性」的問題，採取非常保守的態度。或許就像波
斯納（Posner, 2002c）在《性與理性》一書開始談到，很少有人

---

2 在亞當斯密之《國富論》中是如此推崇立基於法律之市場的自利行爲——
　一種理性的經濟行爲，關於這一點成爲自由主義經濟學與制度或產權經濟
　學的最高信仰。然而他在《道德情操論》中卻是如此看重利他的道德感
　——一種社會實踐的熱情。在他思想上的衝突對立（或許不是衝突對立而
　是一體）正反映當時理性與情感之間的對立問題，這種對立在後現代理
　論，不論是傅柯或李歐塔（Lyotard）尋求在慾望與理性實踐，在主體上的
　統一，正顯示出這個熱情的連續性。

想去談「性」的問題，彷彿你這麼談，就代表你想這樣做，害怕大家這樣想，就不敢談了。或是像傅柯在《性經驗史》裡提到，在眾人面前談「性」是可以取得快感的，或許是承認了，也害怕大家這樣想，許多學者便不敢談。我想古典社會理論不願正視性的慾望的問題，這樣的心態應該是非常重要的因素。

不過相對於古典社會理論，現代社會理論便不如此保守了，性以及各式各樣的快感都被公開談論，甚至認為像「性」這種難登大雅之堂屬於私領域、令人面紅耳赤的東西，都被認為具有政治實踐的意涵，例如「妓權」與同性戀組成家庭的請求，拋頭露面在公開的政治場域爭取她（他）們的權利，即使像是性特殊癖好者（一般稱為性虐待者）在西方也公開表示他們的性快感是「正常的」，要求屬於他們應有的社會承認。

當以「性」為核心的慾望慢慢從道德的淵藪獲得解放時，現代社會理論與法理學必須正面迎擊，再也無法逃避。如波斯納（Posner, 2002c:1）所言，許多美國的法官對於性的理解「幾近於一無所知」，但是有關性的法律訴訟，卻逐漸充斥整個法院，對於性的理解不能再躲在自己的道德世界，僅僅因為自己不討論性而表示自己的性是很道德的。波斯納（Posner, 2002d:686）認為法官與法學界應該徹底地理解「性」，必須消除「使人無法適切地針對性議題進行公開討論的種種無知、偏見、羞恥與偽善的迷障。」

波斯納所展現對於性的理解的勇氣，很顯然是繼受了尼采的精神──對於道德的偽善的挑戰，這是波斯納（Posner, 2002a）所歌頌的精神。但是作為法學家與文學家的同一，波斯納所展現的不僅僅是尼采（Nietzsche, 2001）在《快樂的知識》藉由詩的美，所歌頌的希臘「酒神」，對慾望的承認而已。在波斯納的身上，還展現出一種權利請求的實踐，色身的慾望不僅僅是要能夠獲得滿足，更要取得社會大眾的承認，爭取一種屬於「她們」的權利，

就好比女性爭取她們的權利一般，只是「她們」是「同性戀者」、「性倒錯者」、「特殊性癖好者」，乃至「戀童癖者」。這些人的性癖好長期以來是在陰暗處進行，被污名化為撒旦的化身，只有魔鬼才有這樣的性癖好。當然色身的慾望不僅僅是性的慾望而已，還包括暴力、冒險，甚至嘗試死亡，還有許許多多的快感是我們未知的，就好比我們很難想像，有人會嘗試「獸交」或是雜交；許多中國人大概也很難想像有人會喜歡定點跳傘，從摩天樓或峭壁一躍而下，享受那種瀕臨死亡與飛躍的快感；或是像那些不斷向超音速挑戰的賽車手與其團隊，在「鹽漠」裡飆超音速的快車。本章所討論的色身的慾望不僅僅是性慾而已，而是整個色身的慾望，那種快感簡直就要成為生活的一部分，就像是坐雲霄飛車一般，只是娛樂；同時，也是一種權利，就像休閒一般地作為一種權利。

西方所認定的快感在我們面前，異文明的我們看得眼花撩亂，缺乏整體的觀點，常常隨便抓個理論就來膜拜，特別是後現代理論，不斷歌頌多元文化的差異性與主體性，結果將西方對快感的理解幾乎與「縱慾」等同，讓慾望成為「不道德的」，而非「非道德的」，慾望因而變得沒有秩序感，失去了自如（公共理性）。事實上西方的社會理論的學術發展是一連串不停的討論（discourse），大部分的中國學者似乎沒有耐心來跟著理解。西方自中世紀向啟蒙以後的現代社會轉進時，傳統強調集體的社會生活，開始被逐漸強調私有財產權的個人權利穿透。在自利與他利之間掀起軒然大波：個人主義－個體慾望的伸展如何重新被安置在整體的社會秩序之下？二十世紀初以後的世界，科技的蓬勃發展讓人有機會變得更個人主義（例如汽車與網路社會的普及，擴大個人的私密空間），個體慾望不斷從道德的禁錮中，頻頻探頭而望，甚至破繭而出，色身（個體的慾望與利益）與自如（公共理

性）之間的關係極爲緊張，彷彿在瞬間，西方就成爲撒旦所統治的世界。事實不然，我們都深深被西方對於快感的承認所感動，就像「費城」那部影片裡的男主角，作爲一位染上愛滋病的同性戀者，將自己比擬成法國大革命的烈士，要爲同性戀的性快感爭取被承認的權利。傅柯因愛滋病而病逝，遺著《性經驗史》正是爲了自身的性的快感而奮鬥，爲自我認識而戰，視現代西方的「性」是一種爭來的，具有權利的性，《性經驗史》第一卷頗有爲「性權」而戰之勢。[3]

傅柯替現代西方的性作爲一種權利，立下歷史與哲學的基礎，而波斯納更是振筆疾書呼喊司法必須認眞對待「性」作爲一種權利，不要再用道德來非合理化地對待性。性作爲一種快感，在西方已經不是一種自然狀態，而是一種權利。但是，西方的快感是如何作爲一種權利？藉由現代社會理論對於韋伯法律合理化的再理解，似乎可以提供一種解釋。

## 為何是韋伯？

從現代社會理論，特別是後現代理論的發展來看（特別是關於藉由「言說」來整合色身與自如的相關理論，容後詳論），韋伯的法律合理化理論很值得再一次被仔細思索一番。韋伯從宗教社會學入手，看到西方社會如何建構一種具有系統化特質的宗教共

---

3 一般認爲維多利亞時期是一個性壓抑的時代，但是傅柯卻好奇地反問，如果是性壓抑的時代，爲何如此多的性的新品種如雨後春筍般地冒出，如性倒錯、同性戀與戀童症等等都走到公開場合，並被冠上一個「詞」。例如，同性戀的性行爲早在希臘與羅馬時代便存在，而且被接受，但是那時並沒有「同性戀」，一種相對與異性戀相區隔的的詞語出現。在傅柯看來，維多利亞時代不是一個性壓抑的時代，而是性權利請求的開始。

同體，進而成爲西方現代個人主義社會的基礎。[4] 韋伯的貢獻很可惜並沒有被真正理解過，反倒是看到現代社會理論的發展，讓我有機會再次詮釋他的理論，也才真的搞懂韋伯合理化的理論，及其論西方法律合理化的意義——不僅包括法律形式合理化，也論及法律實質合理化。

如本書的封面這幅畫 *Der Schatten Max Weber: für Körper und Geist*（*The Shadow of Max Weber: Body and Spirit*），未明的韋伯（直譯爲：韋伯的影子）：色身與自如（直譯爲：肉與靈），是德國波昂大學社會學研究所 Professor Dr. Gephart 的作品。 2001 年春天，本書作者得到德國 DAAD 與台灣國科會的雙邊合作補助，到德國波昂大學進行短期訪問研究，試圖瞭解韋伯法律社會學編輯的過程，以及對照我所理解的「韋伯法律社會學」是否有誤。我拜訪了 Professor Dr. Gephart 與他交換心得，他是德國韋伯全集法律社會學的主編。我初遇此畫時，便驚動不已。一襲黃色西裝、眉宇深鎖的韋伯，以及背後美麗身影的女人，恰恰輕輕訴說著「法律合理化」的意涵。「法律合理化」在形式與實質兩面的矛盾，一直是韋伯極欲化解之事，他有生之年未竟其功，但是遺著中也留下許多解決的線索。西方快感的法律合理化是將法律作爲一種實踐理性的過程，讓長期被道德禁錮的慾望，那種曾經連西方人自身都厭惡的慾望，經由法律的實踐理性，逐漸在陽光下伸展，得到承認。在韋伯的時代人的慾望已經開始試著從道德的淵藪爬出來，只是尚未全面湧現。但是如今各式各樣對於慾望享受的快感，幾乎全數攤在陽光下。

---

4 一般在理解韋伯的宗教社會學，喜歡用除魅化、系統化，或是論其與資本主義之選擇性親近的意義，而忽略西方宗教作爲一種社會類型，對於現代西方社會的影響。

在韋伯的著作中論及慾望的問題，還是以經濟上的利益爲核心，偶爾論及「性」的問題，不過在《宗教社會學論文集》的〈中間考察─宗教拒世的階段與方向〉，韋伯（Weber, 1992a:128-138）曾經專論「性」的問題，在這裡可以看出韋伯對於色身慾望的看法。這篇論文是關於「性與宗教倫理的關聯」的考察，但是韋伯所論及的意義並非是宗教教義如何界定性的意義，而是將宗教倫理視爲一種生活態度（Lebensführung），並討論這種生活態度與性的關聯，也就是說這篇論文是在討論性的社會規範。韋伯認爲性的慾望已經從「自然的」慾望轉化爲「社會的」慾望，也就是即使像這樣原始與自然的性的慾望，也不免被「社會化」。在原始的宗教狀態中，例如巫術性格尚深的宗教、非理性化與非系統化的宗教，對於性不見得完全採取禁止的手段，對於性所產生的忘我出神的狀態，甚至也被視爲是一種神蹟。但是原始狀態的宗教也可能限制「性」的行爲，認爲性是惡魔的化身，必須限制在婚姻制度之內。宗教倫理作爲一種生活態度，與性產生緊張的關係，始於宗教準備系統化（形式合理化）時界定性的意義，由法律條文化的宗教教義（教會法）來界定「性」的範圍。

韋伯以西方爲例，在希臘時期，性對於希臘人而言，雖然崇尚節制，但是並非是絕對的禁慾主義，雖然有柏拉圖的愛情傳說，但是也有浪漫與激情的酒神。希臘人將性看成是一種生命力，固然欣賞這種生命的活力之美，但是也十分珍惜這樣的活力，不斷告誡自己不可以過分縱慾，浪費生命的活力。希臘人的性是一種屬於「自身修鍊」的「性」。

韋伯認爲中世紀西方封建社會的封建制度產生了「封臣」式的騎士愛情，並作爲騎士自我節慾的最高境界。這些騎士追求浪漫的愛情，「性」逐漸遠離自然狀態，變成一種文化狀態，性不再是一種自然主義的動物性，而是「人性」。但是這種騎士精神的

愛情，到沙龍文化的時代，性不再是一種禁慾的作風，公然地追求愛情或是享受性愛，成爲一種自我的證示（Weber, 1992a:132）。

中世紀騎士的禁慾與沙龍文化的自我證示，以及基督教宗教倫理的不斷系統化，韋伯認爲現代的「性」變成一種自我期許的「責任感」——一種權利與義務的關係，特別是新教倫理的性生活態度。「至此，人類已從農民生活裡那種古老又素樸的有機循環中完全解放出來（韋伯意指至此西方的性已經不再是自然狀態了）。」（Weber, 1992a:133）。

從純粹入世的觀點看來，唯有婚姻關係彼此肩負有倫理責任的想法——亦即異於純粹戀愛領域的一個範疇——相連結時，才能夠使得婚姻生活可能存在有某種至高無上性質的感覺得以成立；這可能就是愛情的轉換，亦即將責任意識貫穿到有機「性」生活過程的一切精微的細節裡，「一直到風燭殘年餘音嫋嫋爲止」。也就是說，在伴隨著責任感意識的愛情生活流轉中，彼此應許且互相擔待（就歌德的觀點而言）。在實際人生當中能夠擁有這種寶貴眞意的純粹型態者，少之又少；而眞能神領深受者，可說是命運之加惠與恩寵——無關乎個人本身的「事功」。（Weber, 1992a:133）

韋伯對於新教倫理的性的生活態度在道德上給予極度的肯定，但是在實踐層次上，卻是採取眞實面對的態度，他也不諱言自己未能完全遵守新教倫理的性規訓，在他看來即使是新教徒可以徹底遵守他們的宗教倫理的性規訓，也是因爲神的加惠與恩寵，與個人的修練無關，也就是任憑個人的自我約制如何的徹底，也將隨時面臨破功的局面。韋伯認爲他那個時代的「性」變得非常的系統化，也就是形式合理化，但是那種源自於自然性的

衝動，彷彿隨是就要衝破形式合理化的藩籬，讓性變得比較實質合理化一點，韋伯似乎蘊涵著這樣的意義。

「性」在現代西方社會的確已經被法律形式合理化了，性被婚姻法所形式合理化，被約制在法律的範疇裡。經由傅柯的《性經驗史》的啟發，更為重要之處，就是「性」也同時被法律實質合理化，成為一種「性」的權利。同樣的，與性相關聯的各式各樣的快感，在現代西方社會已經不是自然狀態，一種原始慾望的滿足，同「性」一樣，一方面被法律形式合理化所約制，另一方也被法律實質合理化成為一種權利，一種享受快感的權利。但是快感是如何被法律形式合理化與實質合理化？韋伯並沒有真正回答這個問題，但在他的相關研究如「性」，卻蘊涵著答案。不過這得藉由現代社會理論的啟發才可以理解這層意義——作為西方性規範的主要生活態度的新教徒或是整個基督教的宗教倫理，是如何限制「性」的？過去我們所看到的是答案是結果，對於操作與制訂規訓的過程卻不聞不問、懶得理解。但是經由現代社會理論的啟發，這正是可以真正理解西方快感的意義的路徑。

若無西方現代社會理論的啟發，我們便無緣再理解「未明的韋伯」的貢獻。從韋伯論現代的「性」的特質，只能感受到韋伯的無奈與悲觀，再一次將對於韋伯的理解，推向「已明的韋伯」。以性為例，如果性從重視自律的騎士之愛（性的形式合理化）到強調浪漫的自我證示的沙龍文化之愛（性的實質合理化），性的形式合理化與實質合理化開始相互衝突與試圖整合，經由新教倫理朝向自律全面前進，完全試圖扼殺浪漫與自我證示之愛，性的形式合理化達到最高峰，但是韋伯對於這樣的形式合理化的性並不樂觀，因為那只有神才可以做得到，性的實質合理化的請求將隨時爆發，但如何開展，韋伯並未言明。不過從韋伯關於宗教社會學的研究，可以發現端倪，這得經由現代社會理論，特別是對於

言說作爲建構現代社會的重要性的承認，我們才有機會理解與認識那個「未明的韋伯」，察覺到西方的快感的「形式且實質合理化」的社會基礎。

## 藉由現代社會理論的啓發，對於「未明的韋伯」的理解

色身與自如之爭，從啓蒙到現在一直被爭議著，未曾或歇。[5] 如「現代性」的社會理論的代表：紀登斯（Giddens）、哈伯瑪斯，以及作爲「後現代性」的社會理論的代表：布希雅與李歐塔，他們曾是如此針鋒相對著。[6] 事實上，這一直是現代性理論或是後現代性理論探討的核心：色身的慾望與利益如何被承認，如何擺入公共理性之內，但是卻又不會扼殺對色身的主體性，現代社會理論，不論支持現代性，還是擁護後現代性，都承認也鼓吹必須正視色身的存在，必須讓色身的快感從陰冷的角落迎向陽光。

我們從紀登斯的理論中瞭解到現代性中個體認同的重要意義，以及親密關係與現代西方民主發展的重要關聯；也從哈伯瑪斯的理論中理解法律作爲一種實踐理性（哈伯瑪斯比較喜歡用「交往理性」這一詞）的重要意義。當然布希雅的虛擬文化批判與

---

5 這個爭議的連續性與突破正可以康德之〈什麼是啓蒙？〉與傅柯也以相同的題目爲題的再詮釋，爲最主要的代表。

6 紀登斯對於布希雅的批評如下：「在電子媒體扮演核心的、基本角色的社會活動世界裡，不再是布希雅意義上的超現實。因爲這種觀念把媒體所傳遞的經驗的廣泛影響與現代性社會體系的內在參照性混爲一談，而事實在於這些體系在很大程度上是自主性的，受它們自身的建構性（constitution）影響所決定。在現代性的後傳統秩序中，以及在新型媒體所傳遞的經驗背景下，個體認同成了一種反思性地組織起來的活動……。反思性組織起來的生活規劃，通常被假定是與專家知識相接觸之後所具有的對風險的考慮，成了個體認同的結構化的核心特徵。」（Giddens, 1995:5）

李歐塔之知識資訊化的後現代理論，也警醒我們不要忽略掉個體被符號化，以及被社會複雜地切割與再製的意義，傅柯的理論更提醒我們要注意歷史與社會本身與重構過程的差異性創造。色身（個體）如何被安置在公共理性之內，讓這些現代社會理論學者大傷腦筋。[7] 這些理論分別點出西方社會現代性或所謂後現代性的問題，也點出西方社會當前的特質——對於西方快感法律合理化的努力——如何運用實踐理性來駕馭色身的快感。

特別是在網路工具開始發達的情況下，個人與社會之間的關係再度緊繃，色身的主體性獲得前所未有的自由。網路世界所提供的色情與賭博，在極度匿名的情況下，可以為所欲為，幾乎是無政府狀態，若要期待道德還有所作為，簡直是癡心妄想，呆板而過於形式合理化的法律也無法控制，即使是集權主義也無法完全控制（想要用過去集權的檢查制度來控管網路世界，根本是緣木求魚的作法）。網路世界的興起，讓西方社會面臨極大的挑戰。過去道德所全面禁錮的慾望，或者說，過去被道德徹底否認的慾望，開始全面從道德的淵藪爬出來，不管是好是壞，全都給釋放了。事實上也幾乎沒有標準可以區分好壞的慾望，例如在網路世界所呈現的「獸交」相片或是影片，是好還是壞？在網路世界的性商店裡，專為販賣女性設計的性服務工具如矽膠作的陰莖，到底是好事還是壞事？一夜情的援助交易？是好事還是壞事？提出這些問題，好像讓我的論述一下子變得很不道德，危言聳聽？這些都是必須用去道德化的心態，來認真對待的問題：色身與自如之間？到底怎麼了？

---

7 以同性戀為例，像在古羅馬社會有同性戀的性行為，卻沒有現代社會之同性戀的觀念。那種宣稱自己是同性戀與異性戀不同有差異，是建立在同性戀的個體主體的實踐上，與未基督教化時古羅馬社會的男人遵循享樂主義，與基督教化後將同性戀用道德來控制，都有很大的差異。

傅柯的《性經驗史》從性的論述的歷史，將西方性經驗的歷史作一種醫學的解剖，我們可以清楚理解「性個體」的浮現，一種「性的權利」個體（如同本書第五章所言，「性的個體」也是基於權利請求的法律文明所形成，同時也是基於本書第三章所言的色身自律的生活態度）；此外傅柯的《性經驗史》比哈伯瑪斯（Habermas, 1996）的《事實與規範之間》更具社會學的特質，較少哲學抽象的論述，可以清晰看到色身如何經由權利（法律）作為實踐理性而被承認的可能。[8] 但是不論是哈伯瑪斯或是傅柯，甚至是波斯納（Posner, 2002d）的《性經驗史》，我們還是有所困惑：色身如何成為自如？這是古典社會理論的核心問題，似乎被現代社會理論忘卻了？還是換了一種新的發問方式？

在現代社會理論中，我們不難發現「言說（或論述）」（discourse）成為重要的研究重點，甚至認為「言說就是社會，社會就是言說」，然而一種「言說的社會」如何可能？[9]言說是一種很簡單的社會生活，但是要將社會生活成為一種社會習慣，特別是具有公共性的言說，就中國社會而言，並不容易。尤其是企圖將生活的世界，透過法律系統的合理化作為，成為具有合理化言說能力的生活世界。這是哈伯瑪斯的理想，從交往行動理論的建構開始，他便大規模地反省古典與現代社會理論——特別是詮釋學與美國實用主義，試圖用互為主體性（inter subjectivity），來重建被

---

8 在現代社會理論中，傅柯是最有可能論述出二十世紀的西方社會如何將法律作為主體理性實踐之工具的一位，很可惜他死得早，也過份范圍於宗教與王權的控制權力，而未竟其功。雖然在後期著作漸漸不再如此堅持這種觀點，也接受法律對於社會的存在的重要性（Hunt, Alan & Gary Wickhan 1994:55），然而他主要還是將法律視為是一種統治（sovereign）的工具，法律還是殘存王權延伸的舊思想。

9 日常生活也是重要的研究對象之一。

過度系統化的生活世界。用現代社會理論的觀點來看待快感的第一個感覺，就是快感也只是一種言說，一種基於自律與權利的言說。

言說在後現代理論中，僅僅是一種現象，不具有實踐的意涵。但是哈伯瑪斯對於「社會就是言說，言說就是社會」不僅承認，而且還建構龐大的實踐理論——交往行動理論，發展出基於交往理性的言說倫理學。在後期的著作《事實與規範之間》，哈伯瑪斯看到二十世紀後期法律的發展，認為言說的理想情境，是在具有形式且實質合理化的法律系統裡，言說必須基於權利的基礎，朝向公平正義的道德，言說倫理學才有建構的空間。

哈伯瑪斯繼受了詮釋學的傳統重視語言作為存在（Sein）的基礎，並在與古典以及現代社會理論的整合過程中，將韋伯帶進他的理論體系。不過，他分析與批評了韋伯的法律合理化的理論，卻沒有真正將他搞懂。不過也正是因為這樣的誤解，加深我對於韋伯理解的再深化，越是理解，一個「未明的韋伯」越是清明。哈伯瑪斯是站在「未明的韋伯」的基礎上前進，但是很可惜，韋伯最為重要的貢獻，不是哲學的推論，而是社會學的考察，可以這麼說，「未明的韋伯」正提供言說倫理學的社會學基礎。

### 應該還是韋伯：快感作為一種自律、權利與言說

年鑑史學的《家庭史》很成功地運用傅柯的研究，寫出羅馬家庭，也不諱言這是建立在傅柯的基礎之上。《家庭史》在某種程度接上了傅柯未竟其功之處。《家庭史》（第二冊：131-222）談到近代十七世紀宗教與家庭的關係時，特別是天主教與新教在處理離婚的態度上，作了相當精彩的解釋：離婚是要經過教會法庭裁定宣布，在這項規定上新教作了重大的突破，承認婚姻不是

一件聖事，而是根據上帝的意願所締結的契約。《家庭史》說明
了一項重要的事實：「性」經驗是經由教會「法庭」「言說」（論
辯）出來的，這是傅柯有生之年尚未呼出的看法。現代社會的性
經驗，表像看來是成為一種自由的關係，但若細究，不難發現那
是一種在法律上之「性的言說」的關係，透過在法律上的言說，
性的權利被確立下來。換言之，性的快感藉由法律的言說被承認
了。

　　但是這種在法律上言說出「性主體」的可能性為何？傅柯過
分強調教會及國家或王權的統治特質，也過分強調法律作為一門
學問所產生的知識與權力的混合特質──法律可能隨時被法律工
匠濫用而成為一種暴力。在個人主義社會強調性自由的當下，西
方人是如何在倫理上一方面如實地享受慾望，一方面又不陷於縱
慾而失去主體？傅柯試圖建立一種「個體技術的倫理學」，與哈伯
瑪斯一樣想建構出一種可以體現主體的實踐理性。但是傅柯並沒
有辦法很具體地言明，最後雖不至於像葛蘭西一樣，說每個人都
是哲學家，都有一個內在清明的自我。但是他認為這種「個體技
術」必須是不停創造的結果，他發展系譜學就是要像尼采一樣從
人本主義中破繭而出，建構一個能動（creative）的主體。但是他
過分對於規戒（discipline）的批判，而忽略對於宗教倫理與專業
倫理之間作系譜學的分析。傅柯對於宗教倫理的性規範充滿敵
意，韋伯則不然，即使不滿意但是絕不敵視，反而認真對待之，
承認宗教倫理作為一種重要的生活態度，承認其對於西方社會的
影響性。結果，韋伯比傅柯更仔細地解剖基督教倫理，特別是其
對於快感的影響，作為一種性的生活態度。

　　現代「性經驗」的主要界定者是布爾喬亞階級，這群人被認
為是現代民主政治的創造者，現代法律的創造者（Tiger & Levy,
1996），是現代家庭制度的奠基者，當然更是現代資本主義的重要

創造者。但是很多人都忽略他們也是西方基督教的承攜者，頂多只理解到新教與布爾喬亞階級的關係，這是受到韋伯早期著作的影響。韋伯在晚期較成熟的作品《經濟與社會》中關於宗教社會學這一章更清楚地說明西方宗教就是一種商人或職工的宗教。這群人在財務上支持了基督教的長期發展，也將基督教從巫術的性格帶向一種除魅化的特質或是系統化。這一點大家都很清楚，但是我們對於除魅化的理解也多僅止於去怪力亂神，其實在西方的宗教倫理中，自始至終受到職工或商人切事性的影響很大。

這種切事性的特質讓西方的宗教成為一種「言說的」宗教，神的存在是在告解的論述中，或是進而發展為在教會法庭或議會中論述的宗教，神的存在是在言說之中。當時的韋伯並未使用論述這個字眼，但是他強調宗教在系統化的過程，也架構出一種抽象的與虛擬的神的存在，不是像巫術性格很強的宗教一般，需要經驗具體的接觸才信仰神。這種系統化與虛擬化的宗教其實也正在建構西方社會的特質，得以讓羅馬法在往後可以發展成為一種可以作為色身的實踐理性。傅柯與哈伯瑪斯，甚至是李歐塔論公正，或是布希雅談「內爆」，都忽略這股「內聚」的力量——基督教的論述倫理學，作為當下言說倫理學的社會基礎。西方宗教的系統化，將神抽象化為無具體形象的神，無法用任何人的經驗感知的神，這種抽象化的過程對於西方現代社會，一種可以接受高度抽象行事的權力——法律統治的社會，具有關鍵性的影響，韋伯認為這是造成西方文明的獨特性之處。

## 西方快感的法律合理化

羅馬法在形式上早已經形式合理化了，大陸法系的民法典基礎，在形式上也多繼承羅馬法的架構，但是羅馬法並不具有現代法律文明的精神：將法律落實為日常生活的一部分，而且是很重

要的一部分。羅馬法就古羅馬社會而言，只是一種道德上的訓誡，好比我們子產鑄鼎法，在春秋戰國時代，就存在著法律社會的形態，只是在當時並不發達。羅馬社會的快感與現代社會的快感極爲不同，兩者雖都承認快感，但是卻是不同社會性格的快感。羅馬法與羅馬人的快感，沒有任何的關聯。羅馬人的快感完全屬於個人的快感，他們對於快感的承認，是對於人的原始慾望的自然承認。但是現代西方社會對於快感的承認，是一種深具社會公共性的承認，也就是說現代社會的快感與法律（權利）有莫大的關聯。雖然個人的快感被承認了，但是這絕對不僅僅是原始快感的自然承認，快感已經變成一種權利請求，而且是經由公共論述所合理化形成的，並形成形式法律合理化的特質，寫成法律。例如同性戀者對於加入異性戀者的婚姻法的請求與抗爭。未來各式各樣的快感不僅僅將進行一場場被承認的權利請求，也將要求被寫成法律來保障，例如「性工作者」服務法。

　　啓蒙以後也是西方社會從封建社會向現代社會轉進的開始，不論是古典政治經濟學或是社會契約論，所討論的問題都是圍繞在自利與他利的問題之上，一方面是即將取代神權之王權的興起，一方面是私有財產權的興起，不論是國王或是布爾喬亞階級的利益都急著想要獲得宗教道德的承認。王權向神權請求個人權利的同時，貴族與商人階級也向王權請求個人的私有財產權。個人的慾望透過法律在各階級之間彼此請求著。康德之《法的形而上學》試圖將倫理區分道德與法律正代表這種思想的發展趨勢。後來黑格爾之《法哲學》更是試圖將道德與法律統一起來，最後整合在一個「大法」的倫理觀念之下，將人的慾望（利益）與理性統一起來。在西方法律的發展過程，是一種將個人慾望法律化的過程，透過權利請求將人的慾望與理性統一起來。這樣的說法事實上大家並不陌生，但是接下來的論述就很值得大家注意。

　　一般論韋伯法律合理化的意義，就僅止於就其在《經濟與社會》之〈法律社會學〉的意義：對於法律的形式理性化與實質理性化作狹義的解釋。不過我認為韋伯論法律合理化的意義應該是其整個社會學思想的重心，這是延續古典政治經濟學與社會契約論的爭論，以及承繼德國的法哲學傳統，並在德國現代化的特殊背景下所體現出來的觀點。[10] 個人與集體之間的衝突問題在德國的現代化過程，相較於英法有不同的表現方式，顯得更為激烈，原來強調結社的行會——重視集體的共同體社會生活受到很大的挑戰，特別是受到從英法所發展出來之個人主義思想與生活方式的挑戰。

　　在經濟與政治的範疇上，韋伯必須回答政治體制科層制化與經濟體制資本主義化的問題——也就是合理化的問題，這些政治與經濟生活在在展現出個人主義的特質，試圖脫離傳統行會結社的集體控制，走向個人權利的時代。[11] 對於這種轉向，一般的看法多著重韋伯在非正當性的支配，有關城市中的支配類型的理解——「城市的空氣使人自由」讓很多學者窄化韋伯的理論。在自利與他利之間，並不只是逃跑到城裡就可以了，實際上城市也是一種集體的封建關係——集體的行會組織。從封建地逃跑到城裡也只是換了另一種集體的權利關係而已。如果城裡的空氣真的比較自由，這種「空氣」是如何形成的？住在城裡的人是一群商人，這群人也是以兄弟會為組織的宗教社群。城裡的宗教倫理或許是使城裡的空氣的確不同的主因。關於此點韋伯在宗教社會學這一章作了很多的探討與突破，在理論的層次上超越了古典政治

10 當時德國正要從結社或社區，轉向具有現代國家科層體制的社會，原來結社或社區的特質，讓科層制的社會的意義變得特別突出。

11 韋伯用身分契約與目的契約這兩組概念來說明這種變化。

經濟學、社會契約論與古典社會學，很具有現代社會理論的精神，讓古典社會理論與現代理論有所接續。[12] 要理解韋伯法律合理化的意義，不能只單靠《經濟與社會》的〈法律社會學〉這一章的理解，對於宗教社會學研究的參考理解極爲重要。

韋伯對於宗教社會學的研究是在說明西方社會「共同體」的社會意義。[13] 中世紀職工（或工匠）的職業特質與基督教信仰有選擇的親近性，讓他們結合起來，逐漸成爲一種系統化的宗教。[14] 而此種系統化的宗教又讓其與羅馬法有選擇性的親近，將宗教倫理發展成形式理性化，也就是試著將宗教倫理法律形式合理化，作爲職工的宗教將職工的倫理逐漸形式理性化，讓職工的共

---

12 長期以來，台灣學界對於基督新教倫理與資本主義精神過分關注，這是韋伯早期的作品，韋伯在經濟與社會中之宗教社會學有許多突破性的看法，也對於西方宗教的特質作一番全面性的探討，點出基督教不論是天主教與新教都具有系統化的特質。

13 韋伯在《經濟與社會》中有關〈宗教社會學〉這一章一開始，就清楚表示，他要研究的是一種共同體的關係，不是宗教的神學本身。

14 韋伯認爲職工（工匠）本身的工作生活就具有切事性的性格，他們不像農夫靠天吃飯，深受自然風險的影響，也不像貴族如此不食人間煙火不知生活的辛苦。任何的技術生產都是一種理性考量的結果，得靠自己討生活。農民應該是最容易接受基督教的俗眾，但是農民對於基督教的信仰多是採取巫術的信仰方式，這種信仰得靠不斷神蹟的再現，才得以維持宗教的存在。貴族可能信教，但是也很容易離開宗教，他們在政治與經濟上的絕對優勢，讓他們不易輕信鬼神。韋伯認爲只有職工最需要也最能接收基督教的信仰。職工基督徒不寄望來世，也不相信巫術，但是他們需要一種宗教可以解釋或是可以慰藉他們在工作生活上的辛苦。這種特殊的性格所產生的救贖觀，基督教的救贖觀正好吻合職工的需求。在宗教的上的理性化性格是西方基督教走向一種透過語言論述與生活實踐來體驗神的存在的一種宗教。西方的神一直沒有出現，奇蹟總是很少，有時讓人顯得不耐煩。教廷的組織開始發展神學，一種論述神的存在的知識。

同體一方面是宗教的兄弟會，一方面是法律化形式理性化的行會。[15] 換言之，歐洲社會的共同體組織，看起來是宗教形式倫理化的組織，但是卻繼受了羅馬法的形式理性化，這種結合的結果才是近代西方法律文明的雛形。[16]

　　這種法律化的共同體，是西方法律合理化的初步成果：雖然是共同體的組織，卻是已經試著將法律作為專業倫理實踐的工具，也是一種將法律向實際社會生活靠近的開始，就是將法律作為實踐裡性的開始。[17] 隨著基督教逐漸向貴族與農民的開展，法律化的宗教也逐漸向這兩個階級影響。基督教的信仰變成可以在教庭的法庭上申辯，就像在爭取商業利益一般，我想最精彩的說明莫過於是盧貝松在「聖女貞德」一片中的詮釋──貞德在宗教法庭上的辯解以及在獄中向上帝的告解。我們很難想像信不信媽

15 羅馬法在抽象的性格上與神的永恆的觀念相切合，為基督教所接受。在另一方面如伯爾曼（Berman, 1993）所言政教的衝突所創造的權利請求以及分權的觀念，是西方法律的傳統。但是泰格與列維（Tiger & Levy, 1996）則看到布爾喬亞權利請求的另一面，不論是教會或職工，甚至是國王本身都是彼此相互牽制，羅馬法講求那種抽象的權利特質，正可在這三者之間被妥協接受。再者懂羅馬法的教士們，有很多的時間來論述法律，教會的大學除了是神學論述的場所，也是法學論述的場所。教會與職工在這些因素下與羅馬法有了選擇性的親近，商業法也正式在這種選擇性的親近下出現。

16 在法學界甚至是韋伯，也認為羅馬法是西方法律文明的起源，不過羅馬法在古羅馬社會是一種道德的訓誡，不是社會生活的一部分，羅馬法是寫在黑板上訓誡羅馬人。

17 職工可以透過法庭來仲裁各項與各地的法律糾紛，早在中世紀已有可以審理各地職工商業衝突的法庭。宗教信仰與專業倫理，透過法律被統一起來。這是中國社會很難想像之事，就像我們各行各業的專業倫理也都法條化，但是就僅僅是法條化，很少有人去遵守，我們很難想像西方的醫生死板地根據法律化的醫師倫理，而拒絕進行墮胎的手術。

祖可以在媽祖廟前的廣場論辯，不需透過巫術性格很強的神判來
證明我們的信仰，僅靠言詞的辯論，而且有人耐著性子聆聽著每
一項的論證。

我所詮釋的韋伯法律合理化的意義，應該不僅是一種法律形
式合理化的意義：一切的法律都作爲一種對於經濟、政治乃至宗
教社會行動「可預測性」的社會規範而已。事實上，整個西方法
律合理化的發展，尚有一種實質理性化的發展，也就是一種將法
律作爲主體理性實踐的積極意義。如前所述，一部保時捷 911 的
跑車可以說是形式法律合理化的終極表現，此種車藝之美體現德
國人十足的理性之美，但是那種對於內燃機極速的追求，卻似乎
是一種反理性的作爲，對於那種力量鍾情，韋伯往往被誤解他期
待於卡理司馬的熱情，其實這是一種主體的實踐理性的發揮的結
果——布勞岱稱之爲暴力的人文主義，法國大革命的成功就是這
種精神的展現。[18] 西方法律合理化的意義並不僅止於依法行政，
法律是一種具有公共性的實踐理性的實踐結果——法律是基於色
身（個體的慾望與利益）的權利所開展出來的。法律實質合理化
的意義正是理性主義與浪漫主義交織的果實。[19]

18 他認爲人文主義是西方文明的重要傳統之一，這不僅在文藝復興時代出
現，而且一直在西方不斷再製，法國大革命就是對於這種人文主義的體
現，同時又是一種與爭權利（liberties）的傳統相結合的結果。記得念中
學的時候，在苗果頭份都要被強迫去看愛國電影，記得有一次看的是
「黃花崗之役」。雖然很多同學看完之後沒什麼感覺，但是我卻熱血奔
騰，那時我覺得很奇怪的一幕，正是林覺民在廣州街頭起義，許多民眾
在茶樓觀看巷戰，就像在看熱鬧，後來我也慢慢瞭解爲什麼我的同學眞
的就是把他看成一場電影，看完後就去逛街，好像沒發生過任何事。西
方意義下的暴力人文主義，中國人似乎很難做得到。

19 德安特佛斯（d`Entréves, 1992）這位羅馬法的權威再回答什麼是法律？
充分展現實踐自然法理念的浪漫精神，他相信「因正義而成法律」，認爲

事實上韋伯的法律合理化也正是涂爾幹有機連帶社會理論建
構的積極意義所在，在快感橫流的個人主義社會，個體的慾望與
整體的價值如何同一，一種從共同體到社會的轉變過程，將「現
代社會」這個東西的特質講清楚說明白。雖然涂爾幹在宗教生活
的基本型式，用初民部落的儀式化過程，來強化他所謂有機連帶
社會秩序的建構過程，來補足個體崇拜（cult of individual）
（Giddens, 1994: 196-201）的基本機制。很可惜涂爾幹雖然將宗教
視爲一種共同體的社會事實，卻無法像韋伯將西方的宗教視爲一
種獨特性的文明，一種獨特性的共同體（與機械連帶的觀念有很
大的差異）的形成過程。韋伯的宗教社會學的研究，花了很大的
力氣說明西方宗教：基督教作爲共同體：一種具有系統化與理性
化的共同體，以及西方的宗教如何超越巫術的經驗性宗教而成爲
超驗的宗教，做出成功的解釋，而此解釋也成爲西方現代社會如
何成爲一種法律社會的基礎，在充滿個人主義的社會中，可以發
展出一種無須直接權利關係對應如王權或神權，而具有虛擬性格
的法律合理化世界（法律系統）──重視與承認「言說」──作
爲體現色身（個體慾望與利益）的權利的基本方法。[20]

紀登斯（Giddens, 1998:255-256）認爲在現代性高度發展的社
會中，個體的組織建構（系統化）變得異常重要，一個人的自然
身體被許多有許多專家的知識系統侵入，煮個菜也要看烹飪書，

法律的實踐理性應該成爲一種像原來道德倫理實踐那樣的普遍化。

20 韋伯宗教社會學的研究與法律社會學的研究的交錯，在他有生之年並未
　完成，雖然留下〈法律社會學〉這一章的遺稿，也提及宗教制度與西方
　法律合理化的關聯，但是在這一章僅是處理有關法律形式合理化的歷史
　問題，並未深切處理法律的實質合理化。宗教倫理作爲一種生活態度以
　及系統化的過程，對於法律作爲現代社會的核心的影響，卻是韋伯的著
　作所關懷的核心問題──現代社會如何形式且實質合理化？

自然的做愛本能也有性愛大全教各種性交姿勢與性知識，當然也有戀愛大全。我們的快感，包括吃與性的快感，甚至死亡的快感例如尋求自殺，都必須照書做，快感被徹底地形式合理化，甚至法庭上的參考證據就是寫書的那些專家。系統化知識的書取代了聖經，專家取代了教士，書店與學校取代了教堂，但是系統化的書不可以說明一切，也不可能產生行動的力量。一位同性戀者或是特殊性癖好者可以藉由醫師專家根據書本所產生的診斷，或是自行閱讀書本而判斷自己的性快感，加入書本與專家的分類。但是我們總是冀盼多一點「眞實」——實質合理化，西方的同性戀者或是特殊性癖好者決不滿於形式合理化的決定，他必須訴諸實踐，尋求實質的合理化。

事實上，同性戀與特殊性癖好者可以躲在自己的世界享受快感，不必走上街頭，不必告訴異性戀者他要組織家庭他就可以偷偷地組織家庭。但是，這些人並非如此，他們要請求一種承認，這種承認是一種基於自律，藉由不斷在公開場合與反對他們的人爭辯，讓別人認識他們，也藉此產生更強的自我認識，這正是西方法律文明的表現，透過法律作爲一種具有公共性的實踐理性來彰顯個體的快感，這也將是現代社會的秩序所在——快感的法律合理化——快感作爲一種自律，權利請求以及合理化理性言說的複合體。

# 第八章　駭客與韋伯[1]

加入我們來共享軟體；

你們將會自由，駭客們，你們將會自由。

聚斂者或可得到大把鈔票，

的確如此，駭客們，的確如此。

但是他們不願幫助鄰人；

這可不行，駭客們，這可不行。

當我們有足夠的自由軟體，

任憑取用，駭客們，任憑取用，

我們將丟掉骯髒的使用許可，

永永遠遠，駭客們，永永遠遠。

加入我們來共享軟體；

你們將會自由，駭客們，你們將會自由。

史托曼（R. Stallman）的「自由軟體之歌」（Himanen, 2002: 82-83）

　　史托曼所寫的這首歌的歌詞，鼓吹駭客們擁護軟體共享，反叛智慧財產權的「假公平眞壟斷」，對於比爾蓋茲的微軟公司堅持智慧財產權的反抗，很能反映本書所論述的西方法律文明的意

---

1 本文曾以篇名〈駭客倫理作爲台灣網路遊戲發展的社會基礎〉，發表於清華大學社會學研究所 2002 年網路與社會研討會，以及部分内容亦曾以書評〈書評：《駭客倫理與資訊時代的精神》〉發表於 2003 年《資訊社會研究 4》。最後大幅增修後，2004 年以〈駭客倫理與韋伯〉篇名發表《思與言》，第 42 卷，第 1 期。

涵。駭客（hacker）這幾年在台灣與世界各地的印象是負面的，簡直就是電腦犯罪與玩世不恭的代名詞。但是這是駭客眞正的意涵嗎？駭客是西方現代社會的產物，特別是在西方網路世界興起後，正式出現。事實上，一般人包括許多社會學家，很難理解史托曼的「自由軟體之歌」的意涵，那種深具馬克思在〈共產主義宣言〉所綻放的熱情，更充滿了西方法律文明的精神，這正是「西方法律文明之子」，這種精神是很難與電腦犯罪聯想在一起，勉強的關聯只是反叛精神。如果，網路社會是西方現代社會最近期的表現，駭客無疑正是網路社會的最佳代表，最適合用來理解西方現代社會特質的代表性角色。本章試圖藉由對於西方駭客倫理的討論，來陳述以下我的看法：

　　如果，連往往被看成是「叛經離道」的駭客倫理，都是一種「色身自律的生活態度」、「權利請求作爲具有公共性的實踐理性」與「合理化理性言說」的複合體——西方法律文明，那麼西方法律文明的特質，就昭然若揭了。

## 專業倫理與西方法律文明

　　當西方從中世紀的「社群」轉向現代「社會」的過程，其中最爲具體的轉變就是從土地經濟轉變爲金融經濟，「錢」的使用在西方現代社會變得越來越重要，社會的關係變得越來越抽象，特別是工業化以後生產關係的改變，職業分化（分工）加劇，許多職業變得可以由錢來估算，也就是勞力與技能（craft）金錢化。原來作爲中世紀社群——行會組織的重要社會基礎——專業倫理，產生重大的轉變，對於這樣的轉變黑格爾在其《法哲學》的著作中，表現了高度的關懷。[2] 古典社會理論韋伯與涂爾幹也

---

2 職業倫理與專業倫理這兩個概念在華人世界常常被混淆使用，一般認爲律

分別論述了《新教倫理與資本主義精神》與《職業倫理與公民道德》，如同黑格爾一般重視中世紀行會組織的專業倫理在西方現代社會的意義。不過，馬克思對於專業倫理則不感興趣，認為這是資本家創造出來的「假道德」是用來剝削工人的說詞。

中世紀行會的專業倫理只是整個封建社群倫理的一部分，但是在西方現代社會專業倫理幾乎可以說是整個社會的倫理，政治、經濟乃至家庭都充滿了專業倫理，即使是父母親——一種長期的自然與道德角色，也被逐漸轉換為一種「專業」，必須有專業倫理——要具有家庭管理與教育子女的「專業知識」，父母親與子女之間的關係已經不僅僅是自然天成的關係，已經變成基於權利的專業倫理的關係。至於，經濟與政治則不用多談，許多角色即使是像充滿爭議的「駭客」也都要求具備專業倫理，甚至是性服務工作者。雖然西方現代社會各行各業越來越重視該行的專業知識，但是對於專業知識的重視則是來自於對職業的服務對象的尊重——對於服務對象的權利的重視，同時工作本身也是一種自我認識以及作為融入社會並形成社會存在感的實踐。中世紀的專業倫理是基於對於整個行會本身的道德的遵守，而非對於個別服務對象的權利的重視，也不那麼急切地試圖從工作找的自己存在的價值，以及作為社會一份子的生命意義。這樣的實踐過程，工作本身被視為一種權利，承認服務對象與工作本身的權利。以個人

---

師、會計師與醫師看起來比較專業的行業的職業倫理，特稱專業倫理，其餘較不專業者均稱職業倫理，這樣的區分也受到其他行業的挑戰如企業經理人、護理人員與大學教師也稱其職業倫理為專業倫理。本書統稱所謂的現代社會的職業倫理都是專業倫理，而中世紀的行會組織裡的工作倫理為專業倫理。職業倫理秉持的是社群的整體道德，而專業倫理秉持的是社會的個體權利（與法律），兩者有很大的差異，不僅僅是職業分工的專業化程度的差異而已。

主義爲基礎的專業倫理是現代西方社會的重要基礎，是一種被權利化與法律化的專業倫理。可以這麼說，專業倫理就是西方現代社會的主要特質，也是西方法律文明最具體的表現（representation）。

　　西方古典社會理論在面對西方現代社會興起時，不約而同重視專業倫理作爲西方現代社會的基礎的重要意義，然而卻往往被現代社會理論所忽略。事實上，古典社會理論對於專業倫理與現代社會興起的關聯的重視，不僅僅有學術傳承的延續，更是將西方封建社會與現代社會視爲一個整體的理解，也就是古典社會理論對於專業倫理的重視，是對於西方社會自身理解的結果，不是道德哲學上的解釋，並非把專業倫理視爲一種道德，而是一種社會秩序。古典社會理論對於專業倫理的解釋與研究，就是對於西方現代社會的理解。如果現代社會是西方法律文明的體現，那麼對於專業倫理的解釋，也是將西方專業倫理作爲西方法律文明的表現來理解。

□「權利請求作爲具有公共性的實踐理性」的現代專業倫理
　　涂爾幹爲了確立社會學的學術地位，批評了英國的古典政治經濟學與德國的國民經濟學——這些解釋工業社會的學問，特別指出社會學在面對西方工業社會的興起所面臨的問題，可以發揮的長處，並嚴厲評擊經濟學家如此散漫的對待專業倫理與經濟之間的關聯。事實上韋伯在《新教倫理與資本主義精神》一書中也明確指出亞當斯密忽略了新教倫理所發展出來的工作倫理對於工業社會或資本主義社會的重大影響。涂爾幹與韋伯都承認專業倫理是西方現代社會最爲核心的基礎。事實上，馬克思論工人階級的形成——經由湯普森（E. P. Thompson）再詮釋，也是在論述工人專業倫理的形成，及其作爲西方現代社會的重要基礎。

　　如前所述黑格爾在其《法哲學》的著作中，表現了對於中世紀行會的專業倫理的高度關懷——如何進一步發展為具有權利（法律）意涵的專業倫理，也就是成為絕對精神那種統一了道德與權利（法律）的倫理精神。雖然涂爾幹分別論述了《社會分工論》與《職業倫理與公民道德》，但是這兩本著作的核心並沒有關聯，如同黑格爾一般試著發展「權利化專業倫理」的理論。相反地，馬克思則不相信有所謂的權利化或法律化的專業倫理，即使有也不是由布爾喬亞來發揚光大，而是由工人階級來完成。所有權利化或法律化的專業倫理都是資本家或布爾喬亞所創造出來壓迫工人階級的神話，就像德國的觀念論與神學的結合，用來欺瞞那些早該反抗的人。雖是如此，馬克思重視階級鬥爭的權利請求，卻不知不覺流露西方現代社會的基礎——權利化的專業倫理。他認為工人階級與資本家特別是前者透過權利請求，向資本家要回屬於他們自己的利益，要求資本家認真承認他們的利益，也就是要資本家發揮他們的專業倫理，必須誠實對待生產成本的估算，不要將工人的勞力摒除在生產成本之外。資本家必須承認工人的權利，他們的勞力必須被視為與機器成本一般，被合理地估算，不要用封建社會的道德來剝削工人的價值。馬克思對於黑格爾法哲學的批判還是接受了黑格爾的基本看法，工作必須被視為具有權利的專業倫理，只是角色由布爾喬亞換成工人階級。在黑格爾那裡，布爾喬亞的專業倫理成為一種教化（Bildung），成為一種重視自律的工作生活態度，並具有將權利請求作為具有公共性的實踐理性。在馬克思這裡，也是如此期待工作的自律生活態度，只是馬克思不相信布爾喬亞的權利請求所具有的公共性，是一種屬於全體社會的實踐理性，他認為只有工人藉由階級鬥爭所進行權利鬥爭，才有機會將權利請求推向屬於全體社會並具有公共性的實踐理性。

　　面對西方現代社會的興起——社會分工日益複雜，職業或工作成為西方現代社會的主要生活，涂爾幹不認為社會契約論可以解釋這種複雜的社會分工現象，西方現代社會的分工創造了許多職業，但是職業之間或職業之內的秩序要靠整體的契約關係來協商而成，是極為不可能之事。雖然在《社會分工論》他區分了機械連帶與有機連帶，並分別以刑法與民法作表現，但是法律並不是他分析的主要對象，他只是要呈顯「集體連帶」——一種社會事實的存在。雖然涂爾幹也寫了一本《職業倫理與公民道德》，他的用意也非如同黑格爾的關懷——權利化的專業倫理的形成。涂爾幹只是將專業倫理視為一種道德的集體意識。

　　事實上中世紀的商業法就很普遍，布爾喬亞十分重視商權，但是這是一種集體的權利，是屬於行會本身的權利，是一種壟斷的保護。職業或工作本身對於消費者根本不是對等的權利關係，沒有個體的權利關係，若有也只是消費者與行會組織的權利關係。中世紀布爾喬亞的專業倫理是一種基於兄弟會宗教組織的宗教倫理與道德關係，不過已經有權利化的雛形。涂爾幹與黑格爾若有共通之處，就是都很欣賞中世紀行會組織那種具有「公共性」的專業倫理。但是兩者的作為有所不同，涂爾幹期待現代的專業倫理可以重新組織起來，也就是以中世紀行會的集體性專業倫理，來重新組織以個人主義為主的專業倫理，並作為現代社會的基礎。涂爾幹並沒有解釋的很清楚，期待比論述多；黑格爾雖然有比較具體的解釋，但是布爾喬亞的專業倫理如何在西方可以發展出更大的而屬於整體國家（社會）的公共性精神？黑格爾的解釋很顯然並未得到馬克思的認可。黑格爾以為布爾喬亞將藉由進入國家系統，自然而然地將屬於行會組織的具有公共性的權利化專業倫理轉換成屬於國家整體的權利化專業倫理。在馬克思看來，似乎太看重布爾喬亞了，唯利是圖的布爾喬亞是沒有完成具

有絕對公共精神的能耐。

□重視「色身自律的生活態度」與合理化理性言說的現代專
　業倫理

　　若以涂爾幹在《職業倫理與公民道德》的觀點來看，不重視
經濟倫理研究的德國國民經濟學家，韋伯無疑將會是其中的一個
例外。韋伯（Weber, 2001:28-31）在《新教倫理與資本主義精神》
的論述中，精彩的描述新教倫理轉化為專業倫理，闡釋深具個人
主義的宗教倫理暨專業倫理，如何成為現代資本主義的主要精
神。韋伯首先將前資本主義與資本主義的差異做出分別：前現代
資本主義是一種基於赤裸的獲利慾望，對金錢進行本能性的追
求，對財富的貪欲「要穿過地獄去尋寶，哪怕地獄之火燒焦了船
帆也在所不惜」，根本不是現代資本主義的精神。倒不如說，現代
資本主義是對這種非合理化慾望的一種抑制，對於財富的理性的
計算與積累，並不是為了享樂，而是基於對上帝的恩寵的惜愛，
那種必須小心翼翼地保持這些財富「永不墜落」的生活態度，才
是現代資本主義的精神。

　　韋伯認為對於金錢的狂熱世界各地皆然，但為何獨獨僅有西
方社會可以建構出理性與自主的資本主義精神？韋伯在《新教倫
理與資本主義精神》論述中以班傑明富蘭克林（Benjamin Frnklin）
具有「倫理色彩的勸世格言」如：「切記，時間就是金錢」、「切
記，信用就是金錢」來呈現典型的現代資本主義精神。這種倫理
呼籲盡可能地多掙錢，是極力避免任憑本能衝動的引導，不將經
濟上的獲利從屬於人的慾望，韋伯認為這種倫理與新教倫理的入
世禁慾主義密切相關。韋伯抽絲剝繭分析西方社會的宗教歷史
後，認為新教的出現，夾帶著的嚴格的入世禁慾主義——極具內
在緊張性的自律，改變了新教徒的經濟活動及行為。

　　馬丁路德的天職觀念，不是要人們以苦修的禁慾主義超越世
俗道德，而是要人完成個人在現世裡上帝所賦予他的責任和義
務，這是他的「天職」（Beruf）。馬丁路德將入世的天職觀念帶入
基督教世界之後，喀爾文教派則更進一步以預定論、恩寵說與天
職的觀念相結合，將其對於宗教的信念發揚於個人的經濟活動之
中。韋伯認爲喀爾文教派的預定論，因其鼓吹極端地「自私」以
對上帝，使得喀爾文教徒的內心感到空前的孤獨。一方面期待永
恆救贖，一方面卻認爲誰也無法幫助他，唯有靠自己並相信上帝
早已決定一切。這樣的預定論的發展使新教徒將「魔力」從基督
信仰的世界中排除出去，而以「理性」面對他們的信仰。喀爾文
教派的信徒認爲在塵世裡，只是爲了榮耀上帝而存在。在塵世中
唯一的任務就是盡最大可能地服從上帝的誡律，認眞工作珍惜上
帝的安排，正是在實踐上帝的意旨，朝上帝邁進。而新教徒對於
經濟活動及財產觀念，就像是受託管理著上帝恩賜給他的財產，
他必須像寓言中的僕人那樣，對託付給他的每一個便士都有所交
代。完成主所指派於他的工作，「直到白晝退隱」。虛擲時光是萬
惡之首，因爲虛擲一寸光陰既是喪失一寸爲上帝之榮耀而效勞的
寶貴時間。因此，新教徒因爲對預定論感到的無力感，透過以入
世的禁慾主義的奉行，以職業爲榮耀上帝的手段，並輔以預定論
所帶來的理性，新教徒的信仰帶來了一種新的經濟活動精神及組
織。韋伯透過對新教徒與天主教徒進行職業上的比較，發現商業
領袖、資本家、以及高級的熟練勞工、甚至現代企業裡受過高度
技術與商業訓練的人員，幾乎都是新教徒。新教徒因其嚴格的宗
教倫理，導致其教徒改變其經濟行爲，採取一種更爲理性、更有
組織的經濟活動。其嚴格的經濟活動理念，成爲資本主義精神萌
發的一股動力，而這股動力也間接的塑造出今日我們隨處可見所
謂的「專業倫理」——一種要求自律的工作生活態度（Weber,

2001:31）。

　　關於韋伯所論述的新教倫理的專業倫理——作爲現代社會的主要規範，在當時的歐洲，最普遍性的看法就是亞當斯密的經濟倫理。亞當斯密的《國富論》論述財富的來源及經濟發展的原理，由一隻「看不見的手」——市場，如同自然法則般地操作經濟活動，充滿著功利主義哲學的思想。在亞當斯密的另外一本鉅作《道德情操論》中，則令人出乎意料地，談論著普世的道德觀念。從涂爾幹的觀點來看，最令人詬病的，就是亞當斯密將道德問題置於個人觀念之內，不涉及集體意識，「看不見的手」是「個體理性的總和」，而非如涂爾幹所認爲的社會整體的理性本身。單由個體藉由追求個人的最佳利益，靠著經濟法則中那隻「看不見的手」，社會自然會趨向於社會總體福利最大的方向進行，就涂爾幹而言，無疑是天方夜譚，因爲社會集體擁有其本身的屬性，有其自己的功能與目的，而透過個體的努力所達成的總和，是無法滿足社會這個有機體的需求的。這種利己主義的延伸，就涂爾幹觀點認爲是不可能滿足社會整體所欲追求的目標，也就是個體的理性的總和，並無法完成社會本身的理性。

　　亞當斯密的論述的確是充滿了功利主義的氣息，並且忽視社會集體本身的運作力量。但是如果我們由亞當斯密的《道德情操論》著手，我們可以發現亞當斯密所要建構的倫理並不僅僅是功利主義的延伸，其中亞當斯密認爲支配人類行動的有自愛、同情心、正義感等，而其中又以自愛心最爲重要，透過自愛心的引導，人們努力去追求自我利益的最大，其中有一個十分重要的觀點就是：支配人類行動的自愛、同情心等心理狀態是建立在社會認同的合宜性之上。所謂的合宜性，是一種建立在社會集體對某一狀態所應該表現出的適當行爲，而隨著時代人心、習慣、風俗等現象產生改變，每個時代的每個行動所展現出來的合宜性也是

大不相同的。也唯有透過符合合宜性的行動，人們才可能獲得大
眾的讚美或尊崇；相反的，一個人的行為舉止如果脫離了社會認
可的合宜性，那麼其將會受到社會的鄙視及不諒解。亞當斯密認
為，能帶給個人快樂的就是大眾對其行為的讚美，反之帶給個人
痛苦的就是社會大眾對其的輕視，而所有的快樂與痛苦都是建立
於行為的合宜性與否。亞當斯密認為人之所以喜於追求財富，而
厭惡貧窮，其主要的原因在於人們對於財富是採取一種讚美、欽
慕的態度，但對於貧窮人們大多抱持著一種厭惡、無法諒解的想
法。透過人們追求社會認同的利己心態，人們會趨向於追求財富
而且厭惡貧窮。

　　韋伯（Weber, 2001:101）認為這是亞當斯密過於神化的看
法，對於自然人的自由意志，太推崇了，並無法解釋那種作為集
體本身的力量的形成，就是涂爾幹的評擊（雖然韋伯未曾如此表
明），整個社會裡的個體如何自我理性地彼此約制呢？莫非有一種
整體的生活態度（涂爾幹比較喜歡用集體意識）存在。韋伯認為
亞當斯密的個人主義經濟倫理學是奠基於蘇格蘭的新教倫理——
喀爾文教派，這種宗教倫理後來更成為新教徒的專業倫理——一
種入世禁慾主義的工作生活態度。這種工作生活態度，不僅如前
所述，是一種自律的生活態度，同時也是「明達事理」的工作態
度。這種明達事理所產生的好辯精神（Weber, 2001:106），讓人往
往招架不住（這是本書所論述的「合理化理性言說」的精神，韋
伯並未進一步論述，不過卻注意到這個特殊現象）。蘇格蘭的新教
徒是有名的生意人，不僅善於精打細算，還善於討價還價，市場
不僅僅是價格，更是一場場基於精打細算（理性的）討價還價的
過程。可以這麼說，亞當斯密所謂的「一隻看不見的手」就是一
場場合理化理性言說，但是他並未細究這種就事論事的討辯能力
是如何形成的？

現代專業倫理不僅僅是明達事理的工作生活態度，以及極具內在緊張性的自律生活態度外，韋伯也注意到這些新教徒，主要是由布爾喬亞所組成，並與英王及英國國教派進行權利鬥爭，作為英國光榮革命的前鋒，爾後也成為美國獨立運動的推手。新教倫理深具公共性權利請求的特質，如前所述，黑格爾的論述重點韋伯並不持反對看法。現代專業倫理正是體現了西方法律文明—色身自律的生活態度、權利請求作為具有公共性的實踐理性與合理話理性言說的複合體。

## 什麼是駭客？

海莫能（Himanen, 2002:10）認為駭客與鬼客必須有所區分，甚至要還給駭客一個原本的真實意義。他認為六〇年代初期從美國麻省理工學院一群電腦工程師率先自稱駭客，而八〇年代媒體卻將從事電腦犯罪的人也稱做駭客，如今一般媒體與大眾將駭客與電腦犯罪者歸為同意。對於這樣的發展海莫能認為有辱駭客本來崇高的意涵，他特意提出鬼客作為從事電腦犯罪者的新代名詞，而還給駭客一個真實的意義。[3]

網路世界或資訊時代造就了很多「新的」職業，像是本章所探討的職業：駭客。一般媒體會將駭客的意義轉化為電腦犯罪者的代名詞，不僅代表媒體的無知，或許也顯示出駭客本身工作的特殊性，讓傳統社會很難想像他們的工作價值與理想。像海芙納與馬可夫（1995）所寫的《電腦叛客》，英文原版的題目為：*Cyberpunk — Outlaws and Hackers on the Computer Frontier*，正顯

---

3 駭客所發展出來的專業倫理或工作態度，在海莫能看來正是網路世界或資訊時代的倫理精神的表現。

現出這樣的特質。社會大眾對於他們的行事往往感到難以理解，就是對於「龐克」（punk）的感覺，看起來有點「壞」，但是好像又「無害」。海芙納與馬可夫（1995）乾脆叫他們 cyberpunk[4]。

很多駭客的出現與電腦遊戲有很大的關聯，他們讓人覺得是在遊戲人間，很不正經，像林納斯‧托瓦茲就是一個很典型的例子，除了設計出 Linux 外，他也用組合語言來仿製「小精靈」遊戲（Linus, 2001:22-25）。或是像全球資訊網的創造者 Tim Berbers-Lee，說他的發明源自於連結他所認為的「遊戲程式」的試驗；或是像蘋果電腦的創始人 Steve Wozniak 也是起源於要寫出「打磚塊」的電玩；或是像 Eric Raymond 作為一位駭客文化的捍衛者，也是遊戲人生的態度（Himanen, 2002:24-25）。

事實上，在 1960 年代冷戰時期，蘇聯與美國兩強核武緊張對峙的時代，是駭客正式出現的時候。這群深受當時嬉皮文化影響的年輕電腦工程師，那種被美國戰前出生那一輩的人視為遊戲人間年輕人，特別是那一群在美國大學校園修習電腦的年輕學子與工程師，竟然替美國國防部發展核武的防空系統。不知是愛國主義使然，還是只是把核武防空當電腦遊戲來「玩」。唯一可肯定的，這群當時自稱為駭客的網路社會的前鋒，的確是給世人玩世不恭的感覺。

在現實生活裡要找到駭客是很困難的，要找到鬼客更是困難。對於駭客就無從找起，不過很幸運地，當本文正苦無想像對象時，台灣大塊文化出版社出版了劉瓊云所翻譯的《駭客倫理與

---

4 像 1988 年一位沈默寡言的康乃爾大學的研究生，一位網路駭客的小孩，羅伯特（Robert Morris Jr.）找到柏克萊大學 Unix 系統的小漏洞，然後釋放出一個「小」病毒，結果失控，引來第一次網際網路的大恐慌。整個美國輿論界廣泛討論駭客的角色，始終徘徊於罪犯與勇士的兩個角色意義之間。報導過程請參閱海芙納與馬可夫（1995）的《電腦叛客》。

資訊時代精神》，作者海莫能是這方面的權威，此書的另外兩位作者林納斯（Torvalds Linus）與卡司特爾斯，分別替海莫能寫了前序與後序，他們都是駭客與網路社會研究的翹楚。同時，該書所反省的議題，是以韋伯的《新教倫理與資本主義精神》作為對話的對象。海莫能的《駭客倫理與資訊時代精神》所關懷的對象與探討的問題，恰恰是本書可以對話與討論的內容，因為韋伯所關懷的問題也是本書的主軸之一。這群讓人覺得玩世不恭與遊戲人間的駭客，究竟抱持怎樣的工作與生命價值？與本文所論述的西方法律文明，有何延續？如果本書宣稱西方法律文明是綿延不絕於西方歷史的發展過程，那麼，駭客倫理究竟延續了多少西方法律文明？如果，本文也可以成功解釋駭客倫理，是本書所宣稱的西方法律文明的延續或表現，那麼，本書所論述的西方法律文明，便更具有說服力了。

## 駭客倫理作為論西方法律文明的表現

海莫能的理論最令人欣賞之處，莫過於他能替長期被誤解的駭客建構出屬於他們的倫理學，同時也指涉出可能是資訊時代或網路世界的社會基礎，對於這樣的企圖心也正是本文的企圖心所在。海莫能以韋伯所提出的新教專業倫理的意義作為參照對象，這個策略點本文認為是很有價值的，一方面是具有學術傳承的意義，一方面也將美國的清教徒專業倫理的精神接續上了，他與托克維爾都注意到清教徒的宗教倫理，以及所轉化出來的專業倫理對於美國社會發展的影響力。換言之，選擇韋伯的新教專業倫理的理論，恰好符合理論思考與歷史經驗發展的軌跡。如果仔細看看托克維爾《論美國民主政治》一書的第一部分，關於英國清教徒在美國發展的狀況，以及像是特爾慈的《基督教社會思想史》

對於美國清教徒倫理發展的重視，不能不重視英國清教徒的專業倫理對於美國駭客倫理發展的影響。[5]

　　強調勤奮的工作精神是韋伯對於美國清教徒最強烈的印象，像是富蘭克林的工作價值，就是典型的新教專業倫理。海莫能認為這種新教徒的專業倫理，也展現在駭客的工作精神上。但是駭客一方面是繼承了新教徒的專業倫理，一方面卻又是在顛覆新教徒的專業倫理。林納斯（Linus, 2002:18）作為 Linux 的創造人為海莫能的書寫了序，認為「生存」、「社交」與「娛樂」是讓駭客動起來的三個關鍵因素，他同時強調「在於完整經歷這三種階段，從生存到社交生活，再到娛樂」，這就是他所謂的「林納斯定律」。[6] 作為網路世界的「反叛律典」（rebel code）的代表，他所

---

5 雖然萊爾曼（Lehmann, 2001）所編著的《韋伯的新教倫理》一書認為韋伯的新教倫理研究是所謂的「親英派」，也就是就當時韋伯所處的德國局勢而言，韋伯是比較傾向支持英美。羅特也大量引用鮑姆加登對於韋伯的批評，認為韋伯對於富蘭克林的演講稿的引用充滿了語意上的誤解，顯示其英文俚語理解程度的有限。不過韋伯在學術作為一種志業一文對於美國大學教授的束脩「薪資化」感到不悅，也顯示韋伯對於新大陸文化的輕蔑。新教的專業倫理如何作為西方資本主義社會的倫理基礎，這些是韋伯所關心的問題，其實這並不是韋伯所獨有的關懷，他所承認的「這一輩子的好友」：特爾慈，便十分重視新教的專業倫理與宗教倫理之間的關聯。我們很難區分到底是誰影響了誰？是誰先提出重視新教倫理對於資本主義社會發展的影響？不過可以肯定的一件事，就是兩者在對於什麼是新教專業倫理的解釋上，恰好構成一個可以相互輝映的圖像，特爾慈的基督教思想史的作品是一種歷史的敘述，而韋伯恰是對於當時社會發展與新教倫理的關聯的解釋，兩者是互補的。韋伯與特爾慈都同意新教倫理對於美國政治與經濟發展的影響力，不過兩者對於美國清教徒專業倫理的發展，還是有「大」歐陸精神，遠不如托克維爾如此地肯定新教倫理在美國發展的獨特性意義。

6 林納斯是比爾蓋茲的勁敵，他們分別統治著兩個網路世界，兩個相互競爭

認為駭客倫理的特質，乍聽並沒有什麼特別的，有點像是在談馬斯洛的基本需求理論，又有點像是我們對於時下年輕人的感覺。很奇怪的，這些話如果不是林納斯所言，而是一般年輕人的說詞，實在不怎麼，我想就不怎麼有吸引力了。或許因為是林納斯的話，才讓我多去想一點！最近我被比爾蓋茲的 Windows XP 整得很慘，在網路上有位朋友將 XP 升級為「當機管理員」。由於 XP 為了保護自己的權益，一定要簽資訊憲章的軟體才可以與 XP 相容，即使是過去與 Windows ME 相容的軟體也是如此。 XP 對於自己的權益的保障過了頭，當 Windows 快要像空氣一樣，成為我們的必需品時，他卻要簽約才可使用，而又大肆吆喝智慧財產權，到處討伐不合他規定的任何人，包括弱勢的學生。這時的 Linux 就像是英雄羅賓漢網住了我這幾乎無助的「窮人」的心，成為我的「背叛英雄」。當我的英雄發出聲音詮釋他的理念時，闡述自己的駭客精神時，自然成為我必須參透的精義。「生存」、「社交」與「娛樂」作為「反叛律典」（Rebel Code）的要義，它的意義到底在哪裡？[7]林納斯的哲學與社會學的底子不夠，講的都是微言大義，就好像你去問六祖慧能，結果都是一些生活上的

---

的網路世界。 1968 年沃茲尼克這位駭客在柏克萊大學的畢業典禮上，談到他的行事動機：H=F3 ，H= 幸福（happiness），F= 食物（food）、F= 樂趣（fun）、F= 朋友（friends）（Himanen, 2002:72），與林納斯有相近的看法。

7 這裡值得一提的是，台灣幾本有關網路事蹟的中譯本，書名譯得很奇怪。像 *Rebel Code* 被譯成《Linux 傳奇：讓比爾・蓋茲坐立難安的天才》，就是不直接譯成「反叛律典」；像 *Cyberpunk — Outlaws and Hackers on the Computer Frontier* 被譯成《網路英雄》，就是不譯成「網路龐克：無「法」可管與正在前線作戰的駭客們」。我覺得是不是譯者沒有搞懂整本書的意涵，還是書商怕讀者搞不懂，不管是前者還是後者，書名都沒有真正將駭客最高精神，那種延續西方法傳統的革命精神給展露出來，算是可惜。

禪，還是搞不懂，除非我們就是駭客。海莫能試著透過與韋伯的
新教倫理對話，來詮釋林納斯定律。基本上，海莫能也接受「生
存」、「社交」與「娛樂」這三個作為駭客倫理的主要要素，但是
他將「娛樂」提升為「熱情」（Himanen, 2002:25），這樣看來好像
較為嚴肅一點，像是真正在論述駭客倫理學，而非讓人覺得很不
正經的在論述駭客「好玩學」（Linus, 2001）。

　　韋伯的責任倫理學是韋伯試圖藉由新教徒的宗教與專業倫
理，對於資本主義社會或科層制的社會秩序建構的重要觀念。一
方面試圖替「工作」，也就是當時與未來已經普遍成為主要的生活
要件之一，也就是當認真工作成為日常生活的主要生活態度，原
來並不將工作作為主要生活方式的生活態度（Lebensführung, con-
duct of life），必須被轉換為強調工作的生活態度。在現代人看來
要工作是很天經地義的事，從來沒有人會懷疑，你一旦懷疑，就
是不道德，是懶惰的象徵。這種勤奮工作的態度是從新教的宗教
倫理發展出來的，每天都要勤奮工作，除了星期日。

　　基本上，藉此，海莫能是很清楚地將駭客倫理的特質勾畫出
來，特別是經由詮釋林納斯定律中關於「生存」這個要項。如何
將工作作為一種一方面是滿足「生存」，一方面又是體現個人存在
價值的生活態度，是海莫能與韋伯共同關心的問題。中世紀的工
作僅僅是為了餬口的生存，現代社會的工作意義不僅僅是為了餬
口的生存，尚包括安身立命之道，這是韋伯念茲在茲的問題。海
莫能透過韋伯的理論試圖解決駭客在這方面的問題，甚至將他所
建構駭客倫理作為整個網路世界安身立命之道。海莫能的企圖心
是完成了，但是整個理論架構卻是整合的相當鬆散，可以再深化
些。

　　海莫能的理論分成三大部分：工作、金錢與網路。不過這三
部分的論述都是扣緊在兩個概念上：工作與權利。駭客的工作是

極端個人主義並充滿了彈性，打破工作時間的限制，想什麼時候工作就工作，想休息就休息。但是這樣個人主義的工作方式，卻是勤奮的，將星期日都變成星期五，每天也是星期日（只要我願意）。這樣的工作倫理將清教徒的工作倫理更徹底地往前推，更根本地解放宗教的時間。「由於駭客倫理格外強調創造性，因此它在根本上和清教徒與前清教徒倫理明顯有別。根據駭客精神，生活的意義既不在於星期五，也不在於星期日；他們將自己定位於星期五與星期日的文化之間，因而代表了一種真正的精神，我們不過才剛剛開始瞭解它的重要性」（Himanen, 2002:180-181）。謹守安息日不工作的傳統被駭客們徹底穿透，但是又不像是無神論者的漫無目的破壞，駭客們還是繼承了清教徒的工作狂熱，還是視工作為安身立命之道。對於這種工作倫理的出現海莫能雖然認為還是延續著清教徒的工作倫理，但是卻更崇尚自由，一種源自於學院的學術自由。對於這種學術自由，海莫能（Himanen, 2002:92）引用了柏拉圖對於學術自由的理想，認為這是西方學術傳統的靈魂，長期綿延的靈魂，在學院裡的學術專業倫理的展現深深影響那群 1960 年代麻省理工學院的工程師，開始自稱自己是駭客的那群工程師，將基於學術專業倫理的學術自由擴散到網路世界。這是海莫能所認為的駭客倫理的精神之一。這種沒有時間觀念，或是應該說不被時間限制的工作生活態度，如非建立在色身自律的生活態度之上，恐將是一團混亂。

第二種駭客倫理的精神就是權利的觀念。基於第一種精神，那種追求工作自由的精神，他們也將捍衛著學術開放的精神，視為一種權利，進而與試圖將網路世界封閉起來的人，進行權利鬥爭。就像本文一開始所引的「軟體自由之歌」，捍衛與攻擊著像比爾蓋茲這樣的駭客叛徒。只要任何人試圖將網路上資源共享的觀念摧毀，他們就會不計一切，完全展現他們的天才，徹底侵入將

對手小心翼翼保護的軟體的原始碼公開。特別像是那種幾乎像是空氣一樣共享的軟體資源，若是被智慧產權保護了，一定會竭盡所能來攻擊。他們的作為有點像是在工運中，不斷挑戰資本家的工人階級，雖然違反了資本家聯合國家所制訂的法律，即使違法也在所不惜。

第三種精神海莫能沒有解釋，雖是忽略卻提及的精神。海莫能所講的駭客有很多都是「賺大錢」的駭客，這些賺到錢的駭客，海莫能歌頌他們為了追求駭客的生活態度（conduct of life），不惜出讓股權，離開那種比爾蓋茲所陷入的資本主義與科層制相結合的窠臼。那些駭客領了大筆的錢，然後回到故里從事公益事業，像 Steve Wozniak 最後賣掉股權，因為他害怕自己已經快要變成駭客的叛徒如比爾蓋茲一般，最後將這些錢找個人來管，回到故鄉教兒童電腦（Himanen, 2002:78）。這是海莫能所稱許的駭客，金錢固然重要，但絕非是他們安身立命之道。在這種精神展現的背後海莫能忽略了一種很重要的經濟因素：如果沒有金融投資制度或是也深受金融投資影響的大學，那些自詡為駭客的高手們會不會為五斗米而折腰？關於此點，海莫能並沒有多做討論，但是這點卻是很重要的，不過這只是必要條件。[8] 的確很多駭客開始從事駭客工作時，並不是以錢為依歸。

根據海莫能的駭客倫理理論我們可以感受到，那種要做為網路世界或資訊時代的社會基礎已經呼之欲出，未來的網路世界一定是以這種精神為主，一種極為強調個人實踐的專業倫理。未來有各式各樣的駭客，有駭客醫師、駭客教授、駭客賽車手、駭客木匠，乃至駭客美髮師。這些人不一定就是從事網路或資訊的工

---

8 美國著名的大學在金融投資上是台灣各大學很難想像的事。這些金融投資
　讓美國各大學的資產可以保值也不斷創造財富。

作，但是從駭客所展現的精神，或許已經預告這個世界的來臨。有時候仔細看看我們周遭的各行各業，就感覺到那種「山雨欲來風滿樓」的氣勢。

海莫能與林納斯雖然點出駭客倫理就是「生存」，就是「社交」，就是「娛樂」或「熱情」，同時強調必須將這三者走一回，才能體會林納斯定律。很可惜，這兩位很有資格建立駭客倫理理論的駭客，並沒有完整的解釋。如果是要靠每個想要理解駭客倫理的人，要理解林納斯定律的人，要靠親身去走一回能體會，那就不是什麼定律！強調自由開放的工作與試圖終結這種工作精神的人的權利鬥爭，是一體發展的。駭客倫理是一種為了追求工作自由與開放精神所進行的權利鬥爭的實踐，在這個實踐過程個人的技術專業也油然而生，同時這樣類型的專業技術的成就是建立在「社交」與「朋友」：群體的技術交流與溝通，一種基於「合理化言說」的社會交往。新教倫理與天主教倫理最大的差異，就在於對於神的認識的態度與途徑。兩者之間可以這樣的兩組關係來比較：教會神父—教堂懺悔 vs. 家庭家長—個人懺悔，這兩者都強調與他人經過語言的陳述來體驗神的存在，只是舊教強調集體（教堂）的約制，新教較為強調個人的約制。事實上，不論新教還是舊教，整個基督教傳統是很重視透過言談的交往與論辯，在這點上是延續了希臘理性言說（logos）的精神，不過已經慢慢合理化（就是韋伯的合理化的意義）。[9]

很可惜，當海莫能所要建構的駭客倫理學就要呼之欲出時，他竟然又回到「個人修鍊」的層次，強調「自我程式化」的個人成長指南（Himanen, 2002:139-162），他認為這恰好與富蘭克林所倡導的清教徒工作倫理是相同的。有關這樣的論述在海莫能的駭

---

9 關於此點，本文第一作者正在另文處理，即將完成。

客倫理理論建構過程是一種很矛盾的現象，他一方面宣稱駭客倫理已經超越了清教徒的工作倫理，另一方面在最終價值卻又與清教徒的工作倫理想如同：金錢、工作、效能、最佳化、穩定性、決心以及成果考核。由於海莫能並無法掌握清教徒的工作倫理對於西方倫理學史以及對實際社會生活的突破與貢獻，因此也無法掌握駭客倫理如何作為充滿個人主義色彩的網路世界的社會基礎。最後也只能期待那種富蘭克林的「教誨」倫理，所能期待的也就是「網路日」（Net Day）（Himanen, 2002:157-158），成為追求「心存倫理」的境界，這恰恰是在開倒車，讓駭客倫理退步到中世紀的宗教倫理。[10]

相對於新教徒的工作倫理，海莫能認為西方中世紀的宗教倫理是不強調工作是重要的生活態度，除了一些苦行修道院之外，認真工作是很少被重視的，當然更不可能認為這是證明可以「上天堂」的重要方法。但是，韋伯用了類似系譜學的方式，考據了工作作為一種重要生活態度的起源與發展，在《經濟與社會》〈宗教社會學〉這一章他對此有詳細的討論，認為中世紀的行會就是

---

10 關於這點說明相當複雜，在這裡僅能簡單解釋。心存倫理與責任倫理是一種幾近相互對應的倫理學的觀念，韋伯用責任倫理的觀念來區分康德心存倫理的觀念。無法確定康德的倫理學是不是值得再討論心存倫理。不過若說中國在宋朝以後儒學的開展朝向心存倫理，則是肯定的說法，誠意正心修身正是這樣的倫理特質。相較而言，責任倫理則有很強的實踐意涵（其實康德的心存倫理也有很強的實踐意涵），韋伯的責任倫理最重要的意義，不僅是在實踐方面，尚有將職業作為一種志業的說法。但是如何將職業作為一種志業，韋伯的責任倫理學分別由哈伯瑪斯的溝通倫理學與許路赫特的對話責任倫理學分別發揮著。事實上如果仔細閱讀韋伯在《經濟與社會》一書的〈宗教社會學〉這一章，關於基督教如何系統化的過程，韋伯的確很重視對話或溝通作為基督教宗教倫理學的重要意義，只是他並未仔細論述。

兄弟會，布爾喬亞是當時基督教的主要信眾，布爾喬亞的工作態度深深影響基督教倫理的發展，甚至認為上帝是行會組織裡最大的工頭（韋伯，2000:130）。不過海莫能並沒有注意這章的重要性，而局限於韋伯《新教倫理與資本主義精神》一書，如此一來，海莫能將窄化新教倫理作為專業倫理的意義。《新教倫理與資本主義精神》相較於《經濟與社會》〈宗教社會學〉是韋伯早期的作品，作為關聯宗教倫理與經濟倫理的研究的開始，他比較了天主教與新教的宗教倫理，認為新教倫理的天職觀推動了現代專業倫理的發展。這樣的看法，讓海莫能認為中世紀的宗教倫理是不重視工作倫理的。事實上，韋伯在後期《經濟與社會》〈宗教社會學〉的論述，十分重視中世紀的行會組織與兄弟會的深切關聯，甚至認為中世紀的宗教倫理已經開始合理化了，也產生切事性的工作態度，不祈求宗教給予魔力的協助，十分重視今世的「努力」，也就是重視勤奮工作。

事實上《經濟與社會》〈宗教社會學〉，與《新教倫理與資本主義精神》的比對研究，可以發現韋伯所要論述的專業倫理，作為現代社會的重要基礎的意義，並不在於新教徒比較勤奮與入世而已。若是中世紀的基督教倫理已有這樣的精神，那麼，什麼是新教倫理更進一步的發展？韋伯有生之年並未回答，卻留下許多線索。藉由現代社會理論的啟發如言說倫理學的發展，這些線索已經越來越明確。新教倫理對於現代專業倫理的影響，是重視交往理性，重視實踐，言說討論、自律，以及重視權利請求。很可惜海莫能未能藉由現代社會理論的啟發，發覺「未明的韋伯」。

西方倫理長期發展的實踐性格，已經將駭客倫理發展為一種為了追求工作自由與開放精神所進行的權利鬥爭的實踐，在這個實踐過程個人的技術專業也油然而生，同時這樣類型的專業技術的成就是建立在「社交」與「朋友」：群體的技術交流與溝通，

一種基於「合理化言說」的社會交往。清教徒的色身自律的生活
態度、西方請求的傳統以及源自於希臘時期經由長期轉換的合理
化理性言說等三者緊緊的結合,將駭客倫理推擠出來,成爲西方
社會當下最重要的社會倫理,不僅僅是一種工作倫理而已。駭客
倫理不是個人的道德修鍊,而是如哈伯瑪斯所言,一種交往理性
的體現。

　　海莫能對於韋伯的責任倫理學的關注是有價值的,但是對於
韋伯責任倫理學的理解與批判並不深入。韋伯責任倫理學二次戰
後能在美國受到重視,絲毫不受德國戰敗的影響,除了他所建構
的理論是以新教徒爲主要對象,恰好是美國實用主義哲學與工作
倫理的原形,在派深思的介紹下自然是感同身受。[11] 此外,在冷
戰時期可以作爲政治上反唯物論的意識型態鬥爭的政治小冊子之
外,韋伯的責任倫理確實是處碰到西方倫理學發展的核心問題:
慾望、工作與社會之間的對位問題。不過,很可惜韋伯有生之
年,未竟其功。[12] 駭客倫理並未遠離西方法律文明,正是在新教
倫理的基礎之上進一步合理化發展的結果。新教倫理如韋伯所
言,將基督教倫理的合理化過程,推向高峰,變成一種入世卻是
禁慾的精神,成爲資本主義社會的生活態度,成爲現代專業倫理
的雛形,但是西方現代專業倫裡的發展,並未因新教倫理的形成
而完全終止。新教倫理作爲現代專業倫理的基礎,是成就了專業
倫理的形式合理化。中世紀行會的專業倫理是一種集體性的專業
倫理,重視兄弟之愛,不承認個人的專業倫理。藉由新教倫理將

---

11 派深思是《新教倫理與資本主義精神》的英譯者。

12 富蘭克林是韋伯筆下一個很典型的清教徒,將慾望眞正地表現出來,比
　　起舊教徒是坦率許多了。這種坦率的特質,正表示新教倫理已經開始正
　　視長期以來被奧古斯丁化的慾望,一種作爲原罪的慾望,慢慢要取得合
　　理化。

基督教倫理個人主義化，也將中世紀的專業倫理個人主義化，讓現代專業倫理朝向形式合理化的發展，以權利化（法律化）的專業倫理取代兄弟之愛的專業倫理，專業倫理的守則變成法律而非那種團體的感情連帶。然而新教倫理的專業倫理，卻過分形式合理化，對於影響了實質合理化，也就對於人的慾望進行更爲嚴格的限制。新教倫理的工作態度是一種清修，僅僅重視工作，一切的慾望都將從工作中去除，工作就是工作，沒有其他，一切都是多餘。

　　雖然，駭客倫理一方面延續了新教倫理的專業倫理的精神勤奮地工作，重視色身自律的生活態度、個人工作的權利以及工作的交往，也就是進行合理化理性言說的技術交流。但是駭客倫理卻是十分重視娛樂，不排斥金錢，甚至承認自身的慾望，駭客們不僅僅是延續了新教倫理的專業倫理的形式合理化，更是試圖基於西方法律文明的精神，讓新教倫理的專業倫理精神朝向實質合理化發展。駭客們延續新教倫理的專業倫理，正是一種西方法律文明的表現。

# 結語　未明的韋伯──色身與自如 [1]

　　人類命運的道路，的確會使一個概覽其某一片段的人，不能不驚訝無比，但是他最好將他那些個人微不足道的意見隱藏不露，就像一個人在目睹汪洋大海或崇山峻嶺時所作的那樣，除非他認爲自己有責任、有天分將自己的意見用藝術或預言的形式表現出來。但在大多數的情況下，連篇累牘地談論直覺體知，只不過掩飾了自己對對象毫無洞見，同時也掩飾了自己對人本身也毫無洞見而已。……引自《新教倫理與資本主義精神》（Weber, 2001:12）

　　以上這段引言，在本書第一章曾經引用過，此時再引一次作爲本書結語的起點。這段話縱然顯露了韋伯理解西方法律文明的謹慎，但是也隱隱微露韋伯宣稱作爲「西方文明之子」，那種藉由尋求自我認識而達到視野融合（對於西方法律文明的整體理解）

---

1 本書結語以本書封面的畫的名字作爲副標題，此畫作是德國波昂大學社會學研究所 Professor Dr. Gephart 的作品，名爲「未明的韋伯：色身與自如」（Der Schatten Max Weber: für Körper und Geist ；The Shadow of Max Weber: Body and Spirit），當時我看到此畫時，便驚動不已，認爲這就是對於韋伯「法律合理化」理論的最佳詮釋。試想著畫中「韋伯」就是代表那法律「形式」合理化，那身材曼妙的女人陰影就是法律「實質」合理化──色身（個體的慾望與利益的）合理化。我把原來應該直譯爲「韋伯的影子」（Der Schatten Max Weber ；The Shadow of Max Weber）譯爲「未明的韋伯」，而應該直譯成「肉與靈」譯爲「色身與自如」（für Korper und Geist; Body and Spirit）。但是直譯的譯法都無法展現我對於此畫的理解，幾乎是捻斷數根鬚之後，才確定譯爲：「未明的韋伯──色身與自如」。將「肉與靈」譯爲「色身與自如」，我個人認爲十分能夠展現我對於此畫

的企圖心。在歷史的洪流，人是何等的渺小，單憑個人的感性與
知性就想要體知西方法律文明，是何其的狂妄！特別是不活在西
方社會的人，宣稱要理解西方法律文明，只要承認了這樣的看
法，簡直就束手無策了。任何基於經驗主義的實證科學，都將臣
服於歷史巨人之下，永不敢抬頭。但是「宣稱」作爲西方文明之
子的韋伯，在宣稱過程展露強烈的自我認識的欲求（Anspruch）。
面對當時來勢洶洶的實證主義與正在殘風搖盪的歷史哲學，他選
擇了兩者之外的詮釋學傳統，雖然他常常提出一如實證主義如此
保守的警語，告訴研究者絕對不可以做過分主觀的推論，但是他
的內心世界卻如歷史哲學如此地恢弘，總覽群史。然而，當我們
深深被海德格與迦達默爾的哲學詮釋學所吸引時，卻可以清楚地
感受到韋伯似乎藉由海德格與迦達默爾來完成他的方法論。韋伯
的「價值中立」被庸俗實證主義詮釋爲去研究者的主體性，不僅
是一項錯誤，更是一種科學主義的迫害。除神以外，根本沒有人
可以做到庸俗實證主義對於「價值中立」的要求，任何凡夫俗子
即使成爲社會學研究者，也不可能搖身一變而神力萬鈞。面對西
方法律文明，韋伯是非常誠實，承認自己作爲研究者的主體性，
結果反而變得開闊而可以理解。面對經由具有漫長歷史生命的西

---

的理解，唯一覺得不妥的地方是佛學的味道太濃。然而，事實上法律「形
式且實質」合理化的意涵，與金剛經「來去自如」的意義也十分相近，
「具足色身即非具足色身，具足色身是名具足色身。」「如來不以具足諸相
見，何以故，如來說諸相具足即非諸相具足，是名諸相具足。」過分放棄
色身不是如來，過份重視色身也非如來，色身非色身，色身是色身，就是
如來。「色身與自如」就是法律「形式且實質」合理化，不拘泥於形式合
理化，也不執著於實質實質合理化，兩者達到同一的境界就是色身與自如
的統一。即使是有那樣的佛意，但是還是最能表達我對於此畫的理解，以
及本書的象徵意義。

方法律文明，除了向她低頭承認自己的有限性，才有理解的路徑，否則不是夜郎自大就是讓自己習慣視而不見。如果我們要像實證主義如此地宣稱，根本就無法理解西方法律文明，所幸藉由海德格與迦達默爾的詮釋學，將歷史作爲一門精神科學，而非經驗科學，不要用自然的時間來理解西方法律文明，讓時間幾乎「停止」，重新召喚出每一位曾經在法律哲學與法律社會學演出過的思想家，藉由自我認識的欲求並專注地閱讀他們的文本，以達到視野融合地理解西方法律文明。

韋伯承認了研究者的主體性，也就是其生活世界的限制，讓康德活在新教虔信派的生活世界，讓休謨與亞當斯密還原爲喀爾文教派的信徒。結果不僅這些哲學家的知識建構與新教倫理與莫大的關聯，整個作爲現代資本主義社會建構的知識系統，也是與新教倫理有莫大的關聯。這樣的入世精神，讓韋伯產生無比的勇氣，即使在面對最難啓齒的「性」，他也坦然面對，承認作爲一位男人面對婚姻的限制，不必將自己僞裝成聖人，而逼著自己的論述必須朝向非合理化而「僞神聖性」地論述，讓他的法律社會學成爲一種教條化的道德論述。性的論述在韋伯的著作中，相較於西方宗教、法律、經濟、政治，乃至音樂合理化的論述，算是斷簡殘篇，但是藉由韋伯對於性的法律合理化的論述，卻最能感受到他所謂的西方法律文明的特質，如果連這麼私密的領域都法律合理化了，那其餘領域與制度的法律合理化程度，就不遑多論了。在《宗教與世界：韋伯選輯（II）》的〈中間考察——宗教拒斥的階段與方向〉，韋伯曾經討論「性」的問題，他這樣說：

從純粹入世的觀點看來，唯有婚姻關係彼此肩負有倫理責任的想法——亦即異於純粹戀愛領域的一個範疇——相連結時，才能夠使得婚姻生活可能存在有某種至高無上性質的感覺得以成

立；這可能就是愛情的轉換，亦即：將責任意識貫穿到有機「性」生活過程的一切精微的細節裡，「一直到風燭殘年餘音嫋嫋爲止」，也就是說，在伴隨著責任感意識的愛情生活流轉中，彼此應許且互相擔待（就歌德的觀點而言）。在實際人生當中能夠擁有這種寶貴眞意的純粹型態者，少之又少；而眞能神領深受者，可說是命運之加惠與恩寵——無關乎個人本身的「事功」（Weber, 1992a:133）

　　若不深究這段話，韋伯好像是要爲婚外性行爲「除罪化」，事實不然，韋伯所要表達的意思是這樣：既然大家都可能發生婚外性行爲，自己不見得可以完全抑制自然原始的性衝動（非單一性伴侶的性行爲），就不必要求別人必須完全遵守婚姻的道德，特別是讓它成爲鋼鐵定律，即使你眞正豁免了，那不是你個人努力實踐的成果，那是上帝對你的恩寵，無須以此爲道德來壓制別人。韋伯對於「性」規範的追求是一種自律的追求，謹守宗教教義而保持婚姻的聖潔，那不見得是自律，那是他律，若是在乎別人的歧視而謹守婚姻的道德也是他律。如果，性規範的基礎不建立在他律的自律，而是完全自律的「自律」，那如何進行？韋伯希望「性」的規範不是建立在非合理化的道德之上，而是建立在「承認」自己的慾望的基礎之上，一種合理化的作爲，很像波斯納的美國實用主義法學的精神。韋伯期待的自律是一種對於自身的慾望與利益的承認的自律，一種存在主義的自律，一種去道德化的自律，一種以法律作爲實踐理性的自律。性成爲一種權利，而非道德。一個人不論是男人或女人，有了婚外性行爲，是違反婚姻法律上的權利關係，而非違反道德，可以對他或她進行懲罰的，僅僅是他或她的法律上的伴侶，而非其他沒有法律關係的人。法律作爲一種實踐理性成爲一種具有形式且實質合理化的「道德」，在

性關係上的界定，不僅僅是一種彼此承諾與自律的契約權利的遵守，這種自律的承諾必須透過合理化的言說來不斷界定與詮釋彼此的權利，達到互為主體的理解與承認。在法律化的婚姻生活，是一種彼此基於尊重權利的自律，以及不斷藉由言說（辯論），來承認彼此的權利義務與產生自我認識的過程，而非一種視為理所當然而帶有強迫遵守的道德期許。

　　法律在康德那裡，已經開始被視為與倫理並重的道德之一，但是法律還是從屬於道德，從屬於實踐理性，也就是法律必須接受道德的指導。韋伯認為現代的「性」規範已經形成以法律作為主要的規範，這樣的意義就在於「性」被權利化而非道德化。夫妻雙方謹守婚姻的法律，儘量不發生婚外性行為，是基於彼此「性」權利的承認，而非接受道德約制。如此一來，別人就無法干涉自己的性生活，唯一可以干涉的人即是他或她的婚姻性伴侶。原來屬於形式非合理化的婚姻道德成為形式合理化的婚姻法律，「性」在法律的範疇裡比在道德的範疇更具自由。但是如果婚姻法律變得過分形式合理化，那性將比道德範疇裡的性更為痛苦，新教徒的性是被道德與法律雙重地限制，而失去實質合理化的任何意涵，性完全全從屬於宗教的教條，這樣的婚姻法裡的性不是韋伯所期待的性。法律若未能成為實踐理性，或是以哈伯瑪斯的說法成為交往理性，法律將比道德更為形式合理化，隨時成為工具理性。作為一位男人，韋伯並不是要追求那種原始與自然，可以放縱的性，固然深具尼采的精神，但是他希望得到的不是瘋狂，而是一種秩序，不是自然狀態的縱慾，而是一種基於實踐理性的快感，一種經由長時段的歷史所建構而成的文明秩序，以及一種基於文明秩序的實踐理性（幾近先驗卻非先驗的實踐理性）。

　　如同實證主義與系統理論法學一般，韋伯的確想要讓法律取代道德成為現代社會的重要規範，但是他所反對的道德是過分教

條化與他律的道德，同時他也反對過分的形式合理化而變成工具理性化的法律，例如他批判現代律師就像自動販賣機一樣，同時這也是實證主義法學與系統理論法學必須解決的問題。韋伯所追求的是一種形式且實質合理化的法律，就如同新自然法法學的努力，雖然承認法律的切事性（實證性與系統化）的確可以讓法律更具自主性，但是法律本身是不可能讓法律本身變得比較實質合理化一些，唯有藉由色身自律的生活態度，才可以讓法律更實質合理化一些。韋伯試圖尋找自律精神以作為法律的新道德基礎，是深藏著康德的實踐理性的自律精神，但是作為西方文明之子的宣稱，韋伯並不像康德在潔白的斗室裡，深深進行內省，朝向那微弱的光、那實踐理性輕輕飄去。韋伯是進入西方的歷史經驗，試圖藉由對於歷史的理解，找到他可以安身立命的基礎，也就是藉由歷史經驗的解釋，達成對於自身的認識，進而理解了具有整體性的西方法律文明。韋伯雖然如同黑格爾一樣重視歷史實踐，但是並不如黑格爾將「此在」（Da Sein）視為敝屣，猶如夸父追日，去追求絕對精神的存在。韋伯選擇了詮釋學的傳統，重視研究者的主體性，承認研究者自我認識的重要性，藉由海德格與迦達默爾的詮釋學可以讓我們對於韋伯有更深入的理解。韋伯所要追求的道德正是德沃金與富勒所共同追求的理想，同時又比德沃金與富勒更具詮釋學的實踐意涵。

當然，韋伯本身即使多活二十年或是三十年，如同艾利亞斯如此的硬朗，也不見得可以將西方法律文明的形成詳盡敘述。但是他所遺留的問題與線索並未在西方學術傳承中斷，重視學術傳承的西方學術社群，讓韋伯可以安詳地離去而無所怨。韋伯去世六十多年以後，對於後世的影響時重時輕，但是對於哈伯瑪斯的影響卻是未曾稍減，從《交往行動理論》到《事實與規範之間》，迄今，哈伯瑪斯讓「未明的韋伯」與當今西方社會理論以及法理

學對話並進行整合。雖然是哈伯瑪斯讓世人重新審視韋伯的貢獻，讓韋伯成爲西方法理學的焦點，但是哈伯瑪斯對於韋伯的理解卻是誤解。然而，即使他是如此刻意的抑伐韋伯，也無損於韋伯的貢獻。當然，法理學裡「未明的韋伯」，隨著韋伯的逝去，已經無法自我切割，唯有藉由現代法理學與社會理論的琢磨，「未明的韋伯」才有風華再現的機會。色身自律的生活態度、權利請求作爲具有公共性的實踐理性，以及合理化理性言說的形成等三個作爲西方法律文明的核心要素，都是韋伯在論述西方法律文明所心繫而未言明的的核心觀念。如今，本書藉由現代法理學與社會理論的啓發，試圖讓這三個隱藏在「未明的韋伯」裡的概念，變得清晰可見。這樣的論述是否成功？是否如願變得清晰可見？還是渾沌依舊？我自己並不知道，只能留待讀者去理解。就如同韋伯也不見得比讀者更懂得他自己的作品，本書期待能引起讀者的解釋與理解。面對西方法律文明，韋伯是謹愼卻不膽怯，並未因爲實證主義即將大行其道，而自怯於對其自身文明的理解。作爲「非西方法律文明之子」的我，特別是在實證主義橫行的當下，不用俯拾皆是的冷言冷語，單單是那種孤寂，便隨時可以扼殺我對於西方法律文明理解的企圖心。所剩無幾且僅有的信念，就是對於當前台灣社會草率繼受西方法律的不滿，對於我們未曾認眞理解西方法律文明的憤怒，對於韋伯的理解不僅僅在於他對於儒家倫理的理解，而是在於他對於西方法律文明的理解。連西方法律文明都搞不清楚了，怎能侈言法律繼受的研究呢？或許認眞解釋西方法律文明的同時，也是理解自身的開始。

美國社會作爲主導全球化發展的霸主地位，不論在政治、經濟、文化以及科技各方面都獨領全球，其中最爲重要之處，就是美國的法律發展正是西方法律文明的前哨站，美國正領導著西方法律規範的發展。但是，我們對她的理解卻是未解與誤解，本書

藉由西方法律文明的角度，正可以解釋美國繼受西方法律文明並
成為集大成者的社會基礎——實用主義法學，就是西方法律文明
的延續並繼續朝向形式且實質合理化發展。

現代社會的快感從道德的淵藪爬出，向全世界蔓延，對於快
感的承認幾與縱慾同義。更甚者，現代法理學，特別重視「後現
代性」理論的法理學，如此撻伐「現代性」的法理學，甚至鞭屍
道德，自掘祖墳，彷彿撒旦已從地獄竄起，開始統治現代社會。
本書對西方法律文明的解釋，正可以解決現代性與後現代性之
間，對於快感愛恨交雜的感受。其實，撒旦並未竄起，西方的法
律社會藉由快感的法律合理化，正讓人朝向形式且實質合理化的
存在邁進。

最後，本書所討論的駭客，一群在網路社會興起的新「職
業」，讓習於現代性的人，無法分類這樣的職業，他們竟是如此地
「放縱」，未能朝九晚五照表操課，時而與網路犯罪牽連在一起。
他們的出現，讓過於形式合理化的社會顯得不安，對他們無法進
行解釋與分類，不知道要把他分類到哪一種職業的範疇！甚至他
們不需要也不理會這些分類的困擾，他們就是他們，如此地個人
主義，又如此地拜金。然而，他們的表現卻如此地勤奮、如此地
智慧、如此地自信。現代社會所製造的社會學是無法解釋他們
的，甚至也無法理解他們。本書續接海莫能以韋伯的新教倫理來
理解駭客倫理，並超越海莫能「僅能局限於新教倫理的比對」，從
藉由「未明的韋伯」所闡釋的西方法律文明，來解釋與理解駭客
倫理，發現駭客在西方現代社會出現，並非是現代社會的病態或
是變種的社會職業，而是著著實實西方法律文明的表現，是西方
法律文明繼續朝向形式且實質合理化的表現。

本書選擇美國實用主義法學、西方的快感以及駭客倫理作為
西方法律文明的表現，絕非任意的（或許是非選擇性親近的偶然）

選擇，而是要選擇三個最重要與最被爭議的對象進行解釋，以展
現理解西方法律文明的重要性與解釋力。

# 參考書目

丸山高司（2002）。《迦達默爾：視野融合》，劉文柱等譯。河北：河北教育出版社。

王保軍（2002）。〈整體的闡釋性建構：德沃金的法律解釋學中的現代主義與後現代主義〉，《收入當代西方後現代法學》，朱景文主編。北京：法律出版社。

王泰升（1997）。《台灣法律史的建立》。台大法學叢書編輯委員會。

王泰升（1999）。《台灣日治時期的法律改革》。台北：聯經出版事業公司。

王泰升（2001）。《台灣法律史概論》。台北：元照出版社。

王泰升（2002）。《台灣法的斷裂與連續》。台北：元照出版社。

王泰升（2003）。《台灣法的近代性與日本殖民統治》。東海大學通識教育中心第六屆台灣歷史與文化研討會。

王振寰（1993）。〈工人階級的分析：E. P. Thompson 與新馬克思主義〉，收入《資本、勞工與國家機器：台灣社會與政治轉型》，王振寰著。台北：台灣社會研究叢刊。

王崇名（1995a）。《歐洲福利國家的整體史理解》。中央研究院民族研究所集刊，第 80 期。

王崇名（1995b）。〈從階級態度到個人品味的轉換：Elias 與 Bourdieu 論西方日常生活特質之比較〉，《思與言》，第 33 卷，第 4 期。

王崇名（1996a）。《歐洲福利國家的社會基礎：法律個體的誕生》。東海大學社會學研究所博士論文。

王崇名（1996b）。〈西方之社會正義的法律社會學的理解：由黑
　　格爾、馬克思與韋伯比較反省之〉，《思與言》，第 34 卷，第
　　4 期。

王崇名（1997）。〈年鑑史學之長時段的方法論及其對於社會學的
　　反思意義〉，《思與言》，第 35 卷，第 3 期。

王崇名（1999）。〈托克維爾之《論美國的民主》作為大學通識教
　　育課程的重要意義〉，《通識教育季刊》，第 6 卷，第 3 期。

王崇名（2000a）。〈西方法律文明與現代中國：現代台灣法律合
　　理化的可能與限制：理論的初步性探索〉。台北大學：台灣社
　　會學年會研討會。

王崇名（2000b）。〈虛擬之「法律合理化的自我實踐」作為「網
　　路世界」之社會連帶的真實化歷程「超現實之自我想像的社
　　會的興起〉。第一屆網路與社會研討會，清華大學社會學研究
　　所主辦。

王崇名（2001a）。〈快感、權利與網路世界〉。第二屆網路與社會
　　研討會，清華大學社會學研究所主辦。

王崇名（2001b）。〈對於台灣醫療專業倫理的理論建構：醫療專
　　業倫理是一種志業、權利與論述的複合體〉。台灣社會學年會
　　研討會，輔仁大學社會系與社會工作系主辦。

王崇名（2002a）。〈駭客倫理作為台灣網路遊戲發展的社會基
　　礎〉。第三屆網路與社會研討會，清華大學社會學研究所主
　　辦。

王崇名（2002b）。〈合理化的理性言說作為西方法律文明的社會
　　基礎：西方社會思想史與社會理論的整體理解〉，《思與
　　言》，第 40 卷，第 3 期。

王崇名（2002）。〈專業倫理作為台灣金融社會研究的重要議題：
　　以保險專業為例（理論的初步反省）〉。第一屆科技、金融與

社會研討會，北京大學中國社會發展中心與東海大學社會系合辦，地點：北京達園賓館。

王崇名（2003a）。〈台灣專業倫理與現代社會的興起〉，《思與言》，第41卷，第1期。

王崇名（2003b）。〈從貨幣網絡到金融社會與台灣法律社會的興起：以保險與退休理財爲例〉。第二屆科技、金融與社會研討會，北京大學中國社會發展中心與東海大學社會系合辦，地點：東海大學。

王崇名（2003c）。〈從「貨幣網絡」到「金融社會」與台灣法律社會的興起：一種言說倫理學的想像〉。台灣社會學年會研討會，政治大學主辦。

王澤鑑（1999）。《民法實例研習：民法總則》。台北：三民書局。

牛京輝（2002）。《英國功用主義倫理思想研究》。北京：人民出版社。

包利民（1996）。《生命與邏各：斯希臘倫理思想史論》。北京：東方出版社。

江宜樺（1995）。〈政治是什麼？：試析亞里斯多德的觀點〉，《台灣社會研究季刊》，第19期。

朱景文（2002）。〈當前美國法理學的後現代轉向〉，收入《當代西方後現代法學》，朱景文主編。北京：法律出版社。

朱景文主編（2002）。《當代西方後現代法學》。北京：法律出版社。

朱蘇力（2002）。〈可別成了「等待戈多」：關於中國後現代主義法學研究的一點感想或提醒〉，收入《當代西方後現代法學》，朱景文主編。北京：法律出版社。

西塞羅（1997）。《論共和國·論法律》，王煥生譯。北京：中國

政法大學出版社。

西塞羅（1999）。　《西塞羅三論：老年、友誼、責任》，邱言曦譯。台北：黎明文化事業出版社。

宋巴特（2000）。《奢侈與資本主義》，王燕平、侯小河譯。上海：上海人民出版社。

佟吉清、王保軍（2002）。〈波斯納新實用主義法學的思考〉，收入《當代西方後現代法學》，朱景文主編。北京：法律出版社。

李猛（2001）。〈除魔的世界與禁欲者的守護神：韋伯社會理論中的英國法問題〉，《思想與社會第一輯：韋伯：法律與價值》。上海：上海人民出版社。

李楯主編（1998）。《法律社會學》。北京：中國政法大學出版社。

李鴻禧等合著（2000）。《台灣法律史研究的方法》。台北：學林出版社。

沈宗靈（1992）。《現代西方法理學》。北京大學出版。

利科（1992）。《歷史學家的技藝與貢獻》，王建華譯。香港：牛津大學。

何勤華（1998）。《法律文化史論》。北京：法律出版社。

汪暉、陳燕谷主編（1999）。《文化與公共性》。北京：三聯書店。

金耀基（1992）。《中國社會與文化》。香港：牛津大學出版社。

周天瑋（1999）。《蘇格拉底與孟子的虛擬對話：建構法治理想國》。台北：天下文化出版社。

周世中（2002）。〈論後現代主義法學的主體觀〉，收入《當代西方後現代法學》，朱景文主編。北京：法律出版社。

周樑楷（1984）。〈年鑑學派的史學傳統及其轉變〉，《史學評

論》，第 7 期。

林喆（1999）。《權利的法哲學：黑格爾的法哲學》。山東：山東人民出版社。

林端（1994）。《儒家倫理與法律文化》。台北：巨流出版社。

阿奎那（1963）。《阿奎那政治著作選》，馬清槐譯。北京：商務印書館。

孟德斯鳩（1998）。《論法的精神》。台北：商務印書館。

於興中（2002）。〈批判法學與後現代主義法學〉，收入《當代西方後現代法學》，朱景文主編。北京：法律出版社。

胡水君（2002a）。〈羅爾斯的理論轉向：從正義論到政治自由主義、萬民法〉，收入《當代西方後現代法學》，朱景文主編。北京：法律出版社。

胡水君（2002b）。〈盧曼的法律與社會理論：現代與後現代〉，收入《當代西方後現代法學》，朱景文主編。北京：法律出版社。

胡水君、南溪（2002）。〈法律與文學：文本、權力與語言〉，收入《當代西方後現代法學》，朱景文主編。北京：法律出版社。

洛克（1969）。《政府論》，李永久譯。台北：帕米爾出版社。

亞里斯多德（1994）。《政治學》，亞里斯多德全集，田力苗主編。北京：中國人民大學出版社。

亞當斯密（1999）。《道德情操論》，蔣自強等譯。北京：商務印書館印書館。

柏拉圖（2001）。《法律篇》，張智仁、何華勤譯。上海：上海人民出版社。

海芙納與馬可夫（1995）。《電腦叛客》，尚青松譯。台北：天下文化出版社。

海芙納與萊恩（1998）。《網路英雄》。台北：時報文化出版社。

馬彥彬（1989）。〈韋伯論西方資本主義的「變」與「常」：以布
　　賀岱爲對照點〉。東海大學社會學研究所碩士論文。

馬漢寶（1999）。《西洋法律思想主流之發展》。國立台灣大學法
　　學叢書。

信春鷹（2002）。〈後現代法學：爲法治探索未來〉，收入《當代
　　西方後現代法學》，朱景文主編。北京：法律出版社。

姚蒙（1995）。《法國當代史學主流：從年鑑派到新史學》。台
　　北：遠流出版社。

萊曼・哈特穆特等編（2001）。《韋伯的新教倫理：由來、根據與
　　背景》，閻克文譯。瀋陽：遼寧教育出版社。

康德（1991）。《法的形而上學原理：權利的科學》，沈叔平譯。
　　北京：商務印書館。

洪漢鼎（2002）。《詮釋學史》。台北：桂冠出版社。

洪鎌德（2001）。《法律社會學》。台北：揚智文化出版社。

孫文凱（2002a）。〈女性主義法學：從自由主義的女性主義到激
　　進的女性主義〉，收入《當代西方後現代法學》，朱景文主
　　編。北京：法律出版社。

孫文凱（2002b）。〈種族批判法學的後現代性：有色人種的視
　　角〉，收入《當代西方後現代法學》，朱景文主編。北京：法
　　律出版社。

孫國華與馮玉軍（2002）。〈後現代主義法學理論評述〉，收入
　　《當代西方後現代法學》，朱景文主編。北京：法律出版社。

桑托斯（2002）。〈法律：一張誤讀的地圖〉，朱景文、南溪譯，
　　收入《當代西方後現代法學》，朱景文主編。北京：法律出版
　　社。

高承恕（1988）。〈布賀岱與韋伯：歷史對社會學理論與方法的意

義〉，收入《理性化與資本主義韋伯與韋伯之外》，高承恕
　　著。台北：聯經出版事業公司。

徐敏雄（1990）。〈從托克維爾「美國的民主」一書的思想看宗教
　　與公民德性的關係〉，《公民訓育學報》，第 9 期。

崔之元（2002）。〈超自由主義〉，收入《當代西方後現代法學》，
　　朱景文主編。北京：法律出版社。

許章潤（2002）。〈法律：民族精神與現代性〉，收入《當代西方
　　後現代法學》，朱景文主編。北京：法律出版社。

莊慶信（1999）。〈法律與宗教倫理：一個宗教倫理學的理解〉，
　　《輔仁法學》，第 18 期。

麥克尼爾（1994）。《新社會契約論》，雷喜寧、潘勤譯。北京：
　　中國法政大學出版社。

張祥平（2002）。〈如果海瑞審王海〉，收入《當代西方後現代法
　　學》，朱景文主編。北京：法律出版社。

張維安（1995）。《文化與經濟：韋伯社會學研究》。台北：巨流
　　出版社。

張家銘（1987）。〈理論、歷史與想像力：布勞岱的歷史世界及其
　　對社會學的反省意義〉，《思與言》，第 24 卷，第 6 期。

張嘉尹（2001）。〈法作為法律系統〉，《思與言》，第 39 卷，第
　　2 期。

陳介玄（1989）。〈韋伯論西方法律合理化〉，收入《韋伯論西方
　　社會的合理化》，張維安等著。台北：巨流出版社。

陳介玄、高承恕（1991）。〈台灣企業運作的社會秩序：人情關係
　　與法律〉，《東海學報》，第 2 期。

陳妙芬（2000a）。〈形式理性與利益法學：法律史學上認識與評
　　價的問題〉，收入《台灣法律史研究的方法》，李鴻禧等合
　　著。台北：學林出版社。

陳妙芬（2000b）。〈「正義」的價值來自「道德善」嗎？〉，《月旦法學雜誌》，第 62 期。

陳妙芬（2000c）。〈「正義」如何藉由「實踐理性」證立？〉，《月旦法學雜誌》，第 63 期。

陳聰富（2000）。〈韋伯論形式理性之法律〉，收入《台灣法律史研究的方法》，李鴻禧等合著。台北：學林出版社。

陳維曾（2000）。《法律與經濟奇蹟的締造：戰後台灣經濟發展與經貿法律體系戶動支考察》。台北：元照出版社。

黃仁宇（1992）。《萬曆十五年》。台北：食貨出版社。

黃仁宇（1995）。《中國大歷史》。台北：聯經出版事業公司。

黃進興（1991）。《歷史主義與歷史理論》。台北：允晨出版社。

曾豹慶（2000）。《上帝、關係與言說》。台北：五南出版社。

斯賓諾莎（1963）。《神學政治論》，溫錫增譯。北京：商務印書館。

凱爾納等著（1999）。《後現代理論：批判性的質疑》，張志斌譯。北京：中央編譯出版社。

溫曉莉（2002）。〈後現代屬意與轉型時期的中國法治建設〉，收入《當代西方後現代法學》，朱景文主編。北京：法律出版社。

篠原資明（2001）。《德魯茲：游牧民》，徐金鳳譯。河北：河北教育出版社。

翟本瑞（1986）。〈物質文明對歷史研究的反省意義：評布勞岱論日用生活的結構〉，《思與言》，第 23 卷，第 5 期。

翟本瑞（1987）。〈資本主義與市場經濟：布勞岱的歷史分劃〉。《思與言》，第 24 卷，第 6 期。

翟本瑞（2001）。《網路與文化》。台北：揚智文化出版社。

翟同祖（1984）。《中國法律與中國社會》。台北：里仁出版社。

維拉爾（1998）。〈論馬克思主義史學〉，收入《史學研究的新問題新方法新對象：法國新史學發展趨勢》，勒戈夫與諾位主編，郝名瑋譯。北京：社會科學文獻出版社。

趙敦華（1988）。《勞斯的正義論解說》。台北：遠流出版社。

葛洪義（1999）。《法理學》。北京：政法大學出版社。

鄭戈（2001）。〈韋伯論西方法律的獨特性〉，收入《思想與社會第一輯：韋伯：法律與價值》。上海：上海人民出版社。

奧古斯丁（1997）。《懺悔錄》，周士良譯。北京：商務印書館。

趙剛（2000）。〈社會學要如何才能和激進民主掛勾？重訪米爾士的「社會學想像」〉，《台灣社會研究季刊》，第 39 期。

劉星（1998）。《法律是什麼？》。北京：中國政法大學出版社。

劉星（2001）。《民主的一個敘述立場》。北京：法律出版社。

劉恆妏（2002）。〈戰後台灣司法人之研究〉，《思與言》，第 40 卷，第 1 期。

劉維公（1998）。〈習性與偶成性：P. Bourdieu 與 N. Luhmann 的理論介紹〉，《台大社會學刊》，第 26 期。

劉維公（1999）。〈布爾迪厄與生活風格社會學研究：兼論現代社會社會學危機〉，《社會理論學報》，第 2 卷，第 2 期。

劉維公（2000）。〈全球文化與在地文化的連結關係：論日常生活取向的文化全球化研究〉，《台大社會學刊》，第 28 期。

劉維公（2001）。〈何謂生活風格：論生活風格的社會理論意涵〉，《當代》，第 168 期。

賴建誠（1986）。〈法國年鑑學派領袖布勞岱〉，《史學評論》，第 12 期。

賴建誠（1991）。〈基督新教與資本主義：布勞岱的異見〉，《歷史月刊》，第 39 期。

賴建誠（1992）。〈論歷史解析〉，收於《重商主義的窘境》。台

北：三民書局。

賴賢宗（1999）。〈阿培爾的言談倫理學中的「理性事實」與其對
　　康德倫理學的批判〉，《思與言》，第 37 卷，第 1 期。

賴賢宗（2000）。〈許路赫特對康德倫理學的闡釋及信念倫理學當
　　中的規範與共識建構的問題〉，《思與言》，第 38 卷，第 3
　　期。

賴賢宗（2001）。〈從法權到道德：從康德的令式倫理學到康德的
　　法權哲學〉，《思與言》，第 39 卷，第 2 期。

盧梭（1980）。《社會契約論》，何兆武譯。北京：商務印書館。

蔣先福（1999）。《契約文明：法治文明的源與流》。上海：上海
　　人民出版社。

謝舒凱（1992）。〈台灣法律歷史學的基本問題〉。《台大法律學
　　刊》，第 23 期。

謝暉（1997）。《法律信仰的理念與基礎》。山東：山東人民出版
　　社。

龍冠海、張承漢（1985）。《西洋社會思想史》。台北：三民書
　　局。

顏建發（1983）。〈整體的社會學與歷史學之會通：Emile
　　Durkneim、Marc Bloch、Fernand Braudel〉。東海大學社會
　　學研究所碩士論文。

顏厥安（1998）。《法與實踐理性》。台北：允晨出版社。

顏厥安（2000）。〈法律史研究中的理論問題：評王泰升：台灣法
　　律史的建立，收入《台灣法律史研究的方法》，李鴻禧等合
　　著。台北：學林出版社。

顏厥安（2002）。〈命運與倫理：由青年黑格爾的悲劇觀念反思幾
　　個實踐哲學問題〉，《人文及社會科學集刊》，第 15 卷，第 2
　　期。

*321* 參考書目

Arie's, Philippe. (1989). Introduction, in A History of Private Life Vol. III: Passions of the Renaissance. Roger Chartier, ed. London: Harvard University Press.

Alexy, Robert.（2002）。《法律論證理論：作爲法律證立理論的理性論辯理論》，舒國瀅譯。北京：中國法制出版社。

Austin, John.（2002）。《法理學範圍》，劉星譯。北京：中國法制出版社。

Barstow, Anne Llewellyn.（2001）。《獵殺女巫》，嚴韻譯。台北：女書文化。

Baskin, Jonathan Barron, & Paul J. Miranti, Jr. (1997). *A History of Corporate Finance*. Cambridge University Press.

Benthan（2000）。《道德與立法原理導論》，時殷弘譯。北京：商務印書館。

Berman, Harold J. (1983). "Mercantile Law".Pp.333-56 in *The Revolution: The Formation of the Western Legal Tradition*. Cambridge: Harvard University Press.

Berman, Harold J.（1993）。《法律與革命：西方法律傳統的形成》，賀衛方等譯。北京：中國百科書出版社。

Bernstein, Richard. (1998). "Community in the Pragmatic Tradition," in *The Revival of Pragmatism: New Essays on Social Thought, Law, and Culture*, edited by Morris Dickstein. Duke University Press.

Best, Steven, & Douglas Keller（1999）。《後現代理論：批判性的執疑》，張志斌譯。北京：中央編譯出版社。

Black, Donald. (1989). *Sociological Justice*. Oxford University Press.

Black, Donald.（2002）。《社會學視野中的司法》，麥宜生譯。北京：法律出版社。

Bloch, Mare. (1961). *Feudal Society*. trans.by L.A. Manyon. The University of Chicago Press.

Bloch, Mare. （1989）。《史家的技藝》，周婉窈譯。台北：巨流出版社。

Bloch, Mare.（1995a）。《封建社會 I：依附紐帶的成長》，談谷錚譯。台北：桂冠出版社。

Bloch, Mare.（1995b）。《封建社會 II：社會階級與政治組織》，談谷錚譯。台北：桂冠出版社。

Bodenheimer, Edgar.（1997）。《法理學：法哲學與法學方法》，范建得、吳博文譯。台北：漢興出版社。

Bonfante, Pietro.（1992）。《羅馬法教科書》，黃風譯。北京：中國政法大學出版社。

Bourdieu, Pierre. (1972). *Algeria 1960s*. Cambridge University Press.

Bourdieu, Pierre. (1984). *Distinction: A Social Critique of the Judgement of Taste,* trans. by Richard Nice. Harvard University Press.

Bourdieu, Pierre. (1990). *The Logic of Practice*. Stanford University Press.

Bourdieu, Pierre, & Passerson, Jean-Claude. (1979). *The Inheritors-Franch Students and Their Relation to Culture*. The University of Chicago Press.

Bourdieu, Pierre, & Wacquant, Loic J. D. (1987). "The Force of Law: Toward a Sociology of the Juridical Field". *Hastings journal of Law38*: 209-48.

Bourdieu, Pierre, & Wacquant, Loic J. D. (1992). *An Invitation to Reflexive Sociology*. London: Polity Press.

Braudel, Fernand. (1979). *The Structure of Everyday Life, Civilization, and Capitalism 15th-18th Century Vol. I*, tran. by Sian Reynolds. New York: Harper & Row, Publisher.

Braudel, Fernand.（1991）。《論歷史》,劉北成譯。台北：五南出版社。

Braudel, Fernand. (1992). *The Mediterranean and the Mediterranean World in the Age of Philip II*, trans. by Sian Reynolds. New York: Harper & Row.

Braudel, Fernand. (1993). *A History of Civilizations*, trans. by Richard Mayne. The Penguin Press.

Bromwich, David. (1998). "The Novelist of Everyday Life," in *The Revival of Pragmatism: New Essays on Social Thought, Law , and Culture*, edited by Morris Dickstein. Duke University Press.

Burguiere, Andre 等主編（1998）。《家庭史》第 1、2 卷,袁樹仁等譯。北京：三聯書店。

Campos, Paul F.（1999）。《法律狂：現代法治社會的理性幻覺》,陳佳穎、林洪濤譯。台北：商周出版社。

Carney, Ray. (1998). "When Mind is a Verb: Thomas Eakins and the Work of Doing", in *The Revival of Pragmatism: New Essays on Social Thought, Law, and Culture*, edited by Morris Dickstein. Duke University Press.

Castells, Manuel. (1996). *The Information Age Vol. I: The Rise of Network Society*. USA: Blackwell.

Cavell, Stanley. (1998). "What's the Use of Calling Emerson A Pragmatist?" in *The Revival of Pragmatism: New Essays on Social Thought, Law, and Culture*, edited by Morris Dickstein. Duke University Press.

Coing, Helmut.（2003）。《法哲學》,林榮選譯。北京：華夏出版

社。

Coleman, J. L. Cavell, Stanley. (1989). "Afterward: The Rational Choice Approach to Legal Rules", 65. *Kent Law Review*.

Coleman, J. L. (1990). *Foundation of Social Theory*. Cambridge: The Belknap Press Harvard University Press.

Commons, John R.（2003）。《資本主義的法律基礎》，壽勉成譯。北京：商務印書館。

Cotterrell, Roger. (1984). *The Sciology of Law: An Introduction*. London; Butterworths.

Delgado, Richard. (1990). "When a Story is Just a Story: Does Voice Really Matter?", 76 *Va. L. Review*.

d'Entreves, A. P.（1992）。《自然法：法律哲學論》，李日章譯。台北：聯經出版事業公司。

Dewey, John. (1982a). "The Unit of Behavior（The Reflex Arc Concept in Psychology）", in *Pragmatism: The Classic Writings*, edited by H. S. Thayer. Hackett Publishing Company, Inc.

Dewey, John. (1982b). "The Practical Character of Reality", in *Pragmatism: The Classic Writings*, edited by H. S. Thayer. Hackett Publishing Company, Inc.

Dewey, John. (1982c). "The Construction of Good", in *Pragmatism: The Classic Writings*, edited by H. S. Thayer. Hackett Publishing Company,Inc.

Dewey, John. (1982d). "The Pattern of Inquiry", in *Pragmatism: The Classic Writings*, edited by H. S. Thayer. Hackett Publishing Company,Inc.

Dezalay, Yves, & Bryant Garth. (1996). *Dealing in Virtue: International Commercial Arbitration and the Construction of a*

*Transnational Legal Order*. Chicago: University of Chicago Press.

Dickstein, Morris edited. (1998). *The Revival of Pragmatism: New Essays on Social Thought, Law, and Culture*. Duke University Press.

Diggins, John Patrick. (1998). "Pragmatism and Its Limits", in *The Revival of Pragmatism: New Essays on Social Thought, Law, and Culture*, edited by Morris Dickstein. Duke University Press.

Duby, Georges. (1980). *The Three Orders: Feudal Society Imagined*, trans. by Arthur Goldhammer. The University of Chicago Press.

Duby, Georges.（1988）。〈社會史與意識形態〉，刊於《史學研究的新問題、新方法、新對象》，亞克·勒戈夫、皮埃爾·諾拉主編，頁 245-264。郝名瑋譯。北京：社會科學文獻出版社。

Durkheim, Emile. (1957). *Professional Ethics and Civic Morals*, trans. by Cornelia Brookfield. London: Routledge.

Durkheim, Emile. (1982). "Debate on Explanation in History and Sociology", in *The Rules of Sociological Method and Selected Texts on Sociology and its Method*, edited by Steven Stukes. New York: The Press.

Durkheim, Emile. (1984). *The Division of Labor in Society*, trans. by W.D. Halls. New York: Free Press.

Durkheim, Emile.（1992）。《社會分工論》，渠東譯。北京：三聯書店。

Durkheim, Emile.（2000）。《實用主義與社會學》，苗力田譯。上海：上海人民出版社。

Durkheim, Emile.（2001）。《職業倫理與公民道德》，渠東等譯。

上海：上海人民出版社。

Dworkin, Ronald. (1977). *Taking Right Seriously*. Harvard University Press.

Dworkin, Ronald. (1986). *Law's Empire*. Harvard University Press.

Dworkin, Ronald. （1996a）。《法律帝國》，李長青譯。北京：中國大百科全書出版社。

Dworkin, Ronald. (1996b). *Freedom's Law: The Moral Reading of American Constituion*. Harvard University Press.

Dworkin, Ronald. （1998）。《認眞對待權利》，信春鷹、吳玉章譯。北京：中國大百科全書出版社。

Dworkin, Ronald. （2001）。《自由的法：對美國憲法的道德解讀》，劉麗君譯。上海：上海人民出版社。

Elias, Norbert. (1982a). *The Civilizing Process vol. I — The History of Manners*. New York: Pantheon Books.

Elias, Norbert. (1982b). *The Civilizing Process vol. II — Power & Civility*. New York: Pantheon Books.

Elias, Norbert. (1983). *The Court Society*. New York: Pantheon Books.

Elias, Norbert. (1992). *Time: An Essay*, trans. by Jephcott U.S.A: Edmund Blackwell.

Ehrmann, Henry W. （2002）。《比較法律文化》，賀衛方、高鴻鈞譯。北京：清華大學出版社。

Evan, W. N. (1962). *Law and Sociology: Exploratory Essays*. Illinois: Free Press.

Farber, Daniel, & S. Shery. (1993). "Telling Stories Out of School: An Essay on Legal Narrative", 45. *Standford Law Review*.

Febvre, Lucien. (1973). "Civilisation: Evolution of a Word and a Group of Ideas," in *A New Kind of History and Other Essays*, trans. by K. Folca. Harper & Row, New York.

Fish, Stanley. (1992). "Working on the Chain Gang: Interpretation in the Law and in the Literary Criticism," *Critical Inquiry*, vol. 9.

Foucault, Michel. (1972). *Archeonology of Knowledge*, trans. by Alan Sheridan Smith. New York: Random House.

Foucault, Michel. (1986). *The History of Sexuality*, trans. by Robert Hurley. New York: Pantheon Books.

Foucault, Michel. （1994）。《臨床醫學的誕生》，留絮愷譯。台北：時報文化出版社。

Foucault, Michel. （1998）。《性經驗史》，佘碧平譯。上海：上海人民出版社。

Foucault, Michel. （1999a）。《必須保衛社會》，錢翰譯。上海：上海人民出版社。

Foucault, Michel. （1999b）。《瘋癲與文明》，劉北成等譯。北京：三聯書店。

Foucault, Michel. （2001）。《詞與物：人文科學考古學》，莫偉民譯。上海：三聯書店。

Foucault, Michel. （2003）。《知識考古學》，謝強、馬月譯。北京：三聯書店。

Frank, Jerome. (1979). *Law and the Modern Mind. Mass.* Peter Smith.

Fraser, Nancy. (1998). "Another Pragmatism: Alain Locke, Critical 'Race' Theory, and the Politics of Culture," in *The Revival of Pragmatism: New Essays on Social Thought, Law, and Culture*, edited by Morris Dickstein. Duke University Press.

Freidson, Eliot. (1988). *Profession of Medicine: A Study of the Sociology of Applied Knowledge*. The University of Chicago Press.

Frug, Gerald F. (1984). "The Ideology of Bureaucracy in American Law," 97. *Harvard Law Review*.

Fuller, Lon L. (1958). "Positivism and Fidelity to Law: A Reply to Professor Hart." *Harvard Law Review 71*: 593-672.

Fuller, Lon L. (1969). *The Morality of Law*. Yale University Press.

Fuller, Lon L. (1981). *The Principles of Social Order*, edited with an introduction by Kenneth I. Winston. Duke University Press.

Gadamer, H. G.（1995）。《眞理與方法》，洪漢鼎、夏鎮平譯。台北：時報文化出版社。

Gadamer, H. G.(1996). *The Enigma of Health*, trans. by Stanford, Gaiger J., and Walker N. Stanford University Press.

Gephart, Werner. (1993). *Gesellschaftstheorie und Recht: Das Recht im Soziologischen Dikurs der Moderne*. Frankfurt am Main: Suhrkamp.

Giddens, Anthony.（1994）。《資本主義與現代社會理論》，簡惠美譯。台北：遠流出版社。

Giddens, Anthony.（1998）。《現代性與個體認同》，趙旭東、方文譯。北京：三聯書店。

Giddens, Anthony.（2001）。〈新教倫理與資本主義精神導讀〉，收入《新教倫理與資本主義精神》，韋伯著，于曉等譯。台北：左岸出版社。

Goffman, Erving. (1951). "Symbols of Class Status". *British Journal of Sociology 2*: 294-304.

Goffman, Erving. (1961). *Asylums: Essays on the Social Situation of Mental Patients and Others*. Garden City, N.Y.: Anchor.

Goldman, Harvey S.（2001）。〈自我的禁慾主義實踐〉，收入《韋伯的新教倫理》，H. Lehmann 編。中國：遼寧教育出版社。

Goldschmidt, Levin. (1957). *Universalgeschichte des Handelsrechts.* Stuttgart: Verlag von Ferdinand Enke.

Gordon, Robert. (1984). "Critical Legal Histories, 36". *Stanford Law Review.*

Granovetter, Mark. (2002). "A Theoretical Agenda for Economic Sociology". Pp. 35-60 in *The New Economic Sociology*, edited by M. Guillen et al. New York: Russell Sage Foundation.

Grey, Thomas C. (1998). "Freestanding Legal Pragmatism," in *The Revival of Pragmatism: New Essays on Social Thought, Law , and Culture*, edited by Morris Dickstein. Duke University Press.

Grey, Thomas. (1999). "Freestanding Legal Pragmatism," in *The Revival of Pragmatism: New Wssays on Sought, Law, and Culture*, edited by Morris Dickstein. Duck University Press.

Gunn, Giles. (1998). "Religion and the Recent Revival of Pragmatism," in *The Revival of Pragmatism: New Essays on Social Thought, Law , and Culture*, edited by Morris Dickstein. Duke University Press.

Habermas, Jugen. (1984). *Theory of Communicative Action v.1.: Reason and the Rationalization of Society*, trans. by Thomas McCarthy. Boston: Beacon Press.

Habermas, Jugen. (1987). *The Theory of Communicative action v. 2.: Lifeworld and System: A Critique of Functionalist Reason*, trans. by Thomas McCarthy. Boston: Beacon Press.

Habermas, Jugen.（1994a）。《交往行動理論第一卷：行動的合理性和社會合理化》，洪佩郁、藺青譯。四川：重慶出版社。

Habermas, Jugen.（1994b）。《交往行動理論第二卷：論功能主義理論批判》，洪佩郁、藺青譯。四川：重慶出版社。

Habermas, Jugen.（1994c）. "Struggles for Recognition in the Democratic Constitutional State", in *Multiculturalism: Examining the Politics of Recognition*. Princeton University Press.

Habermas, Jugen. (1996). *Between Facts and Norms: Contributions to a Discourse Theory of Law and Democracy*, trans. by William Rehg. B.A. : Polity Press.

Habermas, Jugen. (1998). *Faktizitat und Geltung: Beitrage zur Diskurstheorie des Rechts und des demokratischen Rechtsstaats.* Frankfurt am Main: Suhrkamp.

Habermas, Jugen.（2002）。〈論實踐理性之實用、倫理與道德的應用〉，甘紹平譯，收入《哈伯瑪斯在華演集》，中國社會科學院哲學研究所編。北京：人民出版社。

Habermas, Jugen.（2003）。《在事實與規範之間：關於法律與民主法治國的商談理論》。童世駿譯。北京：三聯書店。

Hart, H. L. A. (1961). *Concept of Law*. Oxford University Press.

Hart, H. L. A.（1996）。《法律的概念》，張文顯等譯。北京：中國大百科全書出版社。

Hart, H. L. A.（2000）。〈導論〉，收入《道德與立法原理導論》，Bbethan 著，時殷弘譯。北京：商務印書館。

Hayek, T. A. V.（1960）。*The Constitution of Liberty*. University of Chicago Press.

Hayek, T. A. V.（1998）。《自由憲章》，楊玉生等譯。北京：中國社會科學出版社。

Hayek, T. A. V.（2000）。《法律、立法與自由：第一卷》，鄧正來等譯。北京：中國大百科全書出版社。

Hegel, G.W.F. (1955). *The Philosophy of Right*, trans. with notes by T. M. Knox. Chicago: Encyclopaedia Britannica.

Hegel, G.W.F.（1990）。《法哲學原理》，范揚、張企泰譯。台北，里仁出版社。

Heidegger, Martin.（2000）。《路標》，孫周興譯。北京：商務印書館。

Heidegger, Martin.（2002）。《存在與時間》，王慶節、陳嘉映譯。台北：桂冠圖書股份有限公司。

Heimer, Carol. (1978). "Reactive Risk and Rational Action: Managing Moral Hazard" in *Insurance Contracts*. Berkeley: University of California Press.

Himanen, Pekka.（2002）。《駭客倫理與資訊時代精神》，劉瓊云譯。台北：大塊文化出版社。

Hirschman, Albert O.（2002）。《反動的修辭》，吳介民譯。台北：新新聞出版社。

Hobbes, Thomas. (1950). *Leviathan*. New York: Dutton.

Hobbes, Thomas. (1994). *The Elements of Law, Natural, and Politic*, edited with an introduction by J.C.A. Gaskin. Oxford University Press.

Hobbes, Thomas.（1996）。《利維坦》，黎思复、黎廷弼譯。北京：商務印書館。

Holmes, Jr., Oliver Wendell. (1897). The Path of Law, in 10 Harvard Law Review.

Holmes, Jr., Oliver Wendell. (1992). *The Essential Holmes: Selection from the Letters, Speeches Judicial Opinions, and other Writings of Oliver Wendell Holmes, Jr.*, edited by Richard A. Posner. The University of Chicago Press.

Horwitz, Morton J. (1997). *The Transformation of American Law 1780 - 1860*. Harvard University Press.

Hume, David. （1999）。《道德原理探究》，王淑芹譯。北京：中國社會科學出版社。

Hume, David. (2000). *A Treatise of Human Nature*. Oxford University Press.

Hunt, Alan, & Gary Wickhan. (1994). *Foucault and Law: Toward a Sociology of Law as Governance*. USA: Pluto Press.

Hunter, K. M. (1989). "A Science of Individual: Medicine & Casuistry". *Journal of Medicine and Philosophy, vol. 14*.

Hurst, James Willard. (1956). *Law and the Condition of Freedom in the Nineteenth Century*. Madison: University of Wisconsin Press.

James, Willian. (1943). *Pragmatism: A New Name for Some Old Ways of Thinking*. New York: Longmans, Green And Co.

James, Willian. (1982a) "An Interview: Pragmatism-What it is", in *Pragmatism: The Classic Writings*, edited by H. S. Thayer. Hackett Publishing Company, Inc.

James, Willian.(1982b). "Selections from The Principles of Psychology, " in *Pragmatism: The Classic Writings*, edited by H. S. Thayer. Hackett Publishing Company, Inc.

James, Willian. (1982c). "The Will to Believe," in *Pragmatism: The Classic Writings*, edited by 1982b H. S. Thayer. Hackett Publishing Company, Inc.

James, Willian. (1982d). "What Pragmatism Means," in *Pragmatism: The Classic Writings*, edited by H. S. Thayer. Hackett Publishing Company, Inc.

James, Willian. (1982e). "Pragmatism's conception of Truth," in *Pragmatism: The Classic Writings*, edited by H. S. Thayer. Hackett Publishing Company, Inc.

James, Willian. (1982f). "The Tigers in India," in *Pragmatism: The Classic Writings*, edited by H. S. Thayer. Hackett Publishing Company, Inc.

James, Willian. (1982g). "The Meaning of The Word Truth," in *Pragmatism: The Classic Writings*, edited by H. S. Thayer. Hackett Publishing Company, Inc.

James, Willian. （1997）。《實用主義》，陳羽綸、孫瑞禾譯。北京：商務印書館。

Joas, Hans. (1998). "The Inspiration of Pragmatism: Some Personal Remarks", in *The Revival of Pragmatism: New Essays on Social Thought, Law , and Culture*, edited by Morris Dickstein. Duke University Press.

Kant, Immanuel.（1990）。《歷史理性批判文集》，何兆武譯。北京：商務印書館。

Kant, Immanuel.（1996）。《法的形而上學原理》，沈叔萍譯。北京：商務印書館。

Kant, Immanuel.（1999）。《實踐理性批判》，韓水法譯。北京：商務印書館。

Kant, Immanuel.（2002）。《道德形而上學原理》，苗力田譯。上海：上海人民出版社。

Kennedy, Duncan. (1979). "The Structure of Blackstone's Commentaries," 28. *Buffalo Law Review*.

Kloppenberg, James T. (1998a). "Pragmatism an Democracy: Reconstructing the Logic of John Dewey's Faith," in *The Revival of Pragmatism: New Essays on Social Thought, Law, and Culture*, edited by Morris Dickstein. Duke University Press.

Kloppenberg, James T. (1998b). "Pragmatism: An Old Name for Some

New Ways of Thinking?", in *The Revival of Pragmatism: New Essays on Social Thought, Law, and Culture*, edited by Morris Dickstein. Duke University Press.

La Porta, Rafael, et al. (1996). "Law and Finance", *Journal of Political Economy 106*:1113-55.

Le Goff, J. and Nora, P.主編（1988）。《史學研究的新問題新方法新對象：法國新史學發展趨勢》，郝名瑋譯。北京：社會科學文獻出版社。

Lehmann, H. 編（2001）。《韋伯的新教倫理》，閻克文等譯。中國：遼寧教育出版社。

Litowitz, Douglas. (1997). *Postmodern Philosophy and Law*. Kansas University Press.

Levinson, Standford. (1993). "Law as Literature," 60. *Tex. Law Review*.

Lewis, Clarence Irving. (1982). "A Pragmatic Conception of The A Priori," in *Pragmatism: The Classic Writings*, edited by H. S. Thayer. Hackett Publishing Company, Inc.

Linus, Torvalds.（2001）。《Just for Fun ：Linux 創始人托瓦茲自傳》，梁曉鷹譯。台北：經典傳訊出版社。

Linus, Torvalds.（2002）。〈是什麼讓駭客動起來？又名林納斯定律〉，收入《駭客倫理與資訊時代精神》，海莫能著，劉瓊云譯。台北：大塊文化出版社。

Luban, David. (1998). "What's Pragmatic about Legal Pragmatism?", in *The Revival of Pragmatism: New Essays on Social Thought, Law, and Culture*, edited by Morris Dickstein. Duke University Press.

Luban, David. (1999). "What's    Pragmatism about Legal

Pragmatism?," in *The Revival of Pragmatism: New Wssays on Sought, Law, and Culture*, edited by Morris Dickstein. Duck University Press.

Luhmann, N. (1985). *A Sociological Theory of Law*. London: Routledge & Kegan Paul.

Lyotard, Jean-Francois. (1979). *The Postmodern Condition: A Report on Knowledge*, trans. by Geoff Bennington and Brian Massumi. University of Minnesota Press.

Macaulay, Stewart. (1961). "Non-Contractual Relations in Business: A Preliminary Study". *American Sociological Review* 28:55-67.

Macaulay, Stewart, Lawrence Friedman, & John Stokey, eds. (1995). *Law and Society: Readings in the Social Study of Law*. New York: Norton.

Macneil, Ian (1978). "Contracts: Adjustment of Long-Term Economic Relations under Classical, Neoclassical, and Relational Contract Law". *Northwestern University Law Review* 72:854-905.

Macneil, Ian (1985). "Relational Contracting: What We Do and Do Not Know". *Wisconsin Law Review*, 483-525.

Macaulay, Stewart, Lawrence Friedman, & John Stokey, eds. （1994）。《新社會契約論》，雷喜寧、潘勤譯。中國政法大學出版社。

Macquarrie, John. （1997）。《談論上帝》，安慶國譯。中國四川：四川人民出版社。

Marx, Karl. （1962a）。《黑格爾法哲學批判及導言》，馬克思恩格斯全集。北京：人民出版社。

Marx, Karl. （1962b）。《政治經濟學批判》，馬克思恩格斯全集。北京：人民出版社。

Marx, Karl.（1962c）。《路易‧波拿巴的霧月十八》，馬克思恩格斯全集。北京：人民出版社。

Marx, Karl.（1962d）。《論猶太人問題》，馬克思恩格斯全集。北京：人民出版社。

Marx, Karl.（1962e）。《黑格爾法哲學批判及導言》，馬克思恩格斯全集。北京：人民出版社。

Marx, Karl.（1962f）。《資本論》，馬克思恩格斯全集。北京：人民出版社。

Mead, George Herbert. (1982a). "Social Consciousness and The Consciousness of Meaning", in *Pragmatism: The Classic Writings*, edited by H. S. Thayer. Hackett Publishing Company, Inc.

Mead, George Herbert. (1982b). "The Social Self", in *Pragmatism: The Classic Writings*, edited by H. S. Thayer. Hackett Publishing Company, Inc.

Menand, Louis. (1998). "Pragmatists and Poets: A Response to Richard Poirier", in *The Revival of Pragmatism: New Essays on Social Thought, Law, and Culture*, edited by Morris Dickstein. Duke University Press.

Miller, James.（1995）。《傅柯的生死愛欲》，高毅譯。台北：時報文化出版社。

Minda, Gary (1995). *Postmodern Legal Movement: Law and Jurisprudence at Centry's End*. New York University Press.

Monateri, Pier Giuseppe.（2002）。〈黑色蓋尤斯：尋求西方法律傳統的多重文化淵源〉，周靜譯，收入《當代西方後現代法學》，朱景文主編。北京：法律出版社。

Morgenbesser, Sidney. (1998). "Response to Hilart Putnam's"

Pragmatism and Realism", in *The Revival of Pragmatism: New Essays on Social Thought, Law, and Culture*, edited by Morris Dickstein. Duke University Press.

Neocleous, Mark. (1995). "From Civil Society to the Social", *The British Journal of Sociology 46*: 395-408.

Nietzsche, Friedrich.（2000a）。《論道德的系譜‧善惡之彼岸》，謝地坤等譯。廣西：漓江出版社。

Nietzsche, Friedrich.（2000b）。《權力意志：重估一切價值的嘗試》，張念東、凌素心譯。北京：中央編譯社。

Nietzsche, Friedrich.（2001）。《快樂的知識》，黃明嘉譯。北京：中央編譯出版社。

Parsons, T. (1954). "A Sociological looks at the Legal Profession", in *Parsons' Essays in Sociological Theory*. Giencoe: Free Press.

Parsons, T. (1962). "The Law and Social Control", in *Evan's Law and Sociology: Exploratory Essays*. Illinois: Free Press.

Peirce, Charles Sanders. (1982a). "Definition and Description of Pragmatism", in *Pragmatism: The Classic Writings*, edited by H. S. Thayer. Hackett Publishing Company, Inc.

Peirce, Charles Sanders. (1982b). "The Fixation of Belief", in *Pragmatism: The Classic Writings*, edited by H. S. Thayer. Hackett Publishing Company, Inc.

Peirce, Charles Sanders. (1982c). "How To Make Our Ideas Clear", in *Pragmatism: The Classic Writings*, edited by H. S. Thayer. Hackett Publishing Company, Inc.

Peirce, Charles Sanders. (1982d). "What Pragmatism Is", in *Pragmatism: The Classic Writings*, edited by H. S. Thayer. Hackett Publishing Company, Inc.

Peller, Gary. (1985). "The Metaphysics of American Law", 73. *California Law Review*.

Poirier, Richard. (1998). "Why Do Pragmatists Want to Be Like Poets?", in *The Revival of Pragmatism: New Essays on Social Thought, Law, and Culture*, edited by Morris Dickstein. Duke University Press.

Popper, Karl.（1975）。《開放社會及及敵人》。台北：桂冠出版社。

Popper, Karl.（2003）。《客觀的知識》，舒煒光等譯。中國杭州：中國美術學院出版社。

Posner, Richard A.（1994）。《法理學問題》，蘇力譯。北京：中國政法大學出版社。

Posner, Richard A. (1997). *Overcoming Law*. Harvard University Press.

Posner, Richard A. (1998). "Pragmatic Adjudication", in *The Revival of Pragmatism: New Essays on Social Thought, Law, and Culture*, edited by Morris Dickstein. Duke University Press.

Posner, Richard A. (1999). "Pragmaic Adjudictation", in *The Revival of Pragmatism: New Wssays on Sought, Law, and Culture*, edited by Morris Dickstein. Duck University Press.

Posner, Richard A.（2001）。《超越法律》，蘇力譯。北京：中國政法大學出版社。

Posner, Richard A.（2002a）。《道德和法律理論的疑問》，蘇力譯。台北：元照出版社。

Posner, Richard A.（2002b）。《性與理性》，蘇力譯。北京：中國政法大學出版社。

Posner, Richard A.（2002c）。《性與理性（上）：性史與性理

論》，高忠義譯。台北：桂冠圖書股份有限公司。

Posner, Richard A.（2002d）。《性與理性（下）：性規範》，高忠義譯。台北：桂冠圖書股份有限公司。

Posnock, Ross. (1998). "Going Astray, Going Forward: Du Boisian Pragmatism and Its Lineage", in *The Revival of Pragmatism: New Essays on Social Thought, Law, and Culture*, edited by Morris Dickstein. Duke University Press.

Purnam, Hilary. (1998). "Pragmatism and Realism", in *The Revival of Pragmatism: New Essays on Social Thought, Law, and Culture*, edited by Morris Dickstein. Duke University Press.

Putnam, Ruth Anna. (1998). "The Moral Impulse", in *The Revival of Pragmatism: New Essays on Social Thought, Law, and Culture*, edited by Morris Dickstein. Duke University Press.

Rawls, J. (1993). *Political Liberalism*. Columbia University Press.

Rawls, J.（1997）。《正義論》，何懷宏、何包鋼、廖申白等譯。北京：中國社會科學出版社。

Rawls, J. (1999). *A Theory of Justice*. The Belknap Press of Harvard University Press.

Rawls, J.（2000）。《政治自由主義》，方俊人譯。南京：譯林出版社。

Rawls, J.（2003）。《道德哲學史講義》，張國清譯。上海：三聯書店。

Raz, Joseph. (1975). *Practical Reason and Norms*. Oxford University Press.

Raz, Joseph. (1986). *The Morality of Freedom*. Oxford University Press.

Raz, Joseph. (1999). *Engaging Reason*. Oxford University Press.

Rheinstein, Max. (1954). *Weber on Law in Economy and Society*, edited with introd. and annotations by Max Rheinstein. Harvard University Press.

Ricoeur, Paul.（1994）。《歷史學家的技藝與貢獻》，王建華譯。香港：牛津大學出版社。

Rosenfeld, Michel. (1999). "Pragmatism, Pluralism, and Legal Interpretation: Posner's and Rotary's Justice without Metaphysics Meets Hate Speech", in *The Revival of Pragmatism: New Essays on Sought, Law, and Culture*, edited by Morris Dickstein. Duck University Press.

Rotary, Richard. (1979). *Philosophy and the Mirror of Nature*. Princeton University Press.

Rotary, Richard. (1998a). "Pragmatism as Romantic Polytheism", in *The Revival of Pragmatism: New Essays on Social Thought, Law, and Culture*, edited by Morris Dickstein. Duke University Press.

Rotary, Richard. (1998b). "Pragmatism and Law: A Response to David Luban", in *The Revival of Pragmatism: New Essays on Social Thought, Law, and Culture*, edited by Morris Dickstein. Duke University Press.

Rotary, Richard. (1999). "Pragmatism and Law: A Response to David Luban", in *The Revival of Pragmatism: New Essays on Sought, Law, and Culture*, edited by Morris Dickstein. Duck University Press.

Rosenfeld, Michel. (1998). "Pragmatism, Pluralism, and Legal Interpretation: Posner's and Rorty's Justice without Metaphysics Meets Hate Speech", in T*he Revival of Pragmatism: New Essays on Social Thought, Law, and Culture*, edited by Morris Dickstein.

Duke University Press.

Schluchter, Wolfgang. (1981). *The Rise of Western Rationalism: Max Weber's Developmental History*. Berkerly University of California Press.

Schluchter, Wolfgang.（1986）。《理性化與官僚化》，顧忠華譯。台北：聯經出版事業公司。

Schluchter, Wolfgang.（2001）。〈信念與責任：馬克思、韋伯論倫理〉，收入《思想與社會第一輯：韋伯：法律與價值》，李康譯。上海：上海人民出版社。

Selznick, P. (1969). *Law, Society, and Industry Justice*. New York: Russell Sage Foundation.

Shapin, Steven.（2002）。《真理的社會史：十七世紀英國的文明與科學》，趙萬里等譯。中國江西省：江西教育出版社。

Sherman, Barrie, & Phil Judkins.（1995）。《虛擬真實》，金祖詠譯。台北：時報文化出版社。

Smith, Munro.（1987）。《歐陸法律發達史》，姚鎮海譯。台北：商務印書館。

Singer, Beth J. (1999). *Pragmatism, Right, and Democracy*. Fordham University Press.

Singer, Beth J.（2001）。《實用主義、權利與民主》，王守昌等譯。上海：上海譯文出版社。

Subrin, Stephen N., & Margaret Y. K. Woo.（2002）。《美國民事訴訟的真諦》，蔡彥敏、徐卉譯。北京：法律出版社。

Swedberg, Richard. (2003). *Principles of Economic Sociology*. Princeton University Press.

Taylor, Charles. (1989). *Sources of Self: The Making of the Modern Identity*. Harvard University Press.

Taylor, Charles. (1994). *Multiculturalism: Examining the Politics of Recognition*. Princeton University Press.

Taylor, Charles. （2001）。《自我認同的根源：現代認同的形成》，韓震等譯。南京：譯林出版社。

Thompson, Edward P. （2001）。《英國工人階級的形成》，錢成旦等譯。南京：譯林出版社。

Tiger, Michael E., & Levy, Madeleine R. (1977). *Law and the Rise of Capitalism*. New York: Monthly Review Press.

Tiger, Michael E., & Levy, Madeleine R. （1996）。《法律與資本主義的興起》，紀琨譯，上海：學林出版社。

Thayer, H. S. edited. (1982). *Pragmatism: The Classic Writings*. Hackett Publishing Company, Inc.

Tocqueville, Alexis De. （1994）。《舊制度與大革命》，馮棠譯。香港：牛津大學出版社。

Tocqueville, Alexis De. （1996）。《論美國民主政治》，董果良譯。北京：商務印書館。

Tocqueville, Alexis De. (1997). *Democracy in America*, revised by Francis Bowen. New York: Alfred A. Knop.

Tocqueville, Alexis De. (1998). *The Old Regime and the Revolution*, trasn. By Alan S. Kahan. The University of Chicago Press.

Tonnies, Ferdinand. （1999）。《共同體與社會》，林榮遠譯。北京：商務印書館。

Troeltsch, Ernst. (1956). *The Social Teaching of the Christian Churches*, trans. by Olive Wyon. New York: The Macmilian Company.

Troeltsch, Ernst. （1960）。《基督教社會思想史》，戴盛虞、趙振嵩譯。香港：基督教輔僑出版社。

Unger, Roberto Mangabeira. （2000）。《現代社會的法律》，王佳煌譯。台北：商周出版社。

Unger, Robert. (1983). "The Critical Legal Studies Movement", *96 Hardvard Law Review.*

Vinogradoff, Paul. （1996）。《法的常識》，陳柏齡譯。台北：協志工業叢書。

Veyne, Paul. (1984). *Writing History*. Wesleyan University Press.

Von Jhering, Rudolph. （1996）。《為權利而抗爭》，林文雄譯。台北：協志工業叢書。

Von Jhering, Rudolph. (1997). *The Struggle for Law*, trans by Hohn J. Lalor. New Jersey: The Lawbook Exchange, LTD.

Von Jhering, Rudolph. （1999）。《法律的鬥爭》，薩孟武譯，收入《民法實例演習：民法總則》，王澤鑑著。台北：三民書局。

Walton, Paul. (1991). "Max Weber's Sociology of Law", in Peter Hamilton ed. *Max Weber: Critical Assessment l*. London and N.Y.: Routledge.

Weber, Max. （1957）。《法社會學》，石尾芳久譯（日譯）。京都：法律文化社。

Weber, Max. (1962). *The Protestant Ethic and the Spirit of Capitalism*, trans. by Talcott Parsons. London: George Allen & Unwin.

Weber, Max. (1978). *Economy and Society*, edited by G. Roth and C. Wittich. University of California Press.

Weber, Max. (1980). *Wirtschaft und Gesellschaft: Grundriss der ver - stehenden Soziologie*, besorgt von Johannes Winckelmann. Tubingen: Mohr.

Weber, Max. （1992a）。《宗教與世界：韋伯選集（II）》，康樂、簡惠美譯。台北：遠流出版社。

Weber, Max.（1992b）。《社會科學方法論》，黃振華與張、健
　　譯。台北：時報文化出版企業有限公司。

Weber, Max.（1993a）。《宗教社會學》，康樂、簡惠美譯。台北：
　　遠流出版社。

Weber, Max.（1993c）。《非正當性的支配──城市的類型學》，康
　　樂、簡惠美譯。台北：遠流出版社。

Weber, Max.（2001）。《新教倫理與資本主義精神》，于曉等譯。
　　台北：左岸出版社。

Weber, Max.（2003）。《法律社會學》，簡惠美譯。台北：巨流出
　　版社。

Weisberg, Richard H. (1984). *The Failure of the Word: The Lawyer as
　　Protagonist in Modern Fiction.* Yale University Press.

Weisberg, Richard H. (1998). "It's a Positivist, It's a Pragmatist, It's a
　　Codifier! Reflections on Nietzsche and Stendhal", in *The Revival
　　of Pragmatism: New Essays on Social Thought, Law, and Culture*,
　　edited by Morris Dickstein. Duke University Press.

Weisberg, Richard H. (1999). "It's a Positive, It's a Pragmatism, It's a
　　Codifier! Reflections on Nietzsche and Stenfhal", in *The Revival
　　of Pragmatism: New Essays on Sought, Law, and Culture*, edited
　　by Morris Dickstein. Duck University Press.

Westbrook, Robert B. (1998). "Pragmatism and Democracy:
　　Reconstructing the Logic of John Dewey's Faith", in *The Revival
　　of Pragmatism: New Essays on Social Thought, Law, and Culture*,
　　edited by Morris Dickstein. Duke University Press.

White, James B. (1973). *The Legal Imagination: Studies in the Nature
　　of Legal Thought and Expression.* Boston: Little, Brown & Co..

Windelband, Wilhelm.（2000）。《西洋哲學史》，羅達仁譯。台

北：商務印書館。

Wittgenstein, Ludwig.（2002）。《哲學研究》，李步樓譯。北京：商務印書館。

Wolfe, Alan. (1998). "The Missing Pragmatic Revival in American Social Science", in *The Revival of Pragmatism: New Essays on Social Thought, Law, and Culture*, edited by Morris Dickstein. Duke University Press.

Zane, John Maxcy. (1927). *Story of Law*. New York: Ives Washburn.

Zane, John Maxcy （1999）。《法律的故事》，劉昕、胡凝譯。台北：商周出版社。

Zelizer, Viviana. (1979). *Morals and Markets: The Development of Life Insurance in the United States*. New York: Columbia University Press.

Zelizer, Viviana. (1994). *The Social Meaning of Money*. New York: Basic Books.

# 索　引

人文主義 93, 212, 274

入世禁慾主義 74, 78, 79, 82, 134, 136,
　283, 286

工人階級 76, 109, 123, 142, 149, 153,
　156, 157, 158, 163, 177, 178, 185, 187,
　192, 193, 194, 197, 227, 280, 281, 294

工具理性 130, 155, 218, 305, 306

中世紀的商業法 282

中世紀職工 272

互為主體 52, 83, 84, 238, 266, 305

內在道德 44, 45, 46, 51, 52

公共性 publicity 39, 87, 89, 90, 133, 139,
　149, 156, 162, 163, 173, 175, 176, 177,
　178, 179, 187, 190, 191, 192, 193, 194,
　196, 197, 213, 224, 226, 234, 246, 247,
　266, 270, 274, 276, 278, 280, 281, 282,
　287, 307

反思性 264

天職（Beruf）284, 297

戈德曼 Goldman, Harvey S. 133, 136

文化上的救贖 150, 152

文明事實 5, 104, 106, 107, 125, 126

文藝復興 212, 274

牛京輝 74

王泰升 4, 6, 9, 10, 11

王澤鑑 166

兄弟會 214, 221, 271, 273, 282, 297

迦達默爾 Gadamer, H. G. 37, 46, 47, 48,
　56, 83, 97, 98, 99, 103, 104, 111, 112,
　113, 114, 116, 117, 122, 123, 125, 126,
　302, 303, 306

功利主義 18, 39, 48, 64, 65, 66, 71, 74,
　75, 76, 78, 80, 81, 82, 83, 88, 121, 131,
　134, 153, 154, 202, 215, 233, 234, 236,

237, 240, 248, 249, 285

包利民 67

卡迪 kadi 184

古典自然法 15, 16, 17, 18

史托曼 Stallman, Richard 277, 278

外在道德 44, 46, 51, 52

尼采 Nietzsche, Friedrich 19, 23, 48, 123,
　218, 236, 238, 257, 268, 305

市民社會 170, 171, 172, 173, 175, 176,
　179, 187, 188, 189, 190, 191, 192, 193,
　194, 195, 202, 203

布狄厄 Bourdieu, Pierre 65, 92, 94, 129,
　135, 136, 137, 138, 139, 140, 141, 142,
　143, 149, 150, 151, 152, 153, 156, 157,
　158

布洛赫 Bloch, March 97, 105, 107, 108,
　109, 110, 123, 124, 140, 179

布勞岱 Braudel, Fernand 93, 97, 105,
　106, 109, 110, 123, 124, 148, 244, 245,
　246, 274, 140, 148, 168

布爾喬亞 28, 108, 109, 120, 123, 132,
　141, 142, 143, 144, 145, 146, 147, 148,
　149, 150, 151, 152, 153, 156, 157, 158,
　162, 181, 182, 183, 185, 187, 190, 192,
　194, 196, 197, 214, 215, 220, 221, 222,
　225, 226, 227, 268, 269, 270, 273, 281,
　282, 287, 297

本真性（authenticity）60

未明的韋伯 The Shadow of Weber 21,
　22, 23, 24, 39, 40, 85, 88, 89, 207, 216,
　218, 260, 263, 264, 267, 297, 301, 306,
　307, 308

生活態度 Lebensfuhrung 2, 7, 66, 72, 75,
　78, 79, 81, 83, 87, 88, 94, 123, 129,

130, 131, 134, 135, 136, 137, 140, 142,
144, 146, 148, 149, 153, 154, 155, 156,
158, 159, 226, 253, 261, 262, 263, 266,
268, 275, 278, 281, 283, 284, 286, 287,
292, 293, 294, 296, 298, 299, 306, 307
皮爾斯 Peirce, Charles Sanders 39, 50,
84, 233, 238
交往理性 2, 5, 39, 59, 61, 62, 63, 83, 84,
85, 86, 87, 89, 264, 267, 297, 298, 305
休謨 Hume, David 18, 41, 42, 64, 68, 73,
74, 75, 121, 122, 134, 153, 303
共同體與社會 8
共通感 Sensus communis 113, 114
合理化理性言說 7, 87, 138, 199, 200,
203, 204, 207, 210, 215, 216, 221, 226,
235, 238, 242, 249, 276, 278, 283, 286,
298, 299, 307
年鑑史學 5, 7, 26, 92, 97, 98, 99, 103,
104, 105, 106, 108, 109, 110, 111, 113,
122, 123, 124, 125, 140, 218, 244, 250,
267
托克維爾 Tocqueville, Alexis De 28, 226,
231, 238, 239, 240, 241, 242, 243, 244,
245, 246, 247, 248, 249, 250, 251, 252,
253, 289, 290
有機連帶 8, 76, 114, 275, 282
朱景文 19
此在 Da Sein 42, 68, 114, 115, 116, 182,
206, 306
江宜樺 206, 227
米德 Mead, George Herbert 39, 50,
66, 224, 233, 248
自由軟體之歌 277, 278
自找生成（autopoiesis）15, 63
自我認識 47, 80, 86, 104, 114, 117, 118,
122, 123, 125, 135, 259, 276, 279, 301,
302, 303, 305, 306
自我競爭 135, 137, 149
自律 2, 7, 23, 43, 44, 45, 51, 52, 77, 78,

79, 80, 86, 87, 88, 92, 94, 101, 109,
129, 130, 131, 132, 133, 134, 135, 136,
137, 138, 139, 142, 144, 149, 153, 154,
155, 156, 158, 159, 226, 253, 263, 266,
267, 276, 278, 281, 283, 284, 286, 287,
293, 297, 298, 299, 304, 305, 306, 307
自然法 15, 16, 17, 18, 38, 40, 41, 42, 43,
44, 45, 46, 49, 51, 53, 55, 56, 57, 58,
61, 62, 64, 86, 87, 129, 130, 162, 181,
183, 184, 186, 215, 217, 274, 285, 306
艾利亞斯 Elias, Norbert 94, 106, 108,
109, 124, 129, 135, 136, 137, 138, 139,
140, 141, 142, 143, 144, 145, 146, 149,
150, 151, 155, 156, 157, 158, 196, 225,
306
西方法律文明 1, 3, 5, 7, 8, 9, 20, 21, 22,
25, 26, 27, 28, 29, 35, 36, 37, 38, 39,
40, 59, 63, 85, 87, 89, 97, 99, 100, 101,
102, 103, 104, 125, 129, 133, 136, 137,
138, 159, 166, 184, 196, 199, 200, 201,
202, 203, 212, 217, 219, 222, 227, 228,
235, 248, 253, 254, 273, 276, 277, 278,
280, 287, 289, 298, 299, 301, 302, 303,
306, 307, 308, 309
西塞羅 Cicero, Marcus Tullius 29, 38,
207, 208
伯爾曼 Berman, Harold J. 17, 45, 212,
214, 217, 218, 221, 222, 253, 273
利科 Paul, Ricoeur 110
宋巴特 Sombart, Werner 120, 139, 140
李猛 216, 217, 222, 227
李凱爾特 Rickert, Heinrch 122
杜威 Dewey, John 233
沙龍文化 262, 263
沈宗靈 35, 37
狄爾泰 Dilthey, Wilhelm 99, 112, 122
私有財產 10, 11, 101, 168, 169, 176, 190,
226, 237, 258, 270
亞里斯多德 29, 37, 38, 67, 68, 69, 71,

115, 204, 205, 206, 207, 208, 209, 214, 246

亞當斯密 74, 75, 121, 193, 215, 234, 237, 256, 280, 285, 286, 303

孟德斯鳩 29, 215, 226, 246, 248

宗教改革 67, 93, 210, 211, 212, 216

宗教法庭 210, 211, 214, 273

宗教倫理 25, 28, 78, 79, 81, 82, 88, 123, 218, 224, 225, 226, 227, 239, 248, 250, 254, 261, 262, 263, 268, 269, 271, 272, 275, 282, 283, 284, 286, 289, 290, 292, 296, 297

性主體 268

所羅門王 27

拉茲 Raz, Joseph 49

明希豪森的三重困境 Munchhausen Trilemma 53, 54, 55

林納斯 Linus, Torvalds 288, 289, 290, 291, 292, 295

林端 21, 22, 216, 219, 220, 227

波斯納 Posner, Richard A. 16, 19, 35, 36, 40, 42, 45, 46, 48, 49, 50, 51, 52, 53, 56, 57, 59, 86, 129, 235, 236, 237, 256, 257, 259, 266, 304

法律「形式且實質」合理化 24

法律人 17, 26, 51, 219

法律合理化 1, 2, 3, 5, 7, 9, 11, 12, 14, 20, 23, 27, 61, 65, 66, 75, 90, 91, 133, 181, 184, 185, 216, 217, 218, 219, 220, 221, 222, 225, 226, 227, 249, 255, 259, 260, 265, 267, 269, 270, 271, 272, 273, 274, 275, 276, 303, 308

法律形式合理化 20, 57, 81, 82, 86, 87, 88, 129, 132, 154, 182, 217, 260, 263, 272, 274, 275

法律實質合理化 20, 21, 57, 65, 88, 129, 260, 263, 274

法律論證理論 53, 54, 129, 199, 200

法國大革命 92, 93, 94, 100, 147, 148, 149, 158, 178, 183, 184, 185, 195, 209, 226, 239, 240, 242, 243, 244, 247, 251, 252, 259, 274

社會的存在 26, 27, 50, 76, 81, 83, 86, 124, 140, 162, 188, 189, 220, 224, 266

社會的時間 124

社會契約論 166, 167, 168, 175, 196, 215, 256, 270, 271, 272, 282

金剛經 24

長時段 5, 7, 35, 97, 98, 99, 102, 103, 104, 105, 107, 109, 110, 111, 122, 123, 124, 125, 126, 155, 247, 305

阿列格西 Alexy, Robert 16, 36, 52, 53, 54, 55, 56, 57, 59, 86, 129, 199, 200, 288

阿奎那 Aquinas, Thomas 29, 38, 67

哈伯瑪斯 Habermas, Jugen 20, 22, 25, 28, 33, 36, 37, 38, 39, 50, 52, 54, 57, 58, 59, 60, 61, 62, 63, 64, 65, 82, 83, 84, 85, 86, 87, 88, 89, 93, 108, 116, 129, 130, 131, 135, 136, 199, 200, 206, 207, 217, 222, 224, 225, 227, 233, 238, 264, 266, 267, 268, 269, 296, 298, 305, 306, 307

哈特 Hart, H. L. A. 15, 18, 34, 35, 36, 40, 41, 42, 43, 44, 45, 46, 49, 50, 51, 52, 53, 55, 57, 59, 72, 73, 85, 129, 216

施萊爾馬赫 99, 112

柏拉圖 29, 37, 38, 67, 71, 115, 178, 204, 207, 208, 209, 261, 293

洪鎌德 22, 216

派深思 Parsons, T. 22, 66, 99, 216, 217, 220, 298

相互承認的鬥爭 61, 63

看不見的手 285, 286

研究者主體 121, 122

突尼斯 Tonnies, Ferdinand 8, 223

紀登斯 Giddens, Anthony 264, 275

科殷 Coing, Helmut 35

胡賽爾 99, 112, 113, 114, 115, 116, 117, 125

韋伯 Max Weber 1, 6, 7, 14, 20, 21, 22, 23, 24, 25, 26, 36, 37, 38, 39, 40, 54, 57, 58, 60, 61, 63, 64, 65, 66, 74, 75, 76, 77, 78, 79, 80, 81, 82, 83, 84, 85, 87, 88, 89, 92, 98, 99, 103, 104, 116, 118, 119, 120, 121, 122, 123, 126, 129, 130, 131, 132, 133, 134, 135, 136, 137, 139, 141, 142, 153, 154, 155, 156, 161, 162, 163, 166, 167, 179, 180, 181, 182, 183, 184, 185, 186, 187, 194, 195, 196, 197, 200, 211, 216, 217, 218, 219, 220, 221, 222, 223, 224, 225, 226, 227, 231, 233, 234, 239, 248, 253, 255, 256, 259, 260, 261, 262, 263, 267, 268, 269, 271, 272, 273, 274, 275, 277, 279, 280, 283, 284, 285, 286, 287, 289, 290, 292, 295, 296, 297, 298, 301, 302, 303, 304, 305, 306, 307, 308

個體崇拜（cult of individual）275

宮廷社會 108, 109, 139, 140, 142, 144, 146, 147, 149, 151, 158

徐敏雄 238, 239

泰格與列維 Tiger, Michael E. & Levy, Madeleine R. 161, 162, 163, 218, 221, 222, 225, 273

海芙納與馬可夫 287, 288

海耶克 Hayek, T. A. V. 63, 64, 65

海莫能 Himanen, Pekka 254, 277, 287, 288, 289, 290, 291, 292, 293, 294, 295, 296, 297, 298, 308

海德格 Heidegger, Martin 67, 99, 112, 114, 115, 116, 117, 122, 123, 125, 126, 206, 207, 302, 303, 306

特爾慈 Troeltsch, Ernst 211, 239, 254, 289, 290

虔信宗 78, 234

馬丁路德 Martin Luther 210, 211, 254, 284

馬克思 Marx, Karl 26, 93, 108, 109, 133, 139, 140, 141, 142, 149, 152, 161, 162, 163, 166, 167, 168, 170, 173, 174, 175, 176, 177, 178, 179, 185, 186, 187, 188, 189, 190, 191, 192, 193, 194, 195, 196, 197, 219, 222, 223, 224, 226, 227, 237, 244, 248, 256, 278, 279, 280, 281, 282

高承恕 1, 98, 103

涂爾幹 Durkheim, Emile 5, 8, 39, 66, 76, 77, 97, 105, 107, 108, 109, 114, 139, 140, 152, 154, 256, 275, 279, 280, 281, 282, 283, 285, 286 226, 227, 256, 275, 279, 280, 281, 282, 283, 285, 286

商權 45, 90, 212, 214, 254, 282

專業倫理 24, 25, 27, 132, 217, 218, 224, 225, 226, 227, 249, 252, 268, 273, 278, 279, 280, 281, 282, 283, 284, 286, 287, 289, 290, 292, 293, 294, 297, 298, 299

基佐 Guizot, Fancolos Pierre Gullaume 106, 107, 109, 250

康托羅維茲 Kantorowicz, Hermann, 5, 34, 69, 70, 168

康德 Kant, Immanuel 25, 26, 34, 39, 42, 45, 54, 59, 60, 63, 64, 65, 66, 68, 69, 70, 71, 74, 75, 76, 81, 83, 106, 114, 117, 121, 122, 124, 129, 130, 131, 132, 133, 134, 136, 137, 150, 151, 153, 154, 156, 162, 163, 166, 167, 168, 169, 170, 173, 185, 186, 256, 264, 270, 296, 303, 305, 306

教會組織 67, 78, 180

教養（Bildung）132, 155

教權 45, 180, 181, 209, 213, 214, 215, 222, 254

欲求（Anspruch）37, 47, 52, 55, 80, 104, 122, 123

理念型 104, 118, 119, 120, 121, 122, 123, 126, 155, 218, 222

理性主義 49, 53, 64, 75, 111, 124, 131, 214, 234, 236, 237, 238, 274

理性言說 57, 67, 71, 199, 200, 201, 203, 204, 206, 207, 209, 210, 212, 214, 215, 225, 226, 228, 234, 249, 253, 287, 295

理性論證 16, 41, 53, 54, 55, 56, 86, 87, 199, 200, 201

理論理性 67, 68, 69

許路赫特 Schluchter, Wolfgang 22, 25, 217, 220, 222, 296

責任性道德 18, 43, 44, 130

陳介玄 1, 216, 219, 220, 227

陳聰富 216

傅柯 Foucault, Michel 65, 72, 93, 99, 101, 103, 104, 212, 218, 256, 257, 259, 263, 264, 265, 266, 267, 268, 269

喀爾文教派 24, 25, 42, 74, 78, 79, 80, 81, 82, 122, 134, 135, 153, 154, 211, 284, 286, 303

富勒 Fuller, Lon L. 15, 18, 36, 43, 44, 45, 46, 51, 52, 53, 56, 57, 59, 61, 86, 129, 130, 162, 306

斯賓諾莎 Spinoza, Bauch de 216

曾豹慶 210, 211, 227

湯普森（Thompson, E. P.） 280

渴望性道德 18, 43, 44, 46, 130

絕對精神 162, 169, 170, 172, 173, 174, 175, 178, 179, 186, 187, 191, 194, 281, 306

萊恩斯坦 Rheinstein, Max 216

視野融合 7, 98, 99, 104, 111, 114, 117, 118, 122, 125, 301, 303

費弗爾 Febvre, Lucien 97, 105, 106, 107, 109, 110, 124

馮耶林 Von Jhering, Rudolph 26, 161, 166

黑格爾 Hegel, G.W.F 25, 26, 59, 76, 112, 115, 116, 117, 118, 124, 132, 133, 155, 161, 162, 166, 167, 168, 169, 170, 171, 172, 173, 174, 175, 176, 177, 178, 179, 185, 186, 187, 188, 189, 190, 191, 192, 193, 194, 195, 196, 197, 215, 223, 224, 248, 256, 270, 278, 279, 281, 282, 287, 306

奧古斯丁 Augustine, Aurelius 26, 38, 42, 208, 209, 214, 254, 298

奧斯丁 Austin, John 40, 41, 50, 54, 73, 199

新教倫理 23, 24, 36, 64, 66, 74, 75, 77, 78, 79, 80, 81, 82, 119, 121, 122, 129, 130, 133, 134, 135, 136, 137, 153, 154, 155, 222, 224, 225, 233, 234, 248, 253, 254, 262, 263, 272, 279, 280, 283, 285, 286, 287, 289, 290, 292, 295, 297, 298, 299, 301, 303, 308

經濟行動 21, 23, 64, 75, 76, 77, 78, 79, 80, 81, 82, 83, 84, 85, 88, 133, 135, 136, 154

經驗主義 18, 41, 53, 104, 111, 113, 121, 124, 131, 134, 153, 173, 175, 233, 234, 302

詹姆士 James, Willian 48, 232, 233

資本主義 4, 5, 23, 24, 29, 36, 64, 66, 74, 75, 78, 79, 80, 82, 88, 89, 108, 110, 119, 120, 121, 129, 134, 135, 136, 140, 149, 154, 155, 161, 168, 174, 177, 178, 182, 190, 192, 195, 212, 218, 222, 224, 248, 253, 260, 268, 271, 272, 279, 280, 283, 284, 289, 290, 292, 294, 297, 298, 301, 303

道德性 44

預定論 78, 284

實用主義 232, 233, 234, 235, 236, 237, 238, 248, 249, 252, 253, 254, 266, 298

實用主義法學 16, 18, 19, 231, 232, 235, 236, 237, 238, 239, 304, 308

實踐理性 1, 3, 6, 7, 8, 23, 38, 39, 52, 53, 54, 56, 59, 61, 62, 63, 64, 65, 66, 67,

68, 69, 70, 71, 74, 75, 76, 77, 80, 81,
82, 83, 84, 87, 91, 121, 131, 132, 134,
136, 153, 154, 161, 162, 163, 196, 197,
201, 217, 226, 227, 256, 260, 264, 265,
266, 268, 269, 274, 275, 276, 278, 281,
287, 304, 305, 306, 307

實證主義法學 15, 18, 35, 46, 48, 49, 50,
52, 53, 56, 66, 67, 74, 86, 87, 129, 306

福雷 Furet, Francois 93

精神科學的歷史 98, 103, 125

維尼 Veyne, Paul 103, 104, 110, 111

維柯 Vico, J. B. 113, 114

維根斯坦 Wittgenstein, Ludwig 54, 199,
234

蒙納特里 Monateri, Pier Giuseppe 13,
100

語用學 39, 50, 83, 84, 238

語言分析 19, 50, 54, 56, 71, 199, 233,
234, 238

語言哲學 53, 54, 112, 113, 199, 200, 234,
254

趙敦華 166, 167

齊末爾 Simmel Georg 138

劉維公 135

德安特佛斯 d’Entreves, A. P 43, 45, 274

德沃金 Dworkin, Ronald 3, 16, 19, 20,
36, 37, 40, 42, 45, 46, 47, 48, 49, 50,
51, 52, 53, 56, 57, 59, 60, 71, 86, 129,
167, 306

暴力人文主義 93, 215, 274

鄭戈 216, 217

儒家倫理 3, 4, 219, 307

儒家體制 218

學術共和國 39, 84

整體理解 14, 20, 52, 86, 98, 123, 199,
202, 228, 301

機械連帶 8, 275, 282

盧曼 Luhmann, Niklas 5, 6, 15, 22, 54,
57, 58, 64, 95, 129, 130, 199

盧梭 Rousseau, Jean Jacques 29, 166,
167, 168, 169, 193, 215, 218, 226

選擇性親近 217, 260, 308

霍維茲 Horwitz, Morton J. 165

駭客 277, 278, 279, 287, 288, 289, 290,
291, 292, 293, 294, 295, 299, 308

駭客倫理 252, 254, 277, 278, 288, 289,
290, 291, 292, 293, 294, 295, 296, 297,
298, 299, 308

擬似階級 157, 163, 197

擬似經濟行動 75, 77, 78, 80

獵殺女巫 226

簡惠美 135

藍克 112, 119, 121

顏厥安 6, 53, 54, 55, 132, 200

羅馬法 5, 13, 100, 101, 179, 180, 182,
183, 185, 207, 214, 215, 222, 234, 235,
237, 269, 270, 272, 273, 274

羅爾斯 Rawls, J. 42, 47, 48, 60, 64, 74,
122, 153, 166, 167, 196

贊恩 Zane, John Maxcy 208

邊沁 Benthan, Jeremy 18, 41, 54, 64, 65,
66, 71, 72, 73, 74, 75, 80, 81, 121, 137,
153, 154, 156

繼受 4, 9, 14, 21, 22, 34, 50, 56, 88, 101,
114, 131, 138, 155, 162, 180, 201, 210,
228, 243, 254, 257, 267, 273, 307, 308

鐵的牢籠 23, 24, 79, 82, 130, 135, 136,
218, 234

國家圖書館出版品預行編目資料

法律與社會：西方法律文明與未明的韋伯 / 王崇
名著. -- 初版. -- 台北市：揚智文化, 2004[民
93]
　　面；　公分. -- （社會叢書；34）
參考書目：面
含索引
ISBN　957-818-617-7（平裝）

1. 韋伯(Weber, Max, 1864-1920) – 學術思
想 – 法律　2. 法律與社會

580.163　　　　　　　　　　　　　93004334

# 法律與社會
## ——西方法律文明與未明的韋伯　　社會叢書 34

著　　　者／王崇名
出　版　者／揚智文化事業股份有限公司
發　行　人／葉忠賢
總　編　輯／林新倫
執行編輯／張何甄
登　記　證／局版北市業字第 1117 號
地　　　址／台北市新生南路三段 88 號 5 樓之 6
電　　　話／(02)2366-0309
傳　　　真／(02)2366-0310
E - m a i l／service@ycrc.com.tw
網　　　址／http://www.ycrc.com.tw
郵撥帳號／19735365
戶　　　名／葉忠賢
印　　　刷／偉勵彩色印刷股份有限公司
法律顧問／北辰著作權事務所　蕭雄淋律師
初版一刷／2004 年 4 月
定　　　價／新台幣 450 元
I S B N／957-818-617-7

本書如有缺頁、破損、裝訂錯誤，請寄回更換。
版權所有　翻印必究